校长 XIAOZHANG

主　办：上海教育出版社

编辑委员会

主　　任：吕德雄　王铁军

主　　编：周龙军

副 主 编：程晓樵　路庆良　孟维杰

编　　委：（以姓氏笔画为序）

王建磊　朱建人　汤　勇　李宝森　杨莎莎

陈　璇　陈卫东　周　峰　周鑫燚　赵丰平

夏建平　诸东涛　常红忠　童富勇

国内发行：

南京大圭文化传播有限公司

发行人员：

庞桂明　刘　宁　高向海

徐　林　胡　珏　荣　敏

投稿邮箱：

13151577810@163.com

3693448718@qq.com

图书在版编目（CIP）数据

校长. 第二辑 / 周龙军主编.—上海：上海教育
出版社，2024.8 .— ISBN 978-7-5720-2860-1

Ⅰ. G471.2

中国国家版本馆CIP数据核字第2024LT6875号

策划编辑　刘美文

责任编辑　马丽娟　潘　佳

封面设计　陆　弦

校长（第二辑）

周龙军　主编

出版发行　上海教育出版社有限公司

官　　网　www.seph.com.cn

地　　址　上海市闵行区号景路159弄C座

邮　　编　201101

印　　刷　南京璇坤彩色印刷有限公司

开　　本　890×1240　1/16　印张 12

字　　数　304 千字

版　　次　2024年8月第1版

印　　次　2024年8月第1次印刷

书　　号　ISBN 978-7-5720-2860-1/G·2533

定　　价　98.00 元

如发现质量问题，读者可向本社调换　电话：021-64373213

目 录

本期专题

政策速递

领 导 力

名校风范

管理思绪

教研天地

教海探航

教育技术

他山之石

中国教研制度的价值综述

◎ 孟维杰

摘　　要　中国拥有世界上最庞大的教育体系。五级教研制度作为中国基础教育发展的重要推手，对提升教育质量、培养创新型人才等方面具有深远影响。教研制度在不断完善和演进，在促进学校和教师发展、国家课程改革落地、提高基础教育质量等方面发挥着不可替代的作用。本文将深入探讨中国基础教育教研制度的价值，为世界教育事业的持续发展提供借鉴。

关 键 词　教研制度；五级教研；价值；基础教育

作者简介　孟维杰，江苏省南京宇通实验学校党支部书记、执行校长，高级教师。

中国拥有世界上最庞大的教育体系。《2022年全国教育事业发展统计公报》显示，中国基础教育阶段各类学校 51.3 万所，各级各类学历教育在校生 2.47 亿人，专任教师 1682.58 万人。[1]如此庞大的教育体系需要教师队伍的支撑，为了更好地提升教师专业发展，促进教育发展，中国基础教育阶段五级教研制度应运而生。

五级教研制度是中国教育发展中的一个创举。2019 年教育部在《关于加强和改进新时代基础教育教研工作的意见》中指出："教研工作是保障基础教育质量的重要支撑。长期以来，教研工作在推进课程改革、指导教学实践、促进教师发展、服务教育决策等方面，发挥了十分重要的作用。"[2]

一、中国基础教育教研制度概况

基础教育教研制度是保障我国基础教育质量的重要体系之一，常见的形式有集体备课、听课评课、课题研究、教学观摩、教师培训等，旨在通过对教育教学进行研究、探索和实践，促进教师专业发展和提高教育质量。教研制度的主要职责包括对课程、教材、教法、评价等方面进行研究、指导和服务，以确保教育教学工作的科学性

和有效性。教研制度还注重对教育教学成果的总结和推广，通过分享经验和教学资源，促进优质教育资源的共享和推广。[3]

（一）五级教研体系

我国的基础教育教研制度是一个五级教研网络体系，从中央到地方依次为：中央教研机构、省（市）教研室、地市教研室、县（区）教研室和学校教研组。[4]

各级教研机构都有明确的分工，旨在创新教育教研活动方式，灵活、有效地开展教研活动，提高教研质量。中央教研机构主要负责对全国的教育教学工作进行宏观研究和决策，通过下发文件传达教育理念，指导全国的教研工作。省（市）教研室具体承担全省或全市的教育教学研究、教育科研规划与课题管理、学科教学评价与质量监控等职责。地市教研室负责组织开展全市的教育教学研究、学科教学评价与质量监控、教师业务培训等。县（区）教研室主要负责组织开展本县或本区的教育教学研究、学科教学评价与质量监控、教师业务培训等。学校教研组是教研的最基层组织，负责开展学科教研活动、集体备课、听课评课等。

（二）专职教研员

教研员是中国基础教育教研体系中教学研究人员的一种特定称谓，通常是指在各级教研室或教研机构中专门从事教学研究工作的人员。教研员作为一个特殊群体，承担基础教育教学研究、业务管理与教学秩序维护等重要任务，是我国基础教育质量保障员，是中国特色教研制度的重要构成部分，是推动我国基础教育教学改革与发展的重要力量。[5]

2019 年，中共中央、国务院在《关于深化教育教学改革全面提高义务教育质量的意见》中指出："明确教研员工作职责和专业标准，健全教研员准入、退出、考核激励和专业发展机制。"[6] 2019 年，教育部在《关于加强和改进新时代基础教育教研工作的意见》中也对教研员的专业标准提出了明确要求，"要严格专业标准，认真遴选配备，促进专业发展"[7]。教研员通过自身的教学研究和实践经验，不断推动学科教学的改革和创新，为培养高素质的人才做出贡献。

二、中国基础教育教研制度的价值

我国高度重视教研工作，中华人民共和国成立后，在学习当时苏联教育经验的基础上，密切结合我国的基础教育教学实际，经过 70 多年的发展，形成了富有中国特色的基础教育教研制度。在多年的实践中，我国基础教育教研制度展现出了其独特的价值和意义。

（一）推动课程与学科教学发展

课程与学科教学发展的因素是多元的，如经济文化、教师队伍、国家政策等，它们相互影响、相互促进。教研制度作为保障基础教育质量的重要体系之一，推动着课程与学科教学的发展。教研制度不仅确保了教师对课程改革的理解和实施能力，还促进了教学方法的改进、学科研究的引领以及跨学科的合作与交流。这些努力共同促进了课程与学科教学持续发展和进步。

1. 教研制度持续促进课程与学科发展

课程与学科发展需要教研工作的支撑和引领，而教研工作也需要通过课程与学科发展来推动自身的发展和进步。教研对于课程与学科发展的作用主要体现在提供实践经验、发现和解决教学问题、提高教师的专业素养以及支撑课程改革的推进等方面。

教研并不仅仅是理论的研究，它更多地涉及实际的教学情境。通过深入课堂，教师研究者可以观察到真实的教学情况，收集一手数据，为课程和学科的发展提供实践经验。这些经验不仅可以为其他教师提供参考，还可以为课程设计者提供有价值的信息，帮助他们更好地完善课程内容和教学方法。在教研过程中，研究者经常会遇到各种教学问题。这些问题可能涉及课程内容的选择、教学方法的运用、学生的学习困难等。对这些问题的深入研究和分析，不仅可以帮助教师找到解决问题的方法，还可以推动课程和学科教学的进一步发展。在课程改革的过程中，教研工作发挥着重要的支撑作用。它不仅为课程改革提供理论支持和实践经验，还可以通过研究和分析，为课程改革提供方向和建议。此外，通过教研工作，教师可以更好地理解和接受课程改革的目标和理念，从而更有效地实施改革。[8]

2001 年至 2021 年，我国经历了数次课程改革，这对教研战线不断提出新的要求。在全面深化课程改革的实践中，特别是在课程研究、教学指导、资源建设、质量监测、成果培育与项目研究等方面，认真贯彻落实国家的教育方针，在指导学校规划"五育"并举的课程体系以发挥好国家课程、地方课程和校本课程的综合育人效果的基础上，结合学科特点充分挖掘各学科课程的教育教学价值。

2. 教研制度促进教学资源的开发与建设

教研和教育资源建设是相互关联、相互促进的。只有通过加强教研，优化教育资源建设，从而不断推动课程与学科教学发展，提升教学质量和教育水平，培养出更多具有创新精神和实践能力的人才。

教研制度也有助于促进教学资源建设。在教研过程中，由于教研需要，一些教学资源得以开发和优化，如教材的修订与编写、数字化教学资源的开发、跨学科教学资源整合、优秀教学案例的收集与分享、网络教研平台的建设等。这些资源为教师提供丰富的参考资料，有助于教师更好地理解和实施课程，为学科教学提供更为丰富和多样的资源支持，从而提高教学质量，有效促进课程与学科教学发展。

其中，数字化教学资源的开发与建设愈加受到重视，随着教育信息化程度的逐步提高，我国教师教研工作迎来了创新发展的机遇。人工智能、大数据、云计算、5G移动通信等技术的发展为教师教研提供了巨大的创新发展契机。在新一代数字技术全域性介入的态势下，教师教研在实践理念、实施场域及根本逻辑上与前瞻科技深度融通整合，正在实现技术性的转轨。[9]针对此种变化，2017年国务院出台《新一代人工智能发展规划》，提出"利用智能技术加快推动人才培养模式、教学方法改革，构建包含智能学习、交互式学习的新型教育体系"[10]。2018年1月，《关于全面深化新时代教师队伍建设改革的意见》明确要求，教师应主动适应信息化、人工智能等新技术变革，积极有效开展教育教学[11]；4月，《高等学校人工智能创新行动计划》再一次强调"推进智能教育发展。推动学校教育教学变革……探索基于人工智能的新教学模式，重构教学流程……并建立基于大数据的多维度综合性智能评价，精准评估教与学的绩效"[12]；8月，教育部在宁夏及北京外国语大学开展首批人工智能促进教师队伍建设行动试点工作，进一步提出探索开展教师智能研修行动，对教师开展智能教育素养培训，帮助教师掌握人工智能技术进展，

推动教师应用人工智能技术，改善教育教学模式。[13]由此，充分利用人工智能等技术赋能教师教研高质量发展成为大势所趋，也为课程与学科教学持续发展不断注入新的能量。

（二）保障国家教育政策落实

中国的教育改革是一个复杂的过程，需要考虑到各种因素。教研制度作为教育体系中的一部分，通过其专业知识和实践经验，为改革提供了重要的反馈和建议，从而帮助政策制定者更好地理解和实施改革。

1. 上传与下达的联结

教研制度在保障国家教育政策落实的过程中，其关键作用体现在上传与下达的联结机制上。这一机制确保了信息的有效上传、政策的准确下达，以及各方利益的平衡，为国家教育政策的顺利实施提供了有力保障。2023年，教育部召开了全国基础教育教研工作会议，会议强调"要健全教研体制机制，努力构建以教育行政部门为主导、教研机构为主体、中小学校为基地、相关单位通力协作的教研工作格局"[14]。

教研制度为信息上传提供了畅通的渠道。在教育政策实施的过程中，教师经常遇到各种问题和困惑，他们需要一个平台来反馈这些信息。教研制度正是这样一个平台，它鼓励教师及时上传他们的反馈和建议，确保政策制定者能够听到基层的声音。这种信息的上传不仅有助于发现问题，还为政策制定者提供了宝贵的现场资料，使他们能够更加精准地调整和完善政策。[15]

教研制度确保了政策的有效下达。通过组织培训、研讨会和教研活动，教研制度将国家教育政策传达给一线教师。这种下达不仅仅是政策的传达，更重要的是确保教师准确理解政策的意图和精神，避免在实施过程中出现偏差。教研员在此过程中扮演着重要的角色，他们为教师提供解读和指导，确保政策的有效实施。

教研制度在平衡各方利益方面也发挥了重要

作用。教育政策的实施往往涉及多方利益相关者，各方之间的利益冲突和意见分歧在所难免。教研制度通过搭建交流和协商的平台，让各方能够充分表达自己的观点和诉求。在此基础上，教研制度努力寻求利益的平衡点，确保教育政策的顺利推进。[16]

2. 反馈与建议的保障

教研制度的反馈与建议机制保障了国家教育政策的落实。这一机制确保了基层声音的采集、专业建议的提供以及质量监测的实施，为教育政策的不断完善和有效实施提供了有力支持，为教育政策的有效实施提供了坚实的支撑，确保政策目标得以顺利实现。[17]

教研制度为教师提供了一个反馈平台，让他们能够及时对教育政策进行反馈。通过定期组织教师座谈会、在线反馈渠道以及学校教研小组讨论等形式，教研制度确保了基层声音能够被充分采集和重视。教师可以在相关平台上分享他们在实施政策过程中遇到的问题、困惑和建议，为政策制定者和教育部门提供一手资料。基于反馈的信息，教研员和其他专家可以对问题进行深入分析，并提出切实可行的解决方案。这些建议不仅涉及教学方法和资源的优化，还涉及教育政策的调整和完善。通过持续的质量监测，教研制度确保了教育资源的合理配置和有效利用，进一步推动了政策的顺利实施。

（三）提升教师教育教学水平

教研制度对提升教师教育教学水平具有重要意义。通过教研活动，教师可以深入探讨教育教学的理论和实践，不断更新自己的教育观念和教学方法，从而提高自己的教育教学水平。[18]

教研活动有助于教师深入理解教育教学的本质和目标。在教研活动中，教师可以分享自己的教学经验和心得，共同探讨教育教学的规律和特点，从而更深入地理解教育教学的本质和目标。这有助于教师更好地把握教学的方向和重点，提

高教学质量。

教研制度还促进教师之间的合作与交流。"三人行，必有我师焉"，教研制度为教师提供了"多人同行"的平台，通过集体评课、讨论，教师从中感知自己的优势与不足，从教师集体的指导与帮助中发现问题，改进问题，取长补短，学习借鉴他人优秀的教学方法，从而促进教学水平的提高，还有助于加强教师之间的团队凝聚力和合作精神。

教研制度鼓励教师进行教学反思和改进。通过观察和评价自己的教学实践，教师可以发现教学中存在的问题和不足之处，从而有针对性地进行改进。教师还可以通过观摩其他教师的教学过程，从中汲取经验和启示，进一步完善自己的教学方法和技能。

（四）提升学生解决问题的能力

提升学生解决问题的能力是教育的重要目标之一，教研活动在提升学生解决问题的能力方面起着至关重要的作用。通过深入研究教学内容和方法，教师可以更好地理解如何引导学生发现问题、分析问题和解决问题。

中国基础教育教研制度主张以学生为主体，研究问题的提出与解决，以具体的课例展示把学生课前预习的提问渗透到课堂中，精准解决，提高学生发现问题、提出问题进而分析问题、解决问题的能力。[19]通过深入了解学生的需求和困惑，教师教研可以更有针对性地设计教学方案，以满足学生解决实际问题的需要。教研活动鼓励教师尝试新的教学方法，如案例分析、角色扮演、小组讨论等，这些方法能够帮助学生从不同角度思考问题。教研制度还鼓励教师利用多元化的教学资源，如实地考察、实验、数字化手段等，帮助学生获得更全面的信息，有效提升他们解决问题的能力。此外，教研还关注学生的反馈意见，通过收集和分析学生的反馈，教师可以了解学生在解决问题过程中遇到的困难，从而调整

教学策略，保障学生解决问题的能力得以提升。

三、结语

中国基础教育教研制度作为保障教育质量的重要体系，通过五级教研网络和专职教研员的深入研究和指导，在提升教师专业素养、培养学生综合素质、推动教育创新等方面发挥了重要作用。这一制度的实践和演进，不仅体现了中国教育体系的特色和优势，也为世界教育事业的发展提供了有益的借鉴。在未来的教育改革和发展中，中国基础教育教研制度将继续发挥其独特的价值和意义，为培养更多优秀人才、推动国家教育事业的长远发展做出更大的贡献。

参考文献：

[1] 中华人民共和国教育部.2022年全国教育事业发展统计公报[J].中国地质教育，2023，32（03）：125—128.

[2][4][7] 中华人民共和国教育部.教育部关于加强和改进新时代基础教育教研工作的意见[J].中华人民共和国教育部公报，2019（11）：24—26.

[3] 李伟，蒋璐.我国基础教育教研制度的历程、特色与展望[J].教学与管理，2022（19）：1—6.

[5] 王会莉.职教教研员职业能力模型构建及应用研究[D].上海：华东师范大学，2022.

[6] 中共中央，国务院.关于深化教育教学改革全面提高义务教育质量的意见[J].中华人民共和国国务院公报，2019（20）：6—10.

[8] 庞丽娟.课程改革中教研员的力量——基于教研员职能发挥现状的研究[D].天津：天津师范大学，2019.

[9] 赵志靖，周静.智能精准教研：概念界说、价值追求与实践路径[J].扬州大学学报（高教研究版），2023，27（06）：58—65.

[10] 中华人民共和国.国务院关于印发新一代人工智能发展规划的通知[J].中华人民共和国国务院公报，2017（22）：7—21.

[11] 中共中央，国务院.关于全面深化新时代教师队伍建设改革的意见[J].中华人民共和国国务院公报，2018（05）：16—23.

[12] 中华人民共和国教育部.关于印发《高等学校人工智能创新行动计划》的通知[J].中华人民共和国教育部公报，2018（04）：127—135.

[13] 教育部办公厅.教育部办公厅关于开展人工智能助推教师队伍建设行动试点工作的通知[EB/OL].（2018-08-08）[2024-06-06].https://www.moe.gov.cn/srcsite/A10/s7034/201808/t20180815_345323.html.

[14] 中华人民共和国教育部.教育部召开全国基础教育教研工作会议[EB/OL].（2023-08-28）[2024-06-06].http://www.moe.gov.cn/jyb_zzjg/huodong/202308/t20230828_1076500.html.

[15] 唐西胜.区域研训教现代转型研究与实践[M].杭州：浙江大学出版社，2018.

[16] 卢立涛，王泓瑶."双减"政策下教研制度的转型与建构——基于历史制度主义视角[J].中国教育政策评论，2022（02）：97—112.

[17] 黄迪皋.从外推走向内生——新中国中小学教研制度研究[D].长沙：湖南师范大学，2011.

[18] 周月玲.海南省少数民族地区小学校本教研状况研究——以海南省Q县三所小学为个案[D].长沙：湖南师范大学，2021.

[19] 中华人民共和国教育部."立体循环式教研"促进区域整体教学水平的提高[EB/OL].（2023-09-15）.http://www.moe.gov.cn/jyb_xwfb/moe_2082/2023/2023_zl117/202309/t20230915_1080501.html.

教育信息化背景下的中国网络教研发展

◎刘继泉

摘 要 随着教育信息化的发展和"三通两平台"工程的实施，学校教育科研也呈现信息化的发展趋势。教师不仅对研究数据的分析整理越来越倚重信息技术，而且研究成果的展示以及研究活动的组织也越来越依赖信息技术手段来进行，这在一定程度上促成了网络教研的兴起。本研究针对当前教师开展网络教研的特点、功能、管理机制等方面，分析目前网络教研存在的不足之处，并尝试探寻促进网络教研有效开展的策略。

关键词 网络教研；传统教研；教育信息化；教研活动

作者简介 刘继泉，山东省潍坊市安丘市明德学校教师，一级教师。

百年大计，教育为本。教育大计，教师为本。基础教育课程改革提倡教师应尽快"成为新课程的研究者、实施者和创造者"。

进入 21 世纪，教育信息化开启了教育变革的大门。与此同时，教育信息化也对教师专业发展提出了全新的需求，其所显示出的教育特征既是教师专业发展的内在要求，又是学校整体教学建设对教育信息提出的需求。

以计算机技术、网络技术为核心的信息技术的飞速发展为教师专业发展提供了必要的技术支持，也为教师教研的开展开辟了新的道路。

一、网络教研的内涵与价值

（一）网络教研的内涵

网络教研又称虚拟教研、网上教研、E 教研，是利用现代信息技术，以互联网为依托，促进不同地域的教师开展跨时空教研活动，随时随地进行教学成果与经验交流、共享教学信息与资源的一种方法。[1]

（二）网络教研的价值

网络教研作为传统教研的补充和超越，不仅有效地保留了传统教研模式中参与性好、针对性强、方便、快捷、有效等优点，而且克服了传统教研模式中同步受限、形式单一、水平不高、效率较低及资料备份困难等先天缺陷，真正实现了教师教研活动的跨时空、低成本、高效率。[2]

网络教研实现了跨时空、多主体、高效率、低成本的区域合作，实现了教师间自由地交流教学信息和教学经验、共享资源、探讨问题、合作项目和科研攻关，极大地节约了教师参与教研活动所需花费的时间和金钱，为更多的教师提供了参与教研活动的机会，促进教师自主发展。

二、教育信息化背景下中国网络教研发展

早在 20 世纪末，我国的网络教研萌芽。1997 年，广东顺德碧桂园学校的教师开始使用 BBS 讨论教育和教学问题，并向公众开放。1999 年，潘华东老师在国内著名教育技术专家学者的指导下，联合一群志同道合的化学教师，先后创建了"先得化学联盟"和"先得虚拟教研中心"，并于 2000 年创建了国内第一家化学教学专业论坛。[3] 2003 年 7 月，中国教育部师范司组织的全国教师教育网络联盟项目启动[4]，标志着全国性网络教育活动的开始。

（一）基于数字化文本交互的信息化教研

2003 年，基于数字化文本交互的信息化教研依托松散的教师博客教研或论坛教研，开展网络环境下的教研实践。一方面，博客的简易性、交互性和共享性等特点可以缩小教师与教师之间、教师与教研员之间、教师与专家之间、教师与学生和家长之间的距离，使他们之间的交流更为便利和顺畅；另一方面，博客为教师提供了个性化、针对性较强的教研方式，改变了以前的"一人讲，众人听"的教研格局，让教师以平等、民主的方式参与到区域教研活动中来。[5]

通过博客教研，既可以使教师相互之间进行协作和交流，也可以对教师进行远程的培训，对通过网络促进教师专业化成长具有里程碑式的影响。不过，有学者指出，教研浅层交互问题突出，如停留在博客文本的浅阅读、互动受限于单方评论、关注平台建设而忽视交流，以及缺少对教学问题分析解决的深度互动等，并提出博客教研应走出个体化展示的困境，转向社群化教研。[6]

（二）基于教师在线实践社区的网络社群教研

2010 年后，基于教师在线实践社区、网络研修工作坊等形式的网络社群教研获得了快速发展。[7]其中，在线社群平台和基于计算机终端的视频技术是其重要的教研交互媒介，并在教研的目标、过程、交互媒介等方面呈现出新特点。

从教研目标来看，网络社群教研更加强调提升教师信息技术应用能力、创生实践性知识、促进教学能力发展。其次，从教研过程来看，网络社群教研进一步突出了教研活动的系统设计与过程的管理评估。然而，从教研交互媒介来看，受当时的互联网技术条件所限，当时面临国内视频技术难以支持课堂教学定量分析的困境，在导出教研评价数据、提供个性化教研支持以及视频智能推送服务等方面仍存在实操困难的问题。[8]

（三）基于智能互联技术的"互联网 + 教研"

2015 年前后，伴随着以智能手机、平板电脑等为代表的移动终端的快速普及，以及网络带宽的提升，基于智能互联技术的"互联网 + 教研"应时而生，成为中国教师教育的研究新热点。

一方面，"互联网 + 教研"通过"云 + 网 + 端"的技术聚合，强调教研方式创新融合，促进专家、教研员及教研名师等智力资源能够高效快速流转，提高了教研空间、教研资源和教研成果的共享度。另一方面，更加重视以"互联网 +"的用户思维来关注教师教研体验，强调个性化的教研服务。[9]

三、中国网络教研发展的动力

伴随着中国迈入"互联网 + 教育""智能 + 教育"和教育信息化 2.0 新时代，对广大教师的信息化教学、教研和教改能力等均提出了高标准、严要求、新形势、新任务和新要求。教研被赋予了更加明确的时代性定位，即要服务学校教育教学，引领课程教学改革，提高教育教学质量；服务教师专业成长，指导教师改进教学方式，提高教书育人能力；服务学生全面发展，深入研究学生学习和成长规律，提高学生综合素质；服务教育管理决策，加强基础教育理论、政策和实践研究，提高教育决策的科学化水平。[10]

开展网络教研是新时代教师专业化发展的必然要求。当前，对网络教研的建构需要站在更深层次、更普遍的意义上去理解，特别是要站在国家教育信息化战略发展的高度，基于数字化转型和智能升级教育信息化的深度融合。中国网络教研发展离不开国家政策、科学技术及项目实践的强力支撑。

（一）持续的政策导向

在政策层面，中国政府颁布并实施了一系列文件，为中国网络教研工作的开展指明了方向，提供了支持。例如，2010 年《国家中长期教育改革和发展规划纲要（2010—2020 年）》提出，"要加强网络教学资源体系建设，促进优质教育资源普及共享"。2017 年《国家教育事业发展"十三五"规划》指出，"推进'互联网＋教育'发展，着力加强教师教研新模式的探索与推广"。《教育信息化 2.0 行动计划》指出，要引入"平台＋教育"服务模式，整合各级各类教育资源公共服务平台和支持系统。其后，《教育部办公厅关于开展人工智能助推教师队伍建设行动试点工作的通知》《教育部关于实施卓越教师培养计划 2.0 的意见》《教育部关于实施全国中小学教师信息技术应用能力提升工程 2.0 的意见》《关于推进"互联网＋教育"发展的指导意见》等一系列文件陆续印发，均强调了要利用新一代互联网及新兴智能技术推动教研新发展，进一步推进教研工作发展的数字化与智能化。

不仅如此，早在《国务院关于积极推进"互联网＋"行动的指导意见》颁布后，各级地方政府已经颁布了一系列文件，推动区域网络教研的发展。同时，建设人工智能教育研究院，在 5 个地级市设立 10 个县域教师智能研修中心，构建以县域研修为主、跨县研修为辅、多种研修方式并存的线上线下协同研修新格局，努力培养引领教育改革发展、辐射带动区域教师素质能力提升的好老师、"大先生"。

（二）强劲的技术支撑

在技术层面，随着"三通两平台"建设的不断发展更新，国家智慧教育平台等网络平台为广大教师、教研员提供了更完善的教研平台和更丰富的教研资源。例如，国家中小学智慧教育平台设置了专题教育、课程教学、课后服务、教师研修、家庭教育、教改实践经验等板块。其中，教师研修板块包括学习资源、师德教育、推荐课程、专题研训、院士讲堂、名师领航等教研相关栏目。国家职业教育智慧教育平台一期上线的"专业与课程服务中心"，为广大教师提供了大量优质专业资源库、在线精品课和视频公开课，后期还将上线"教材资源中心""虚拟仿真实训中

心"和"教师服务中心"等栏目。[11]

同时，在《国家信息化发展战略纲要》《"十四五"国家信息化规划》等政策的指引下，大数据、云计算、人工智能、虚拟现实、互联网、网络协同、5G 移动通信以及新型网络学习空间等新一代信息技术得到了更迅猛的发展、普及与应用，持续而强有力地为网络教研的发展保驾护航。

（三）强应用的项目驱动

在实践层面，网络教研活动的组织形式百花齐放，教师网络研训的实践案例不断涌现，如视频直播教研、远程协作教研、基于数据的教研等，在实践中检验和推动技术的发展。例如，早在 2010 年前后，广州市便通过组建中小学教师教育技术校际联盟学校，形成网状的校际联盟体系，确立并开展教育技术培训、教育技术应用研究和实践的合作项目。联盟校之间通过开展"同课异构"等网络教研活动，让教师不同的教学方法、教学手段、教学理念产生交流和碰撞，互相取长补短，共同成长。[12]

除了区域间的教师网络教研活动的大力实践和应用，国家层面也大力推动网络教研的项目推动。2021 年 7 月 20 日，教育部高等教育司发布《关于开展虚拟教研室试点建设工作的通知》首批拟推荐 400 个左右虚拟教研室进行试点建设，探索"智能＋"时代新型基层教学组织的建设标准、建设路径、运行模式等。2022 年 2 月 8 日，教育部发布《教育部 2022 年工作要点》，提出"推进虚拟教研室试点建设"。同年 2 月 15 日，教育部公布了 439 个首批高校虚拟教研室建设试点名单，明确提出了建设目标、建设任务、质量监测、建设平台与技术支持，并且为虚拟教研室建设试点单位提供了"虚拟教研室平台"和高等学校虚拟教研室信息平台。同年 5 月 19 日，教育部公布了第二批本科高校虚拟教研室建设试点名单，提出"将推动开展虚拟教研室建设课题研究工作，从理念、技术、方法、评价等方面开展

新型基层教学组织研究。通过虚拟教研室微信公众号、《高校智慧教研》等平台，促进虚拟教研室建设研究成果和实践经验的交流共享"。

四、教育信息化背景下教师开展网络教研存在的问题及原因

网络教研具有参与机会多、成本低、教师话语权高等优势，对于广大教师，特别是农村地区、偏远地区的教师而言，是一种具有绝对优势的教研活动组织形式。

然而，当前教师在进行网络教研活动中也存在一定的问题，主要体现在以下几个方面：

（一）对网络教研活动的认识不够

学校是教师开展网络教研的实践基地和重要组织场所。部分学校不能正确认识网络教研的优势，不能正确认识网络教研活动的地位和作用，缺乏对网络教研的正向引导和宣传，致使许多教师仍仅仅将网络教研活动作为传统教研活动的补充，或者将网络教研活动作为上传资料与下载资源的平台，对网络教研活动缺少科学、规范的评价机制。[13] 在参与网络教研活动的过程中，教师难以将教师专业发展理论与网络教研活动实践相结合，教研活动组织者缺少相关组织与管理经验，没有合理的教研计划和实施步骤，这些都影响了网络教研活动的正常发挥。[14]

（二）网络教研活动条件有待进一步改善

随着"三通两平台"工程等基础教育信息化建设项目的实施，大部分学校已经具备了一定的信息化教学条件，然而城乡教育环境的差距也严重制约着网络教研的开展。在硬件方面，许多学校对参与网络教研活动所需要的最基本的电脑配备、网络连通等都具有一定的限制，教师难以获取到足够的信息化硬件资源。例如，对于农村地区和偏远地区的学校而言，由于地区偏僻、网络信号薄弱、设施陈旧、网络卡顿现象严重等使得当地的网络教学教研效果比较差，教师宁愿面对

面教研，也不愿意选择网络教研。在软件环境上，当前部分学校的网络教研管理平台的设计与推广还不够普及，部分学校在网络教研的信息化软件平台建设上缺乏统一规划和建设，使得其功能设计与教师的需求存在较大的差异。[15]

（三）网络教研活动的效率有待提高

目前，针对网络教研的有关研究已取得一定的深度和广度，但仍存在网络教育平台实际应用不充分的现实问题，主要表现为：一是教研信息单向传输多，实时互动少，容易造成教研过程中部分研究环节的缺失或滞后；二是教研平台系统简单移植的多，自主开发的少，缺乏对数据的统计与处理功能；三是浏览页面纯文本多，多媒体少，无法让教师有更好的直观感受；四是教研形式单一固定，缺乏新意，不是根据教学问题和教师实际教学情况选择教研组织模式。最终使得部分学校的网络教研活动虽然有了量的达标，却缺乏质的保障，最终导致网络教研活动的效率不高，达不到预期的效果，甚至适得其反。[16]

（四）网络教研管理制度和评价方式空白

网络教研在学校的有效落实离不开教师的积极运用和有效探讨，而教师工作热情的激发离不开评价机制的正向推动。通过评价，不仅可以检验网络教研活动的有效性，还能根据评价结果做出适当的调整，而且能对教师起到一种约束和激励作用。

然而，长久以来，各级学校在制定学校管理制度和评价方式时，往往都是拿实际教学成绩说话，结果大于过程。在网络教研考核评价方面，缺乏专门的考核来对网络教研中的学校和教师活动进行民主而真实的评价，最终使得网络教研流于形式。甚至很多时候教师做了线上教研工作却得不到应有的反馈和肯定，久而久之，就没有了继续的动力。[17]

五、结语

网络教研是教育信息化 2.0 与数字化转型时

代新型基层教学组织建设的重要探索，与传统教研相比具有明显的优势。网络教研以传统教研为基础，但并不是传统教研向网络空间的简单"移植"，而是有其新内涵、新特点、新功能、新模式，承担着教学研究、提升教师能力的重要职能。

网络教研的探索发展之路必然存在众多困难与挑战，但我们相信，在国家教育信息化政策的指引下，在教研教改项目的驱动下，在日新月异的新一代信息技术的强力支撑下，在先进理念、科学理论的指导下，在广大教育工作者共同努力、协同创新下，网络教研必将迎来大发展。基于此，我们应该积极关注教育数字化领域的建设成果，充分利用互联网数字平台的优势，积极探索，为教师创造平等、自由、高质、高效的教研环境，切实提高教师的教育教学水平。

参考文献：

[1] 李艺. 面向基础教育教师专业发展的网络教研观察 [J]. 中小学信息技术教育，2007（05）：9—12.

[2] 李姗姗. 促进教师专业发展的初中"互联网＋教研"实践研究 [D]. 重庆：西南大学，2022.

[3] 黄兆超，潘华东. 教育工作者，联合起来——介绍"先得虚拟教研中心" [J]. 中小学信息技术教育，2002（Z2）：89—90.

[4] 张瑞麟，曹凤余. 教师教育体系的改革与创新——教育部师范司司长管培俊谈"全国教师教育网络联盟" [J]. 中国远程教育，2003（17）：8—12.

[5] 王亚萍. 基于 Blog 的中学校本教研平台的构建与应用研究 [D]. 重庆：西南大学，2009.

[6] 严亚利，黎加厚. 教师在线交流与深度互动的能力评估研究——以海盐教师博客群体的互动深度分析为例 [J]. 远程教育杂志，2010，

28（02）：68—71.

[7] 陈玲，张俊，汪晓凤，等. 面向知识建构的教师区域网络协同备课模式研究——一项基于学习元平台的实践探索 [J]. 教师教育研究，2013，25（06）：60—67.

[8] 李克东. 提升网络教师实践社区活动绩效研究 [J]. 中国电化教育，2012（01）：55—60.

[9] 胡小勇，徐欢云. "互联网＋教研"形态研究：内涵、特征与趋势 [J]. 电化教育研究，2020，41（02）：10—16，31.

[10] 郑小军，何媚. 教育信息化 2.0 与数字化转型时代的虚拟教研室：概念、种类、特点、功能与模式 [J]. 广西职业技术学院学报，2022，15（06）：14—23.

[11] 王峰. 国家智慧教育平台 2.0 上线：在平台上学习越多推送资源越精准 [N]. 21 世纪经济报道，2022-07-15（006）.

[12] 赵建华，徐旭辉，彭红光，等. 以信息化促进城乡学校协同发展的案例研究 [J]. 电化教育研究，2010（11）：9.

[13] 陈岩. 小学数学网络教研模式创新与实践刍议 [J]. 教育界，2021（20）：36—37.

[14] 程奔腾. 山西省中小学体育教师教研活动认同感的调查研究 [D]. 太原：山西师范大学，2022.

[15] 翟佳莉. 基于网络学习空间的城乡教师协同教研模型构建与应用研究 [D]. 兰州：西北师范大学，2023.

[16] 卫志梅. "互联网＋"时代下乡村学校教育信息化建设探究 [J]. 安徽教育科研，2023（22）：84—86.

[17] 何媚，郑小军. 信息化教学研究与改革创新（三）基于国家智慧教育平台的虚拟教研探析 [J]. 广西职业技术学院学报，2023，16（05）：31—39.

面对干扰，校长要有教育定力

◎瞿德良

摘　要 定力是在动态环境中要有稳定自己心态、自己行为的能力。简而言之，定心就是定行之力。良好的教育定力是一种价值取向，它源于对教育的深刻理解与感悟，源于对教育功能与价值的理解与感悟，源于一种发自内心的认可、责任与担当。身为校长，要有良好的教育定力。本文阐述了笔者任职校长以来的亲身经历，表明了身为校长有教育定力的重要性。

关键词 校长；学校管理；教育定力

作者简介 瞿德良，江苏省南通高新区小学校长、党总支书记，特级教师。

我们深知，如果学校各方面都要被社会干扰、干涉，那这个学校是办不好的，教育也是没有希望的。面对或明或暗、或强或弱、或长期或短暂的干扰、干涉，身为校长要有"我不能改变社会，但可以改变这所学校"的教育情怀，更要有恒长的教育定力。该做什么，不该做什么，应该坚持什么，反对什么，必须心知肚明，同时更要有"任尔东西南北风，我自岿然不动"的行动坚守，主动求解，尽可能地消解或降低社会对教育的过度干扰。

我自认还算是一名具有一定教育定力的校长。几年来，我始终坚定不移地践行"教育即播种"的办学理念，坚持"五育"并举，打造金种子文化，为每一颗种子提供适合生长的土壤、阳光、雨露，促进学生个性化发展，用多元鲜明的办学特色、"低负高质"的办学成效，缓解了家长的教育焦虑，得到了家长和社会各界对学校的普遍认可。

面对社会对学校的各种干扰这个普遍存在的难题，我依然坚守教育定力，本着"不唯上，不唯家长，只唯教育规律，只唯孩子成长；既唯当下，更唯未来"的教育良知，主动求解，解决家长诉求，弱化社会干扰对学校办学产生的影响。

一、有理性诉求，积极化解，化对立为合作

当下的小学家长对子女的期望值很高，对教师的要求也很高，作业多了要举报，作业少了也要举报；对学生要求严了要举报，对学生要求松了也要举报。

我经历过一次最"奇葩"的举报：一次家长学校开课，我请了我的老师（一位心理学教授）给家长讲家庭教育技巧，讲得非常精彩，但课后居然有一位家长举报，说我请老师来讲了两个小时的话，让他没有时间和老师进行交流。在我看来，这纯属无理干涉，沟通解决起来相对容易，甚至可以不予理睬。而更难解决的是家长的有理干涉。遇到有理诉求，我们要想方设法去积极化解，而不能简单地满足家长的诉求。因为一旦简单化满足，很可能会产生破窗效应。

案例 1：更换教师

2021 年 10 月底的一天，我的手机连续收到了多达二十条相同内容的信息，反映新入职的语文兼班主任老师教学水平差、班务管理乱、对孩子关爱少、和家长沟通不畅等一系列问题，并强

烈要求更换老师。确实，这位新入职的教师是刚刚从职业中学重新考编进入我校的。拿着职中教育教学的一套来教小学，显然是有问题的。学校早就发现了问题所在，并一直在努力跟进培养中。因此我没有立刻同意。谁想，第二天一群家长就纷纷赶到了学校群访。我和校长室的几位同志一起接访。在广泛听取了家长的意见后，我首先真诚地道歉，随后，坦诚地告知了学校的困难，介绍了学校在青年教师培养上的做法，恳请他们再给两个月的时间，并答应到学期结束，该老师如果还不能得到大家的认可，我将自己任教。半天的动之以情，晓之以理，终于做通了家长的工作。

随后，学校让任教两个班的数学老师做了班主任，采取跟班听课、移植上课的方式，提高该教师的上课质量，两位学校领导轮流蹲点该班，在找孩子谈心、配合老师抓班风、学风的同时，和该教师一同备课、一同试教、一同改作业。经过两个月的努力，该教师的教学、管理等逐步走向了儿童化、精细化，其努力与进步也赢得了家长的肯定。到第二学期开学前，更换老师的声音也消失了。

二、个别诉求，寻求理解，化阻挠为支持

体育是我校的一大特色。成绩的背后，离不开家长的支持。但事实上，在整个训练过程中，我们常常会遇到来自家长的阻止干预。

面对家长的误解和阻挠，我们只有通过过细的思想工作，寻求家长的理解，才能化阻挠为支持。

案例2：退出篮球队

我校篮球队队长陈子杰同学的家长，就经历了从阻止到支持的华丽转变。在学校选苗的时候，一年级的陈子杰被教练张老师一眼选中，在一堆孩子中脱颖而出。但由于学习成绩不够理想，二年级一开学，家长就找到学校，要求陈子

杰退出篮球队。教练非常着急，立马进行了家访，可无论怎么说，家长就是不同意。教练没有办法，就把情况告诉了班主任顾老师。顾老师找到孩子妈妈，从人的成才之路、运动与健康、运动与学习等方面，反复做思想工作，并答应在学习上给予更多的关心。终于，陈子杰回到了篮球队，学习成绩也逐步提高到班级的中游水平。

不想，在三年级暑假参加省里比赛之前的集训中，陈子杰摔断了手臂。家长急了，又提出退出篮球队。教练工作无效后，把情况告诉了我。我立马和家长进行了沟通，承诺医药费学校全包，并做出了让孩子一起随队到省里参加比赛的决定。在开学典礼上，学校决定授予陈子杰"篮球小达人""赛场小勇士"称号，我为他颁奖。孩子开心极了，家长也放心地笑了。此后，陈子杰变得越来越自信，越来越坚强，学习成绩更是稳步提升，而他的爸妈也成了篮球运动的支持者，每逢大赛，他的妈妈都是最积极的服务志愿者。

三、事务性干扰，巧妙分解，化繁杂为简单

有些事不该做但不得不做，这很大程度上指的是层出不穷的各类"进校园"专题教育活动。对于各类"进校园"活动，校长要有教育定力，在对"进校园"活动进行教育价值判断的基础上，该说不的就要说不，该重点展开的就要全力推进，该应付了之的就要巧妙分解，这样才能降低"进校园"活动对正常教学秩序的影响。

案例3：各类"进校园"活动

未曾精准统计过，模糊印象中，一学年中各类"进校园"活动总数不会少于20个，其中很大一部分属于非教育主管部门的"进校园"专题教育活动，诸如金融知识进校园、税法知识进校园、节水行动进校园、土地法宣传进校园、禁毒宣传进校园、防电信诈骗进校园、扫黄打非宣传进校园、法治进校园、精品剧目进校园、交通安全进校园、反恐宣传进校园等等。这些活动，动

辄"小手拉大手",然后就是让家长下载 App。

面对一个个"进校园"活动,在既不过分加重教师学生负担,又要完成任务的原则下,我们采取的策略就是巧妙分解。对于对小学教育价值不大、为时过早的活动,我们采取了两种分解策略:一是化大为小,将相关要求全校参与的活动,分解给几个班级,形成影像等资料,再辐射全校。二是化零为整,将要求全校参与的活动,分解成集体晨会、视频直播等形式,班级晨会则统一讲稿,统一 PPT,最大限度地减轻教师的负担。

四、机遇型干扰,主动"融解",化不利为有利

不少"进校园"活动看起来是对教学工作的一种干扰,但站在学校特色建设、全人成长的视角,却是一次难得的发展机遇,比如科普进校园、交通安全进校园等。对此,校长要有敏锐的嗅觉,主动作为,积极对接,把"干扰"融解到学校的特色发展之中,融解到学生发展之中。

案例 4:科普先进县迎检

记得 2017 年,我校刚刚独立办学不久,南通市通州区科学技术协会要迎接全国科普先进县的验收,鉴于我校在科技教育上取得的成绩,区科协和我商量,准备把我校作为唯一的学校检查点。对此,学校有不少反对声。而我却坚持认为,这是学校科技特色打造的一次良机。于是,我们组建了专班,制定了方案,加大了硬件投入,强化了科学教学,开展了科普宣传系列活动,经过几个月的努力,我校在迎检过程中大放异彩,省科协书记孙春雷对我校的科技教育给予了高度赞赏,区科协对我校好感倍增。迎检结束了,但我们的融解工作才真正开始。我主动对接

科协,专题汇报了学校科技教育特色打造的思路,寻求他们的支持,并开玩笑说,我校随时欢迎科协的"骚扰"。

此后,区科协开始了对我校科技特色建设的长线支持,先后四次资助经费,先后建设了以人工智能体验为主题的"金种子科创谷"、无人机编队实验室、机器人实验室等,而我校的科技教育特色更加彰显,学生在各级机器人比赛、无人机比赛、创客大赛中摘金夺银,累计获奖人次超过了千人次,两次获得了区科技创新政府摇篮奖,学校也因此申报成为省智慧校园示范校、省人工智能教育课程基地、省特色科学工作室、南通市科普教育示范基地。当然,我校也成了区科协科普教育窗口学校,接受更多次的科协"干扰"。

五、结语

社会对教育的干扰,绝不会只有这四种形态,整治也绝不会立竿见影,可以预见的是,干扰将会与教育长期相伴。面对干扰,我们无权改变,也无胆拒绝,唯有发扬"四敢精神",坚守教育本真,增强教育定力,智慧应对,巧妙应对,才能够有效消解社会干扰对学校、对教育的影响,才能更专注地去办好我们的教育。

参考文献:

[1] 朱靖华.校长应有朴朴实实做教育的定力 [J].北京教育(普教版),2019(07):37.

[2] 沈卫东.教育内卷下,校长要有怎样的办学定力 [J].当代教育家,2021(10):58—61.

[3] 吴健.校长的教育定力 [J].湖南教育(A版),2016(09):26—27.

让想得到的教育成为看得见的风景

——一位小学校长的办学叙事

◎ 王琴玉

摘　要 新洋实验小学从建校伊始，明确办学目标，提炼校园文化，丰富德育活动，强化家校共育，落实"双减"政策，以守正创新的姿态推动课堂改革教师发展和学生成长，走出一条老校新办的发展之路，成为办好人民满意的教育的区域典型。

关 键 词 学校发展；校长；队伍建设；"双减"政策

作者简介 王琴玉，江苏省盐城市新洋实验小学校长，特级教师，高级教师。

新洋实验小学坐落在盐城大市区的北部，过去基本是老小区、老城郊、老工厂，是城市发展的洼地，也曾是教育的"北大荒"。经过历任校长及其团队的接续奋斗，学校从"北大荒"渐渐变成了"北大仓"。学校现有 86 个班级，4000 多名学生，252 名教职员工。

我是 2019 年秋季学期来到这所学校的。该校的特色是什么呢？我当时是这样理解的：我们要在先进理念引领下，挖掘学校独特的资源，让孩子们获得独特的体验，让孩子们获得不一样的收获和成长。

一、凡事预则立，规划是治校之本

经过近一个学期的学习、了解、研究、探索和讨论，结合学校内涵发展的新需求，结合新城北建设对学校发展的新要求，在新洋实验小学教育集团成立之际，我们拿出了初步的学校发展规划，明确了学校 5 个方面的办学目标：

学校管理目标：围绕办学理念和"四好"（说好话、做好事、存好心、成好人）校风建设，完善学校章程，改进育人环境，加强家校互动，构建网络平台，探索集团共建，创建平安、文明校园。

教师发展目标：围绕"四心"（爱心、慧心、诚心、恒心）教风建设，注重师德教育，加强专业引领，形成合理梯队，培养一支数量充足、结构合理并具备一定人文底蕴的学习型教师团队。

学生培养目标：围绕"四自"（自爱、自立、自信、自强）学风建设，突出"六会"能力培养，通过"双良"（良好习惯和良好品质）工程，促进学生全面而有个性地发展。

课程建设目标：积极推动国家课程校本化实施、校本课程系列化开发、活动课程主题化实施，切实提高学校的课程建设水平和实施质量，进一步普及和推广学校自己研发的"ACTT"课堂教学策略，着力提高课堂教学质量和效益。

办学质量目标：采取切实措施，构建学校、社会和家庭三结合教育协作机制，提高社区和家长对学校的满意度，学生在各级各类考试和竞赛评比中的考试成绩要在同类学校中处于上游地位，进入初中的优秀毕业生逐年增加。

二、追根溯源，文化是办学之魂

"落其实者思其树，饮其流者怀其源。"我们学校虽然建校不到十年,但这片土地的教育底蕴和文化传统却非常深厚。这里曾有盐城历史上第一家书院——正学书院,在开启民智、传承文明、推动地方文化发展方面起过非常重要的作用,其"正志于学,品正学芳"的治学精神更是与立德树人、"五育"并举的时代要求一脉相承。自 2023 年以来,学校先后成立了正学文化研究中心、正学读书社、正学讲堂,办起了《正学报》,我们确立了以弘扬"正学"文化为核心的学校"三风"(正学成人、丹心育人、四好做人)和文化传承,让一所新学校也散发出历史的芬芳。正学书院的治学精神,是学校的文化之根。"正学"文化的传承与创新,为学校的教育改革发展提供了精准的坐标参考和精神的价值追寻。

矗立在校园入口处的泰山石上镌刻的"健康着、微笑着、进步着"是新洋实验小学的校训。在新洋实小,没有过多的规矩,没有过多的考核,我们追求"感觉不到的管理",追求同伴的道德自律、工作自励和管理自主。杜绝干涉、指责、强制,强调引领、信任、指导,力求在"品正学芳"的文化熏染下,在共同价值观的培育中,营造健康和谐的校园文化。

三、守正出新,用智慧去迎接挑战

(一)德育活动再绽新蕊

自"六会"教育活动开展以来,校园里发生着明显的变化:餐桌上剩饭剩菜少了,课间追逐吵闹的声音小了,校园里随手乱丢的垃圾少了。如何让文明逐渐内化成孩子们的自觉言行,内化成师生的集体自律?小学教育除了知识传授,最重要的是什么?基于这些思考,学校启动了培养良好习惯和良好品质的"双良"工程,把立德树人的触角延伸到了每个学生的家庭。

(二)家校共育再谱新篇

对学生成长而言,学校和家庭是最重要的两个环境,缺失任何一方,教育都是残缺的。任何一方薄弱,我们的教育都会形成"内耗"。为此,我们做了以下几方面的工作。

一是建立家校共育的有效机制,把立德树人的触角延伸到每个家庭。学校设有深入学生家庭的飞行检查机制,要求家长为孩子做好示范。除了通过网络社交平台常规沟通以外,我们每学期对每个家庭至少要走访一次。

二是为了帮助家长及时了解"双减"政策和纾解教育困惑,学校借助高校教育资源成立了家校共育研究咨询中心,为家长及时提供包括咨询、规划、辅导和帮助等多样化的服务。

三是开发家长课程,引导每一位老师、每一位家长都成为教育合伙人、成长共同体,力促家庭教育和学校教育高度一致,让学生微笑着、健康着、进步着,在这儿苗壮成长。

四是聘请有资质的法律顾问,为依法治教提供"硬件"保证,切实保护学校、教职工和学生的合法权益。

这几年,家校矛盾零升级,家长和老师之间偶尔的不和谐都能及时化解。家校已经初步达成共识:只有共同造就两个育人阵地的战略友好关系,才能共同面对未来挑战的千军万马。

(三)教师发展再创新高

教师是学校发展的关键力量和决定因素。有高质量的教师,才会有高质量的教育,只有一专多能型的教师才能让"双减"有效落地。

我们学校共有教师 252 人,40 岁以下教师190 人,占比 75%。在传统"青蓝工程"师带徒和名师工作室的基础上,探索建立由教师自发成立的专业发展互助小组。每个小组由一名较为资深的领衔教师和若干名青年教师组成。青年教师同领衔教师相互学习、相互切磋、相互借鉴,力求在这种经验分享、伙伴同行的互助模式中达到共同成长的目的。学校现有"正学读书社"读书小组、"墨韵人生"书法社、"球趣"社团、"不止围棋"棋社、"舞动人生"舞团、"我是朗读者"训练营等数十个教师成长互助小组，教师既在互助共学中提升能力、培养自信，又在交往互动中分享收获、减压赋能。

学校通过两种各有侧重、梯度鲜明的方式来培养一专多能型教师，让他们教有所乐，教有所长。一种方式是"爱好变专长"，积极鼓励教师通过自我提升，将已有爱好发展为特长；另一种方式是"项目成专长"，大力支持教师选取感兴趣的项目，自主申报组成项目组，学校协调社会资源开展专业的技能培训。学校已有 86 名教师通过这两种培养方式，胜任了学校各类型社团活动，为学校高品质发展、高起点定位、高水准运作提供了有力的人才支撑。

学校以"四有好教师"团队建设为契机，以项目为引领，以课题为抓手，以比赛搭平台，促进青年教师迅速成长。2020—2021 年，学校的语文、数学、道德与法治、心理健康、体育、音乐等多门体现学校特色的课程，经过层层选拔，代表亭湖区在省、市竞赛中喜获多项大奖。入选学科、老师之多，列亭湖区小学之最。

四、赋能未来，让"双减"为孩子们插上腾飞的翅膀

要确保"双减"政策落地生效，关键在于丰富校园生活，丰富学校课程，把家长、学生的心真正吸引到校园里面来，让教学真正回归到学校这个主渠道、主阵地。

（一）聚力课程创新，为"五育"融合形成校本阐释

我们在全面提高国家课程实效性的前提下，围绕德智体美劳五个方面着力开发五大校本公共特色课程，即以培养学生思维水平和表达能力为核心的讲述课程，以培养学生劳动技能和劳动素养为核心的家政课程，以培养学生独立思考和专注能力为核心的围棋课程，以良好习惯和良好品质培养为核心的"双良"课程，以艺术素养提升为核心的合唱和管乐课程，努力发挥课程整体育人功能，使"五育"融合的时代要求通过课程落到实处。

我们还有一个学生特别喜欢的学生自主微课程——"我的 101 件小事"。这项自主课程的活动形式可自发组织，也可申请指导老师，可以家庭、邻里为单位，也可由学校安排，丰富多样，有兴趣小组、特长培养、社团活动、五小实践（这是我们学生处开发的一个特色品牌，小志愿者、小义工、小督察、小榜样、小交警，校园里处处活跃着他们的身影）、乐队演出、球队比赛、"双良"体悟行动……学生自我实践，自我表达，自我呈现，自我评价。每一件小事就是一门定制课程、一个成长规划、一种兴趣培养、一个社团活动、一段心灵之旅、一段童年记忆。"我的 101 件小事"学生自主微课程，是学生释放创造力、观察世界、解决问题的有益尝试。

在正常活动的 112 个社团的基础上，学校重点建设 3 个特色社团：管乐队、棒球队、合唱队。我们班班有合唱队，棒球队和管乐队已经形成多级梯队，特别是管乐队，有 A、B、C、D、启蒙五级梯队，共计 1615 人在参加管乐的学习。

（二）推动课堂转型，让"双良"课堂散发生命活力

学校大力推进"双良"课堂建设，围绕教材重构、课堂互动、三维目标、学科素养、课堂结构、课堂评价等要素的整体优化和学生可持续发展，打造以良好习惯和良好品质培养为核心指向的"双良"课堂，把它作为省品格提升工程项目的重要支撑，突出有趣、有疑、有悟、有用，构建有新洋实小特色的课堂教学样态，使课堂成为师生互动、生生互动、充满智慧和生命活力的场所，努力让课堂成为学生最留恋、最兴奋、最向往的地方。"双良"课堂强调学生要带着问题进入课堂学习，强调教师要充分相信学生、依靠学生、解放学生，通过小组合作、教师指导和探究

讨论提高学生学习的积极性与主动性；情境、活动、支架、共同体建设是课堂的必备要素；预学、共学、展学是课堂的基本结构；观教与察学是课堂评议的两个观察角度。作业管理是课堂提质增效的关键。"双良"课堂要求教师尽可能在课内完成教学任务，努力做到堂堂清，努力留给学生充足的课后时间。各学科努力做到精讲精练，作业布置分层分类。

我们结合艾宾浩斯遗忘曲线，采用"习惯养成＋基础练习"相结合的布局，进一步优化常规作业设计。作业形式也从各学科的书面作业向打破学科壁垒的动手实践和社会参与拓展。我们还制定了家庭实践性作业指南和具体建议，为学生的生命成长提供更多开放的空间、更为广泛的联结、更具个性的支持、更富情感的陪伴。

（三）升级课后服务，为学生发展提供多元化选择

"双减"的本质是给学生更大的发展空间，经过多次研讨，结合年段特点定制了"5+2+1"的学习服务课程，即每周5天提供2小时的课后服务，周六1天开设假日课堂。课后服务中的第一阶段为学业辅导。第二阶段为学有余力的学生拓展学习空间，其中1—4年级开设4天固定课程（阅读、儿童画、围棋、讲述），1天走班自选课程；5—6年级为5天固定课程（悦读时光、讲述、数游空间、音乐驿站、班报编辑）。周六假日课堂实行"N+1"模式，即各类学科辅导加1项社团及其他综合类活动。学校课程设置科学，课后服务水平质量高，全校超90%的学生参加了课后服务和周六的假日课堂。

五、结语

几年来，新洋实小焕发出勃勃的生机和活力，学校连续被评为盐城市教育工作先进集体，先后为省品格工程提升、省法治工作调研、国培研训、市人大调研、市名校长研修等活动提供现场，承办市名校名师、市语文学科优质课评比、市心理健康优质课评比等活动，代表盐城在省"四有好教师"团队建设活动中进行团队展示，作为盐城唯一代表在全省"双减"工作会上做经验介绍，并获评江苏省"双减"示范创建学校。新华社客户端、"学习强国"、《江苏教育》、《江苏教育报》、《江苏教育研究》、《盐城教育研究》都专题报道新洋实小校办学实绩。新洋实验小学，这所年轻的学校，正以积极的姿态在教育之路上昂扬向前，得到社会各界广泛赞誉。

"不忘初心，方得始终。"在新的时代，我将以不断回归初心的姿态，以更好的行动为耕种者育土，为行远者铺路，努力让想得到的教育，成为看得见的风景。

参考文献：

［1］蒲公英教育智库.核心素养与学生评价［M］.
重庆：重庆出版社，2023.

［2］钟启泉.学校的变革［M］.上海：华东师范大学出版社，2019.

党建引领，"自然+"心育路径护航幼儿健康成长

◎朱雨雯

摘　　要 常熟市石梅幼儿园以"不断推动教育高质量发展"为办园目标，以党建引领全面贯彻"把眼睛跳出'围墙'，任童心拥抱自然"的办园理念，积极探索"自然+"内涵创新与发展，以"5+N"心育路径打造了星罗棋布的"自然+"阵地，努力践行"幼儿园必须把保护幼儿的生命和促进幼儿的健康放在工作的首位"的要求。提倡顺应儿童天性的教育为"首"、游戏化活动润"心"、教育立德修"身"、社会联动立"足"，进一步形成"自然+"共育共力、协同育人的格局。

关 键 词 "自然+"；儿童；高质量发展

作者简介 朱雨雯，江苏省常熟市石梅幼儿园园长，高级教师。

常熟市石梅幼儿园在各级政府的关心支持下，于 2020 年 9 月整体搬迁至外菱塘路。新园坐落于虞山和护城河的环抱中，汇集山水之灵秀，幼儿园拥有丰富的自然资源、人文资源和社区资源。为不断推动教育高质量发展，以实现人民对美好生活的向往，幼儿园以党建引领全面贯彻"把眼睛跳出'围墙'，任童心拥抱自然"的办园理念形成了"自然+"共育共力、协同育人的格局。

一、营造"三味"空间环境，顺应儿童自然成长

作为儿童学习生活的空间，幼儿园环境应该成为倾听儿童声音、反映儿童需求、承载儿童经验、记录儿童探索的重要载体。在新园建设初期，我们发起了"我想，我的幼儿园里有……""我想，我的幼儿园会是……""我想对我的幼儿园说……"等征集令，通过了解幼儿的想法，我们修改完善了环境设计方案，在后期施工的过程中，逐步营造了富有"儿童味""生活味""自然味"的空间环境，给他们提供了与阳光、空气、水、泥石、花草果蔬、鱼虫鸟兽等充分互动的机会，与同伴分工合作、协商分享的交往机会。幼儿在一个充满自然气息的环境中自由嬉戏，不仅能促进身体动作的灵活性与协调性的发展，而且通过体验、观察、分析、思考和创造，更懂得与一草一木、一花一虫产生联系，世界在他们眼中也变成了立体丰盈的大千世界。

二、创新"趣味"幼儿活动，润心儿童健康成长

"以活动促发展"是石梅幼儿园长期以来坚持的办园原则。从儿童的特点出发，基于"自然+"教育理念推出了一系列富有传统文化气息的活动品牌，为儿童的健康成长立根铸魂。

"自然日"是全体教师带领幼儿通过一次次教研活动逐步打造的课程特色活动。每周三上午，一顶顶"小黄帽"出发了，幼儿来到了与幼儿园相伴的虞山，在大自然中探寻着未知世界；

幼儿还来到了李强纪念馆、言子墓、水乡人家、燕园等，通过对牌坊、石碑、小桥、古井、老树等的探访，与古人"对话"，与古事"交流"，在穿越常熟古今隧道的同时收获的是对常熟这座城市满满的敬意和爱意。幼儿用小脚丈量着园外的世界，用双眼发现着自然的精彩。

"快乐体操"是石梅幼儿园深入贯彻落实习近平总书记关于"要让孩子们跑起来"等重要指示批示精神的一大举措。作为一所江苏省体育特色园，幼儿园坚持全员参与的原则，针对小、中、大班幼儿的年龄特点，每周开设"快乐体操"运动活动，并通过每月展示活动为幼儿提供展示的机会；同时与常熟市体育运动学校协作，向他们输送运动苗子，近几年，幼儿园有 50 多名幼儿分别在省级、苏州市级、常熟市级比赛中获得佳绩。

传统节日是中华优秀传统文化的重要组成部分。中国的传统节日包括春节、元宵节、端午节、中秋节、重阳节等，每一个传统节日的背后都蕴藏着一定的文化意义，同时体现着中国人特有的勤劳善良、爱国爱民、尊老爱幼等优秀的道德品行。幼儿园通过各类传统节日活动，引领幼儿了解每一个节日的来由和意义，组织策划形式多样的活动，如用舞龙的方式迎接新年的到来；在国庆节前夕欣赏武警官兵升旗仪式；在端午节之际讲述屈原的故事、观看划龙舟和品尝粽子；重阳节时为爷爷奶奶准备登山小礼物；等等。同时幼儿园非常重视每一届的大班毕业典礼，如在文庙举办过"传文化，感师恩"毕业活动；在幼儿园度过"勇敢者之夜"；在爸爸妈妈的陪伴下一起参加"心之所向　勇往直前"登虞山活动……我们用中华民族特有的优秀传统文化对幼儿进行美的教育，努力培养爱祖国、爱民族、崇尚传统美德和传统文化的一代新人。

三、探索"情味"家园合作，护航儿童幸福成长

《幼儿园教育指导纲要（试行）》提出，家庭是幼儿园重要的合作伙伴。幼儿园应本着尊重、平等、合作的原则，争取家长的理解、支持和主动参与，并积极支持、帮助家长提高教育能力。

幼儿园秉承着"家园合作"为每个幼儿成长护航的原则，充分做好家园沟通，组织丰富多彩的家园开放活动，让家长惊喜地看到孩子的点滴变化；每学期的家访活动，教师与家长促膝交心，畅谈孩子成长的快乐、困惑，共同解决孩子成长上的疑难杂症。每年的家委会、家长办公、家长问卷调查都是园所认真聆听家长对保教质量意见的传声筒。

进入石梅幼儿园，每个幼儿会有一本彩色的《幼儿成长进行时》、一顶小黄帽，家长可以从《幼儿成长进行时》中了解孩子在园的一周生活，小黄帽更是见证了幼儿成长的瞬间。渐渐地，家长从一开始只关注孩子的吃喝拉撒逐步关注到孩子的交往、合作、分享，尤其是"口述周记"更是家长了解孩子在园学习生活情况、关注孩子身心健康发展的载体，久而久之，家长成为幼儿园教育的贴心支持者。

为了提升家长参与幼儿园各类活动的积极性和有效性，幼儿园推出了家长激励积分制，通过对家长参与各类活动（如家长开放日活动、读书活动、家长助教、心得分享等）的质量进行评估与积分，不断激励家长树立正确的教育观念和分享经验，形成正向的学习和沟通。由此，家长队伍中涌现出了大批优质的资源，在园歌发布、大班毕业典礼、新年成长仪式等活动中闪现家长忙碌的身影。多样的互动让家园合作建立相互信任，更建立起一种共识。

四、导向"心味"教师团队，助力儿童温暖成长

"怀崇自然之心，笃行自然之事"是石梅幼儿园教师在教育教学过程中所遵循的原则，也是落实立德树人根本任务的体现。我们每个人怀揣着"人与自然合一之心"，遵从自然发展规律，怀着敬畏自然和尊重儿童之心引领幼儿发现自

我、完善自我和成就自我。

石梅，对于石幼人来说已不再是一个称谓，"石磬由天砺，梅香自苦寒"的石梅隐喻是石梅文化的核心要义。如何打造一支与"石梅"品牌相匹配的"四有好教师"团队，是幼儿园一直以来努力的方向。根据不同层次教师的个性和需求，以全员培训、分层要求、参观学习、经验分享、常规调研、师徒结对等路径压担子、搭梯子，不断推进师能建设，并与绩效整合，在激励中打造优质的保教团队。目前幼儿园共有 18 名市级以上骨干教师，苏州市"双十佳" 1 名，苏州市"双优之星" 1 名，常熟市学科带头人 8 名，常熟市教学能手 10 名。获得苏州市级荣誉的有 4 名，常熟市优秀教师、优秀班主任、德育工作者等更是数不胜数。同时充分发挥教职工个体优势，组建了"管理+"团队，通过专人负责、专长引领、专项探究，使各项工作凸显优势。以"石幼讲坛"为载体，邀请专家、领导、教职工或家长通过专题讲座、经验分享、心得交流等途径，提升全体教职工的职业素养。重点通过"最美石幼人"评选、"我的初心故事"讲述、"党员干部讲师德"、"青年教师学师德"、"后勤人员话师德"、"身边同伴亮师德"等活动将师德师能建设量化、质化，多次组织教职工座谈会，听取他们对幼儿园现状和发展方向的意见和建议。每个石幼人都用自己简单而朴实的行动，让自己在平淡的工作生活中闪烁着一点亮色，正是这些亮色汇聚而温暖和照亮着幼儿的成长之路。

五、推进"融味"社区联动，丰富儿童多元成长

社区是儿童生活的重要环境，是联系家庭和幼儿园的重要桥梁。借助前期所积累的"走进自然、走进社区、走进生活"项目活动经验，幼儿园秉承"传承+创新"理念，把"眼睛跳出'围墙'"，通过团队共建资源地图、师幼共探资源环境、家园共研资源宝库，充分挖掘园内外自然资源优势，并科学、合理地有效利用，将自然资源转化为课程资源，逐步建构园本"自然+"项目。如每周五的远足活动，幼儿用心感受着生活中的美好和欣喜；在认识蔬菜瓜果活动中，幼儿来到一墙之隔的农贸市场，认识各种不同的农作物，通过购买学会与人沟通交流；幼儿来到了社区南苏苑、博物馆，感受石碑、陶瓷文化与我们生活的关系；我们邀请社区的消防中队来园和幼儿讲讲消防车的作用，观看消防员登上云梯情景，触动他们提升安全意识；邀请社区医生、警察来园和幼儿互动，知道防近视、防龋齿、防拐骗等的常识和技巧；我们和家长走进"小白楼"，知道融合教育的真正意义，通过与馨晴工作室签订合作协议，不断宣传，引领家长正确认识融合工作……

六、结语

无论社会如何发展，人类都要学会与自然对话。对于儿童，自然不仅是构成教育的元素，更是一个人健康成长和获得幸福感的源泉。促进儿童健康成长和提升儿童幸福感的路径有 N 条、方式有 N 种、活动有 N 个，每所学校各不相同但又有很多的共同点，让我们一起为儿童的健康成长而努力！

参考文献：

[1] 曾凤蓉.学校党建引领思政教育的工作路径[J].新教师，2020（09）：28—29.

[2] 邹平，郭媛媛.和合党建　至善致行——北京市第五幼儿园党建品牌创建的实践研究[J].中国教育学刊，2021（S1）：63—65.

[3] 陈鹤琴.陈鹤琴全集[M].南京：江苏教育出版社，2008.

建设和融场域　　润育茶娃品格

◎虞清河

摘　要 结合学校的实际情况，依托茶文化地域特色，通过劳动教育，建设有田园特色、文艺韵味、家国情怀的"好茶园"，塑造有责任担当、敬业精神、专业特长的"好园丁"，培养能爱国爱家、精行俭德、自信自立的"好茶娃"。

关 键 词 学校建设；和合融荣；茶文化特色；以劳育人

作者简介 虞清河，江苏省溧阳市横涧小学校长，高级教师。

横涧小学位于悠然南山下、梦幻竹海旁、万亩茶园中，是一所建在山坡上的小学。

近年来，学校依托特色地域文化，以"茶"为载体，提出"实施生态教育，落实和融发展"的教育理念，研究基于"茶文化"特色的小学生态课程建设，通过建设有田园特色、艺术韵味、家国情怀的"好茶园"，塑造有责任担当、敬业精神、专业特长的"好茶农"，培养能爱国爱家、精行俭德、自信自立的"好茶娃"，在和融的场域中润育茶娃品格，精准落实"双减"，高效实施"五育"。

一、建设基础

（一）物质基础

依据学校办学理念和"茶"文化特色，建设了一个长廊（茶文化长廊）、两个展馆（茶文化展馆、茶艺展馆）、三个茶景（茶字广场、陆羽塑像、茶文化三字经）、四个楼道（敬、美、和、廉）、五面墙（茶德墙、茶史墙、茶名人墙、茶娃墙、茶理念墙），构建起了蕴含深厚文化底蕴和人文精神的园林型校园。通过环境建构，形成独特的"茶文化"场域资源。

（二）课程基础

通过多年的探索研究和实践，学校组织教师分六个篇章撰写了茶文化读本，开展了大量的"茶文化"课程活动。利用本地区"茶文化"资源，组织学生对茶的种植、采摘、制作以及茶艺等相关内容进行学习，体验合作探究的学习方式，让学生通过观察、体验、劳动和交流，了解本地区的"茶文化"，理解人与自然的关系，以此培育学生的家国情怀。

二、建设目标

茶文化是博大精深的中华文化之不可或缺的重要内容，意蕴丰富。校训"精行俭德"选自陆羽《茶经》，"精行"指遵守万事万物的基本规范，"俭德"指恪守有普遍认可度的良好品德。通过"怀诚尚礼、崇雅趋美"的校风、"敬业爱生、善教求真"的教风、"乐品明理、好学向善"的学风，确立了"茶文化背景下的学生品格塑造"引领下的品格目标：在情感上能爱国爱家，在言行上能精行俭德，在个性上能自信自立，爱国爱家、精行俭德、自信自立是横涧小学精神特质与培养目标，贯穿于教育教学全过程，为学生成就美好未来打下坚实的基础。确定这一目标，是学校与地域文化的融合，是办学的积淀与深化，也是对社会主义核心价值观、学生核心素养的具体落实。

将"五育"贯彻落实到和融的"乐园加学院"式的场域建设当中，结合学校实际，构建基于茶文化的 STEAM 生态课程体系，激励学生成长为"三能好茶娃"，在潜移默化中培育学生爱国爱家、精行俭德、自信自立的品格。

三、建设内容

（一）"'五园'融'五育'"全域加全员式活动实践场域建设

我们创造性地将学校布局与实践场域建设相结合，将学校分成五大品格提升场域，打造全域育人、全员管理型校园。在茶博馆特色区建设悠香茶园，践行精行俭德的校训，争做美德茶娃，形成以德为先的实践成果；在教学楼学习区建设幸福乐园，激发学生主动学习的热情，争做好学茶娃，形成以智为本的实践成果；在体育场运动区建设芬芳花园，开展全民体育运动，争做强健茶娃，形成以体为重的实践成果；在园林休闲区建设甜蜜果园，实施美育浸润计划，形成以美为贵的实践成果；在食堂生活区建设缤纷菜园，建设农学基地，争做劳动茶娃，形成以劳为基的实践成果。在每个活动场域精心设计标识牌，按党员引领、行政带头、首席教师、重点班级进行划分，开展全员参与型管理。

"'五园'融'五育'"，让校园每个场域离学习和人更近，让校园的每个空间、每个时刻，都成为"看不见的老师"。围绕"品格提升"谋篇布局，从一砖一瓦出发，在雅致的校园环境中，师生得以最好地自主成长。希望我们的茶娃德智体美劳全面发展，成长为在情感上能爱国爱家、在言行上能精行俭德、在自我上能自信自立的南山好茶娃。

（二）"学院提品格"体验加探究式课程学习场域建设

1. 建立课程学院体系

学校以悠然茶院为突破口汲取传统"茶"文

化精髓，精炼"茶"的教育内涵——和（和谐共处）、美（明辨是非）、敬（胸怀感恩）、廉（勤俭节约），构建了以茶文化为主题的三大课程体系：认知类课程、实践类课程、探究类课程。在课程规范化、多样化、校本化实施过程中具体落实，为培养全面发展的现代公民奠定良好基础。

2. 明确课程教学要求

学院探究式的学习课程不仅是一个介绍知识的过程，更是一个发现问题、分析问题、解决问题的体验过程。这个过程一方面是学生产生各种疑问、困难、障碍和矛盾的过程；另一方面是学生发展聪明才智、形成独特个性和创新成果的过程，在课程学习中锤炼精行俭德的言行。学院探究式学习课程更注重对学生进行劳动、体育、艺术等方面的教学，注重培养学生的特长爱好。一方面提升学生内在的满足感；另一方面提高学生外在的适应性，在兴趣爱好的培养中浸润精行俭德的言行。

3. 开发课程资源场域

挖掘利用社会资源，创办悠然茶院、南山农院、菌子书院、松岭画院等学院，推进"学院提品格"课程学习场域建设。在沉浸式的体验中，将专家研制的课程走向教师开发，由学科内容走向学生经验，探究如何让教师和学生实实在在地体验到、感受到、领悟到、思考到的生态课程。

（三）"研究促发展"生态加融合式课题研究场域建设

以常州市基础教育学校品质提升建设项目暨前瞻性教学改革实验项目"基于'茶文化'特色的小学生态课程建设的研究"为引领，以省市级课题"培育儿童家国情怀的乡村小学茶文化课程开发研究""儿童融合式美术创作的实践研究""乡土特色的 STEAM 生态课程的实践研究""'五育'融合背景下小学体育课堂教学渗透劳动教育元素的实践研究"为基础，开展生态加融合式的课题项目研究，建设一支研究型的教师队伍，以研究者的心态走进课堂，以观察者的眼光审视问题，以探究者的行为去反思总结，开展品格提升行动研究，形成和融发展的研究团队。

学校以"南山好园丁，和融润品格"党建品牌为引领，以"茶韵悠悠"青年教师成长营为主体，实行"茶话会式"的协商管理和"以茶会友式"的评价体系，开展"自由灵动、融合建构"的"茶馆式课堂"教学，实施"乐园加学院"式的综合生态课程。通过党员引领、行政带头、教师首席、重点班级形成和谐的管理团队，参与课程项目研究，开展品格提升行动。

1. 打造"茶话会式"的团队管理

做到管理就是对话，管理就是支持，管理就是服务，管理就是落实。学校无论大事小事，均采取民主集中制原则，严格遵守"大家事，大家议，大家定，大家办，大家评，人人都是学校的主人"。关爱每一个人，引导教师主动地、创造性地开展工作，让每一个人都得到成功的发展。我们始终坚持党组织领导的校长负责制，坚持民主、宽松的管理形式与环境，工作靠大家，管理做到求真务实、民主坦诚、条线清晰、信息畅通、突出重点；坚持制度管理和人性化管理相结合，管理做到有据可依，严中有情。

2. 采用"以茶会友式"的评价体系

我们彼此尊重，对师生的行为进行赏识、激励性的评价，以促使对方最大限度地发展提高。因家庭、生活、受教育的层次等不同，对问题的理解具有独特性，所以我们尊重每个个体的独特性。我们坚持通过激励来帮助对方建立积极的心态，转化外部评价为内在动力，开发自身潜能，获得最大限度的提升，引导克服缺点，发扬优点。我们努力增强双方的信任感，促进思维的活跃，促进主动发展。

3. 开展"茶馆式课堂"品格教学

课堂是教师和学生共同成长的主阵地。我们以提高教师的教学能力和发展学生的学习能力为

目标，逐步打造富有横涧小学特色的"茶馆式课堂"，促进师生的共同发展。"茶馆式课堂"包含读、说、议、练四个环节，体现的教学理念是"先学后教，先讲后练，先试后导"。"茶馆式课堂"追求品格教学的高质量，主要体现为学生积极参与，教师有效指导，培养学习能力，促进品格提升。

4. 实施"茶生态"融合课程

在课堂上通过绿色、健康的教学方式让学生把对环境的认识和情感统一起来，将人文、科技、艺术方面的认知结构和 STEAM 课程中的科学、技术、工程、艺术、数学五大模块进行融合建构，使学生认识到所生活的环境中极其广泛的生态关系，让学生理解人与自然所构成的生态系统，使学生树立和谐的自然观和可持续发展的生态观。

"茶生态"融合课程教育更注重过程，鼓励学生积极地参与，可以让学生做自己感兴趣的及相关的生命工程，并学习不同学科和跨学科知识的融合过程。会使学生有信心去尝试，并在实践中全面发展。它鼓励学生勇于创新和探索，不要怕犯错，让学生通过与小组实践学习、探索讨论、交流思想和相互帮助，来发现自己的优点和不足之处，通过团队合作来弥补自己的劣势。给学生提供一个广阔的空间，让学生拥有丰富而均衡的知识营养，让他们的未来充满无限可能。

（四）"激励促成长"全面加强个性式评价激励场域建设

1. 建立"茶娃提品格"评价机制

为了精准落实"双减"，高效实施"五育"，结合品格提升工程的需要，学校实施"五育融合 四季绽放"——"南山好茶娃"学生品格成长评价激励制度，在校园内实施茶娃成长积分卡流通机制（美德茶娃卡、好学茶娃卡、强健茶娃卡、艺术茶娃卡、劳动茶娃卡）。学校通过开展

丰富多彩的活动搭建激励平台，学生凭借各方面优异的表现获取各类茶娃积分卡，教师利用形式多样的劳动成果奖励学生，换取积分卡，然后再奖励给学生，形成良性循环。

2. 开展"茶娃积分卡"兑换活动

学校在茶字广场搭建了学生展示舞台暨横小好茶娃积分卡兑换处，树立了茶娃雕塑，激励学生在各项活动中"五育"融合、四季绽放、锤炼品格。学校定期会开展茶娃积分卡兑换活动。比如，梅花采摘兑换活动；蔬菜种植、采摘兑换活动；肖像写生积分卡兑换活动。学年末，举办"南山好茶娃"积分卡集中兑换活动。按区域安排各联合单位、学校、各年级积分卡兑换点以及拍卖区域，以学生平时获得的茶娃积分卡作为流通凭证，换取劳动实践成果、学习用品和益智类玩具等。同时，设置风采展示区，学生通过朗诵诗歌和才艺展示现场获取茶娃积分卡，通过学校、家庭、劳动基地协同培育方式，发挥积分卡的激励性作用，增强学生的家国情怀，形成良好的品格。

3. 举办"南山好茶娃"评价表彰活动

学期末，根据积分卡的获取情况以及茶娃成长记录本，按年级评选绿茶娃、白茶娃、黄金茶娃以及最高荣誉"南山好茶娃"，隆重举行"南山好茶娃"颁奖仪式。颁奖仪式由各年级任课教师致颁奖词，颁发奖状和奖牌。活动还会邀请获奖学生家长参加，见证孩子的荣耀时刻。获奖学生照片和事迹在学校茶博馆学生荣誉殿堂进行集中展示。"南山好茶娃"与"曼生十八式"相融合，使学校的悠然茶苑不仅可以帮助学习茶文化，还是南山茶娃品格展示的荣誉殿堂。

四、建设成果

2022 年 9 月，"常州教育发布"以"依托地域特色文化精准落实'双减'，这里的茶娃娃不一般"为主题，专题介绍了横涧小学基于"茶文化"特色的生态劳动课程体系。学校先后荣获常州市中小学生劳动实践教育基地课程群研发与实施领衔学校和常州市劳动教育示范学校等荣誉称号。"基于茶文化的小学生态课程的研究"于2022 年被评为常州市基础教育学校品质提升建设项目暨前瞻性教学改革实验项目。

近年来，学生在各级各类市级以上比赛中的获奖次数明显增多，学校连续两年在溧阳市义务教育学校考核中获优秀奖，2023 年获评溧阳市德育先进单位、溧阳市校本培训先进单位等荣誉称号，被溧阳市教育局推荐参评 2022—2024 年度常州市文明校园。在各级各类德育活动中，学生也充分展示了"南山好茶娃"的精神风貌，赢得了掌声和赞誉，多次被江苏教育频道、江苏省广播电视报、"学习强国"、常州网、"常州教育发布"、溧阳电视台、《溧阳日报》等媒体专题报道。教育部"国培计划"校长培训班、江苏省名师名校长工作室、常州市教育科学研究院、常熟理工学院、滨海县骨干教师团队及周边兄弟学校共计五百余人次曾到校参观考察。

参考文献：

［1］王长喜."韵文化"特色学校建设促进学校品质全面提升［J］.教育艺术，2024（04）：71.

［2］魏志超.特色学校建设中存在的问题及其反思［J］.苏州市职业大学学报，2023，34（04）：39—43.

让每一片羽毛都闪亮——家校社协同育人实践探索

◎张震义

摘　要　家校社协同育人是国家教育战略之一，而学校是育人的主阵地。如何贯彻落实党的二十大报告提出的"健全学校家庭社会育人机制"的方针，培养德智体美劳全面发展的社会主义建设者和接班人？学校层面要重视课程的开发，强化劳动育人、实践育人，拓宽综合育人的路径和渠道，协同家庭和社会，重塑学校课程结构，积极探索，建立多元、融通、立体、互动的育人网络，为每一个人的成长打下坚实的基础。

关 键 词　协同育人；活动育人；实践育人；学习生态；课程体系

作者简介　张震义，江苏省泰州市凤凰初级中学党支部书记、校长。

党的二十大报告指出要"健全学校家庭社会育人机制"，进一步从国家教育战略的高度为新时代家校社协同育人指明方向。而学校是育人的主阵地，承担着落实国家的这一教育方针政策的重大使命。泰州市凤凰初级中学（以下简称"凤凰初中"）认真贯彻落实党的二十大精神，遵循学生身心发展规律和教育教学规律，携手家庭、社会，积极探索，建立多元、融通、立体、互动的育人网络，让每一片羽毛都闪亮，为每一个人的成长打下坚实的基础。

一、夯实学校教育基础，提升学生社会参与能力

做好自己的"主业"，不断提高教育质量，提升教育智慧，是学校教育领导和主导育人共同体的前提。学校要对教学方式、教学管理、课程设置等进一步优化、强化、细化，让每个学生在校内能学得足、学得好，提升学习效率和质量，着力培养学生的核心素养。

（一）遵循学习发展规律，回归教育本原，打造良好学习生态

让每个学生在校内能学得足、学得好，学校教育要在"课程育人"上下功夫，即在落实国家课程方案和学科课程标准的基础上，建设优质的校本化课程资源，并以课程改革推动教与学模式变革，全面构建学校"育人场"学习生态。

凤凰初中秉承"让每一片羽毛都闪亮"的育人理念，以"静心、智慧、求真、健康"为育人目标，分别从一厅（综合实践活动展厅）、二园（凤凰文化园、诗意花草园）、三中心（法治中心、读书中心、科创中心）、综合实践活动课程以及科技、体育、艺术课程等领域构建学校"育人场"生态体系。

在德育主题教育中，注重与学科教学、校本课程和实践活动的渗透、整合、融通，并将社会主义核心价值观落实在家校社协同育人的实践中，将诚信、友善、民主、文明等社会主义核心价值观主题渗透到"父母大讲堂""爱心妈妈""书香家庭"等校园文化与家风建设融合的活

动中，建设富有特色的"核心价值我先行"家庭德育生态体系。

（二）开展综合实践活动，构建课程体系，实现活动育人

凤凰初中充分发挥综合实践活动课程的育人功能，构建综合实践活动课程体系，引导学生探寻"诗意花草"、探寻"舌尖上的泰州"、探寻中国非遗文化、探寻特殊时期的爱国英雄。在走近梅兰芳大师、走进泰州博物馆、走进泰州名胜古迹、参与模拟法庭、接受中国传统礼仪教育等实践活动中，提升学生的自主学习能力、审美创造能力和社会交往能力。这些课程融趣味性、知识性于一体，对国家规定课程项目进行了有益的补充和细化，使每个学生都能找到自己喜欢的课程，发展学生的多种能力。[1]

在开展"行走的论语"实践活动中，引导学生走进社区、走进社会，用《论语》中的智慧践行为人处世之道、报效国家之道，学会感恩、包容、反思，为终身发展奠基。在开展"指尖上的历史"实践活动中，学生通过研究我国每一个阶段的历史，寻找这段历史中的典型事物，并用创意物化的方式，在做中学，通过自己的双手把它做出来（包括3D建模和打印）。作品展示在学校连廊两侧，以实物或图片象征时代，一段连廊就是一段历史，形成历史的长河。如一组学生找到能够代表民国时期一种常用的交通工具黄包车，他们自行设计、自主选择材料，主动联系有木工手艺的家长，共同制作，在刨、削、凿的动手实践中，解决问题、创意物化，完成了黄包车的项目任务，并展示在学校的长廊上，以一物看一个时代。

（三）关注"人"的成长，强化劳动教育，奠基未来生活

"人"的成长是家校社协同的关键所在，也是目标所在。其中一个重要目标就是提高学生的社会行动能力，让学生充分享有走出家门、走出校门学习和参与社会公共事务的机会。凤凰初中对照《义务教育劳动课程标准（2022年版）》，强化劳动教育阵地建设、基地建设、课程建设，让学生在校有劳动任务，在家有劳动能力，在校外有劳动实践，在一定社会环境中获得幸福感和自我实现感的能力，为学生的未来社会生活打下扎实的基础。

学校完善劳技教室、陶艺教室、科技制作与发明室、3D打印室、编程设计室（人工智能）；建设农学实践区"羽亮轩"、种植区"面场圃"、农具体验馆"水乡情"；设置校园劳动者之家，合理安排学生参与校园保洁、绿化养护、食堂餐具清洗、班级美化等；成立学生志愿者协会，服务校园活动及校节活动等。

学校设计"我是新型小农民"农耕教育项目，利用学校周边农村空地作为农耕基地，聘请家长或老农担任志愿者，指导"小农民"们种植和收获，从春播、夏耕到秋收、冬藏，结合二十四节气，让学生进行农事劳动教育实践活动，感受劳动实践带来的全新学习体验。

在"劳动实践、幸福成长"主题活动中，学生走进泰州市麒麟湾生态农业基地，学习"三农"知识，动手实践农作物栽培、护理、采摘等，深度体验劳动艰辛，深刻体悟家乡发展变化与辛勤劳动的密切关系，增强建设新农村的责任感。学生在劳动实践与体验体悟中了解农村、了解社会、锻炼能力，劳动实践成为培养学生社会行动能力的重要途径。

凤凰初中着力拓展学校课程的内涵与外延、策略与途径、形式与方法，通过科学的课程体系和丰富的校内外实践活动，培养学生自主发展能力、综合实践能力、社会参与能力，成为时代所需要的人才。在学校"育人场"生态体系当中，每一处场景都能育人，每一次活动都能将学校、家庭、社会三者有效融合在一起，形成协同育人的合力。

二、发挥家庭育人优势，满足学生多样化成长需求

家庭教育是家校社协同育人中重要的一个方面，也是能与学校形成合力的关键一环，对于学生成长的重要性不言而喻。学校要在家校社协同育人中科学指导家庭教育，使其形成育人合力。

（一）充分发挥家委会作用

凤凰初中成立家校协同发展委员会，充分发挥家委会在家校沟通中交流联系、整合资源、凝聚合力的重要作用，定期开展交流活动，让家委会成员参与讨论学校发展重大决策，及时反映学生、家长存在的困难和困惑，助力学校发展，引领家庭教育，协调家校共育。同时，学校通过家长开放日、家长沙龙、专家讲座、家访等多种途径给予家长科学的理念和方法指导。如，学校开展"羽航"家校社协同育人项目，邀请泰州市"礼仪中国"团队担任家委会指导专家，开展"家庭教育，从礼开始"专项行动，着力提升家庭教育的水平。

（二）科学落实"双减"工作要求

在"双减"背景下，凤凰初中建立在线学习平台，探索以信息平台建设推动协同育人工作，在作业管理上明确"学校规划—教师实施—家长反馈"的三级联动工作机制，减轻学生过重作业负担，减少家长校外加餐加码的欲望。在作业设计方面，教师紧扣新课标精神与教学目标，强基重能，设计一些形式丰富的综合类、生活类、实践类、探究类、跨学科类作业，鼓励亲子一起完成作业。如，利用家里的废旧物品合作完成一件创意作品、共同制订一个月的家庭经费使用计划、"走进重阳"父子携手为社区敬老院志愿服务等。

（三）多元开展美好家庭建设

凤凰初中建立"凤凰父母"微信公众号，以数字化方式呈现青年成长课程、学习专题课程、多元发展课程、父子活动课程、素养拓展课程等多种形态课程，以满足不同学生的个性需求。充分利用国家和地方教育教学资源平台，如国家中小学智慧教育平台、网易公开课等资源平台，帮助家长学懂弄通科学的育人理念和家教方法。成立"好父母家长学校"，确定《好爸爸、好妈妈标准》，指向幸福家庭建设、和谐亲子关系、全面育人行动等主要指标，并设计一系列亲子同频课程，引导家长高质量地参与孩子成长，引领和谐美好的家庭建设。开展"书香家庭评选""亲子才艺展示""亲子运动会"等活动，邀请家长共同参与，形成家校共建的传统与特色，发挥家校共育功能。

三、整合社会教育资源，拓展学生成长多维空间

社会教育资源丰富多彩，是对学校和家庭教育最好的补充。学校作为家校社协同育人的主导，要整合利用社会各方资源，拓宽协同育人的实施路径，拓展学生成长的多维空间。

（一）走出去、请进来，做好内外协同

凤凰初中采取"走出去、请进来"的方式，分年级开展"走进海洋世界、探索自然奥秘"实践活动，"缅怀革命先烈、传承红色基因"红色之旅活动，"牢记强军梦、青春励志行"爱国主题活动，"印象泰州、研学之旅"文化主题实践活动，"走进垛田传统文化、感受水乡独特魅力"乡愁主题活动，持续为学生提供优质的社会教育资源。依托社会力量办教育，邀请他们走进校园，将校园变成他们特色品牌的实践基地，如协同"礼仪中国"开展"谦·和"传统礼仪教育，协同凤凰街道高雅艺术表演团开展高雅艺术进校园活动，协同江苏雏鹰国防教育基地开展少年军校建设，协同泰州市科技馆开展科普宣传周活动等。

（二）馆校共建，涵养学生精神

凤凰初中充分利用附近的社会资源，发挥校外活动场地场馆在共建共育中的作用，确保协同

育人的丰富性和多元性。学校与中国人民海军诞生地纪念馆构建军地共享的育人新样态，把海军诞生纪念馆作为研学实践教育基地、战斗精神教育基地，形成具有学校特色的"红色文化"教育，培育学生有正气、有朝气、有担当、有家国情怀的精神内核。与市图书馆、博物馆、文化馆、科技馆等优质公共资源签署"馆校共建"协议，让优质场馆资源为学校教育、家庭教育注入新活力。

（三）项目式推进，丰富育人生态

采用项目推进的方式开展家校社协同育人是一条卓有成效的路径。项目式学习以解决问题为目标，帮助学生在真实的生活情境中经历深度学习的全过程，实现师生共生共长。[2] 凤凰初中积极探索与泰州高校的合作育人模式，建立长期合作项目，用项目式推进的方式，促进学生向着卓越的方向发展。学校聘请南京理工大学泰州科技学院教授担任科技发明指导老师，指导学生开展"未来科学家"项目，提高学生的科学素养。与南京师范大学泰州学院合作开展"我是小讲师"公益项目，聚焦学生核心素养发展，运用现代互联网和极简信息技术工具，搭建"凤凰小讲师"的直播平台和学习社群。邀请大学教授、行业精英、家长等志愿者做导师，促进学生学习方式的变革，形成了多校结盟、城乡协作、家校社共建

共享的学习生态。每年暑期组织大学生志愿者为困境学生、外来务工人员子女提供无偿服务，推出"课后成长吧"学习品牌项目，开展学习辅导、美术指导、美文共读、球艺进阶、才艺展示等成长活动，丰富学生的课后文化生活，促进学生的全面发展。

四、结语

家校社协同育人是现代教育必须完成的新任务，是进入教育新时代的必经之路，也是深化教育改革的重要举措。重构学校教育、家庭教育和社会教育的大格局，能形成一个强大的教育磁场，让所有参与者实现精神共振，产生潜移默化的"不教之教"的良好效果，更有着辐射社会并提升全民素养的重要功效。[3]

参考文献：

[1] 周菊芳. 全人理念下的综合育人实践 [M]. 南昌：江西教育出版社，2020.

[2] 何俊，曹彩虹，潘冠. 以项目式学习推动教学方式变革 [J]. 基础教育课程，2023（13）：17—22.

[3] 朱永新. 家校合作激活教育磁场——新教育实验"家校合作共育"的理论与实践 [J]. 教育研究，2017，38（11）：75—80.

乡村振兴背景下乡村学校的发展路径探究与实践

◎颜国仁

摘　　要　教育兴则乡村兴。在乡村振兴背景下，乡村儿童需要怎样的教育，身处其中的乡村学校需要怎样的发展路径，成为乡村教育工作者亟待思考和解决的新问题。为此，笔者尝试以自身工作的溧阳市竹箦中心小学为例，努力探寻乡村学校追求高质量发展的最佳路径。

关 键 词　乡村学校；品质发展；路径探究

作者简介　颜国仁，江苏省溧阳市竹箦中心小学校长，高级教师。

乡村振兴战略是实现中华民族伟大复兴道路上的一项新的重大任务。新形势下乡村儿童需要怎样的教育，身处其中的乡村学校需要怎样的发展路径，成为乡村教育工作者亟待思考和解决的新问题。为此，笔者尝试以自身工作的溧阳市竹箦中心小学为例，努力探寻乡村学校追求高质量发展的最佳路径。

一、学校简介

溧阳市竹箦中心小学位于溧阳西北面，是溧阳北山片区内一所普通的乡镇中心小学。学校创建于1913年，占地面积38 640平方米，建筑面积16 114平方米，有计算机教室、科学室、美术室、音乐室、舞蹈房、体育馆、录播室、智慧教室等10多个功能室和学科特色教室。目前，学校有29个教学班，学生1 331名，在职专任教师79名。

二、探究与实践

（一）循地域文化，铸发展之魂，积淀校园文化底蕴

1. 擦亮党建品牌

学校全面推进党组织领导的校长负责制，把党的领导与学校各项工作深度融合，积极组建学习型、服务型、创新型党组织。学校以"扬'三牛'精神，育时代新人"打造溧阳市"一校一品"党建文化品牌项目，树立新时代背景下"俯首甘为孺子牛"的教师新形象，让"初生牛犊"的学生形象健康向上、富有朝气。通过书记上党课、党的创新理论宣讲、党史知识竞赛、外出考察实践、学习二十大奋进新征程等学习形式，深刻领会党的二十大报告中关于教育论述的精神，为学校教育的新发展提出新要求、作出新部署、开辟新领域、指明新方向，指引全体党员教师勇于面对问题，努力实现解题和破题。

2. 凝练学校文化

学校集全体师生、校外专家及社会人士的智慧力量，共同参与到学校文化的建设中来。在多方论证、反复斟酌、调研修改中逐步提炼出"深耕细作，耕出未来"的学校文化，以引领学校的发展。我们以"耕耘不辍"为校训，寓意老区人民勤奋的本性和特质。营造孜孜不倦、追求卓越的校园风气，寄托对师生成长和学校发展的深切期待。以"勤耕至善"为校风，"精耕至美"为教风，"乐耕至真"为学风，希望每位教师像拓

荒牛在教学之路上勇于进取、精益求精，不断追求教学艺术之精妙；每个学生像初生牛犊在学习之路上探求真知、学做真人，实现自由成长的美好未来。

3. 营造物型场域

学校致力打造"行走特色"的校园场域环境，构筑多样化的场域环境，增强学生对丰富多元世界的体验感知，不断激发学生的创造力和实践力。以校园内 1 号公路为载体，精心设计和建设每一个景观，形成"一路两廊三区 N 驿站"的校园物型文化格局，时时处处对学生进行浸润式熏陶，让每个学生在潜移默化中塑造品格。

（二）筑牢安全根基，严守规范办学，提升学校治理水平

1. 科学谋划发展规划

学校以科学的质量观为导向，树立"五育"融合、全面发展的育人理念，按照"一年大变样，二年上台阶，三年创品牌"的工作思路与部署，制定了切实可行的三年发展规划，并逐年调整实施。在"深耕细作，耕出未来"的办学理念指引下，充分利用现有资源，发挥全体教师的智慧，大力加强学校内涵建设，提升学校办学品质，努力把学校办成社会认可、家长满意、学生喜爱的现代化乡镇小学。

2. 依法推进学校治理

学校制定了《竹簧中心小学章程》《竹簧中心小学教职工岗位聘任方案》《竹簧中心小学绩效工资考核分配方案》等一系列规章制度，做到依章程办学，形成一套有效的自主管理机制。学校将各项规章制度的执行情况作为教师年度考核、职称评定、岗位聘用、评优评先的重要参照和依据，定期召开教职工代表大会、家长委员会会议，促进学校管理规范化、科学化、高效化，学校的社会知名度不断提升。同时，制定了《竹簧中心小学落实"五项管理"工作实施方案》，坚持免试就近入学原则，制定《竹簧中心小学招生

入学方案》和《竹簧中心小学"阳光分班"实施方案》，各平行班班额、师资搭配均衡，不以任何名义设置重点班。严格执行课程计划，开齐上足规定课程，不在正常教育教学之外组织学生集体补课或变相集体补课。

3. 多措并举保障安全

学校设置了专供机动车辆进出的校门，实行人车分流，排除安全隐患。大力加强食品卫生管理，食堂已完成"明厨亮灶"建设，纳入了"阳光餐饮"监管平台，先后被评为 A 级单位和品质食堂，食堂量化等级为"优秀"，学生和家长满意度都达 95% 以上。在定期对学校校舍、设备设施、地面附着物、室内外悬挂物等进行常规检查和管理的同时，建立"一岗双责"的安全责任机制，做到人人都是安全责任人。制定各类应急预案，定期组织全校师生员工开展防拥堵应急疏散应急演练，联合当地消防中队开展了消防应急疏散演练，以及在发生火灾时如何使用灭火器的知识培训。通过演练和培训，师生员工认识到了演练的重要性，也初步掌握了一些预防急救的方法。为加强学校周边交通管理，学校实行低、中、高年级错时放学的举措，缓解校门口的交通拥堵状况。还设立了"家长志愿者爱心护学岗"，每天家长志愿者提前到岗，与值日老师一起维护放学秩序，切实提高在校学生的安全感、幸福感。

（三）构课程体系，增强生命张力，提升课程内涵品质

课程是学校教育最为重要的载体，课程的品质决定学校教育的品质，课程结构的设计影响学生素养的形成。学校从传承和创生的角度出发，对学校课程体系框架进行校本化设计、多元化建构。

1. 构建特色课程体系

学校立足源远流长的发展历史和丰富的课程资源，系统开发构建"家乡 1 号公路上的行走课程"，以 4 大主题、8 个子项目整体设计家乡

1号公路上的行走课程体系，从国家基础课程整合化、校外行走课程综合化两个维度设计课程内容，从环境场域打造、课程操作要点、评价指标设计等方面全面落实课程实施。

2. 精心打造活动课程

学校先后确立了美术类、音乐类、体育类、学科类、科技类、实践类6大类60余门乡村校本活动课程。让不同个性、不同爱好的学生自主选择、自愿参与所选的课程学习，让不同潜质的学生得以个性化、自主化、特色化成长。这些活动课程的开发实践为教师和学生提供了更多的课程自主选择权，师生的特长得以发挥，个性得以张扬。

3. 着力推进劳动课程

为深入贯彻劳动教育进课堂的文件精神，学校切实开足开好劳动课程，定期组织学生参加天目湖、南山竹海、东方盐湖城等劳动研学；积极开展"劳动幸福卡"大比拼等活动，培养学生生活自理能力。学校在校园内专门开辟出"小牛农场"，作为学生劳动实践教育基地，每班设立专门的小牛种植园地，成立班级种植小队和管理员。按照时令季节进行班级栽种活动，体验传统农业中播种、管理、采摘、收获的全过程。同时，开展班级园艺角绿植栽培、与校外农场实践基地合作，了解现代农业种植的新技术和新方法，体验农产品加工的过程。

4. 周密设计阅读课程

学校积极推行全员阅读课程系列活动，在每幢教学楼一楼楼道口开辟了6个"校牛流动书吧"，面向全体师生组织多次图书捐献活动，极大丰富了学校、班级图书角的图书量，为师生广泛阅读提供基础保障。学校还统筹商讨制定阅读课程方案，有序开展系列阅读课程活动，定期评选表彰各年级"阅读之星"，让一批读好书、好读书的学生在书香的浸润下健康快乐成长。

5. 潜心开发红色课程

竹箦地处革命老区，旖旎的自然风光、厚重的革命历史以及灿烂的现代文明共同赋予了百年老校深厚的内涵。为此，学校潜心开发、实施红色课程，组织师生开展户外寻访、参观、探究、实践活动，全面建设校内外红色教育课程，助推教师精神品格建设，让全体师生了解中国共产党艰苦奋斗的历史，赓续红色精神，厚植家国情怀，体现为党育人、为国育才的教育目标。

（四）塑教师形象，促专业成长，赋能教师内驱发展

教师是推动学校发展的第一动力源。学校为教师专业提升创设各种条件和平台，做到"学校发展教师"，真正实现教师成长与学校发展的双向动力。

1. 师德建设与涵养

学校始终把师德师风建设放在教师队伍建设的首位。组织教师学习《中小学教师职业道德规范》《师德师风建设制度》等相关法律法规，签订"师德师风承诺书"，在教师节组织全体教师开展师德师风宣誓活动。定期开展"我为竹小发展献一计"、"最美办公室"评比、"我与竹小的故事"分享活动，用身边的事教育身边的人，用身边的人影响他人，强化责任意识，不断增强教师队伍的凝聚力、向心力和协作力，把文化内化为习惯，外化为行动。

2. "青蓝"携手共成长

学校坚持依靠教师发展原则，积极创造教师成长的良好环境，促进队伍素质整体提高。挖掘一批教学、教改、科研综合素质高的青年教师作为重点培养对象，"青蓝工程"为青年教师创造了向有经验教师学习的契机，组建学科教研共同体。充分发挥骨干教师的示范引领作用，实现青年教师和骨干教师的双向联动发展，以促进青年教师专业水平的整体提升。

3. 专业研修促发展

为发挥学校教研共同体中优秀教师的示范作用，优选各学科中的骨干教师作为学科领衔人，确立各学科关键能力和核心素养培育作为学科项目研究的着力点,以"课标学习—研讨交流—课堂实践—改课重建—议课反思"为实践路径开展学科项目专题研修活动。不断拉近教材与课标的距离,缩短教师与课标的距离,促使教师理解新课标思想,真正带动课堂教与学方式的转变和优化,为各学科课堂教学提升找到教研之境的新密钥。

(五)树小牛品牌,育美好品行,涵育时代牛娃品格

1. 童心红色育人勇担当

学校德育处传承初心使命、赓续红色精神血脉,以红色教育为切入口,努力培养具有家国情怀、责任担当的竹小少年娃。在喜迎国庆活动中开展讲述爱国故事、"瓦麓书屋 祖国礼赞"集体朗诵会、带着国旗去旅行系列活动,全面建设校内外红色教育,助推教师、学生精神品格建设,赓续红色精神的风采风貌。

2. 小牛服务铸美好品行

学校充分运用创办于 2001 年的"小牛服务公司",为学生提供锻炼自我、提升自我、服务奉献的机会,下设"小牛宣传部""小牛环境部""小牛科学部"等 10 多个自我管理、自我服务的部门,为学生社会实践提供不同的岗位任务,构建立体多维的教育实践场域,让学生在小岗位上立大志向,在服务他人的过程中实现自我价值。

3. 多样活动体验乐成长

学校将每天的班级晨会、每周国旗下讲话等常规活动与"小牛星级中队"评比挂钩,形成有效的竞争机制,提升各中队参评的积极性及辅导员的责任感。利用特殊节日开展不同主题的德育活动,认真组织开学典礼、入队仪式、十岁成长仪式、毕业典礼等活动,在真实场景中锻炼学生综合解决问题能力。每年一届的"小牛文体活动月",更是将运动、健康的理念深入学生心中,

在丰富多样的文体活动中,让学生发现自我的价值,潜移默化地形成校园的精神文化内核。

4. 多维评价构筑新样态

学校少先队不断探索富有校本特色的育人评价体系,将"立体多元"和"雏鹰争章"元素融进评价之中,根据家国情怀、文明礼仪、治学做事、身心健康、素养发展五个维度,分别设置礼仪牛、勤学牛、健体牛、艺术牛、劳动牛、科技牛等多方面的"小牛达人榜",以学生的"小牛星级章"和班级的"星级班级"评比推进日常管理。以"小牛星级章"叠加管理,通过集章游戏的方式,对学生进行多样性、趣味性、过程性和发展性评价,凸显学生的优势领域,促进全面发展。同时创设"金牛奖"评价项目,让学生站在学校文化建设的中心,成为最牛的自己。

三、结语

依据地域特点和文化传承,努力让学校成为一所办学理念鲜明、课程特色彰显、教学质量上乘、学生素养向上、校园环境优美的乡村特色校园,这应该是我们乡村教育工作者践行为党育人、为国育才的最好的方式。目前,学校在师生成长、特色建设等方面取得了长足的进步,先后获评江苏省青少年科技教育特色学校、江苏省前瞻性项目"振兴乡村教育与教育振兴乡村"共同体项目学校、常州市文明校园、溧阳市优秀校本培训单位、溧阳市书香校园等荣誉称号。

参考文献:

[1] 潘小福,陆卫平,金旦.基于乡村生活场景的育人方式变革——来自常州市的实践[J].教育视界,2023(26):34—38.

[2] 金旦,周华."三新"乡村生活场景下的学校育人方式变革[J].江苏教育,2024(02):63—65.

学院引领创新　课程涵育素养

◎朱振华　刘　凯

摘　　要 高中阶段是学生科学素养形成的重要时期。南通大学附属中学充分意识到课程载道、课程育人的重要意义，结合学校的四个江苏省课程基地和"学院制"课程管理机制，确立"培养科学、人文、艺术全面发展人才"的前瞻定位，将课程指向学生的多元发展，以实现学术素养、公民素养和生命素养同步提升。

关 键 词 学院制；课程；科学素养

作者简介 朱振华，江苏省南通大学附属中学副校长，高级教师；刘凯，江苏省南通大学附属中学教科处副主任，高级教师。

党的二十大报告强调加快建设教育强国、科技强国、人才强国，全面提高人才自主培养质量，着力造就拔尖创新人才。在此背景下，普通高中的育人目标应着眼在全面落实科技教育先进理念上：一方面，指向学生掌握科学概念、学会科学方法、培养科学思维；另一方面，增强学生以科学实践为特点的问题解决能力，从而培养科学技术人才，提高全民科学素养。

高中阶段是学生形成科学素养的重要时期。南通大学附属中学充分意识到课程载道、课程育人的重要意义，结合学校的四个江苏省课程基地和"学院制"课程管理机制，确立"培养科学、人文、艺术全面发展人才"的前瞻定位，将课程指向学生的多元发展，以实现学术素养、公民素养和生命素养同步提升。课堂教学注重学生创新思维开发，教学内容指向学生系统性思维、工程思维等目标；教学过程体现"理论—实践—评价"的学生自主发展特色，充分考虑新时期高中学生科技创新能力培养的重要性。

一、着眼核心素养，拓展校本课程

从微观结构来看，课程体系是指具体每门课程的培养目标与学校整体目标的承接关系，以及各门课程内部诸如课程目标、课程内容、课程实施、课程评价等各个构成要素的结合关系，各门课程内部各模块、单元、章节、课时的具体安排等。学校认真总结历年课程建设经验，结合学校整体育人目标，制定了课程涵育四项基本原则。

（一）坚持立德树人导向，引导正确价值观养成

学院课程开发与实施以学校"雅正"为目标，即以雅养正。具体而言，"雅"是指学生日常的衣着素雅、语言文雅、举止优雅、心境娴雅、志趣高雅；"正"是指学生能够守正心、持正行，最终达成做正人。坚持内修与外铄相结合、学习与生活相贯通、校内与校外相衔接，在课程中实现学生的品格发展。学校以中华慈善博物馆、南通环保教育馆、啬园、市科创园等校外基地为阵地，通过劳动实践、社会考察、志愿服务等活动，培养学生服务社会的热情。

（二）坚持本土化原则，打造特色课程品牌

学院课程体系是学校特色文化的重要组成部分，承载了学校办学理念，体现了学校发展方向。因此学校坚持本土化原则，深入挖掘区域教育资源，自主开发特色课程。学校加大了与南京大学、南通大学、南京师范大学等高校的联系，开设"博雅论坛"，拓宽学生知识面，培养学生不同兴趣特长。

（三）坚持动态性原则，注重课程持续生长

陕西师范大学教授孙根年认为，任何的课程体系都是一个开放性的知识—技术系统。学院课程最终要回归教学实践，不断根据实践中的需求进行调整、更新。学校不追求最完善的课程，但需要在实践中形成最适合的课程，拟开设"RoboRave 实训挑战""Arduino 创意机器人""指尖上的 NAS"等课程，将知识与能力融为一体，实现二者同步生成。

（四）探索多样性评价，关注课程育人效用

基于大数据蓬勃发展的浪潮，学校着力探索采用大数据跟踪评价，解决课程育人效果无法以传统评价体系量化呈现的问题，用多元的评价体系描写鲜活、生动的学生个体，让课程育人的效用得以直观地反映。学校体育与健康学院的"青春期生命健康教育""幸福的七种颜色"等课程已经开始了多样评价的实践探索。

二、基于五大学院，建设课程体系

从宏观结构来看，课程体系是指课程体系整体与学校建设中的教育理念、育人目标、办学目标等上层建筑的关系，以及课程体系内各种类型课程的关系。

学校依托理科实验大楼、技术实验大楼、图书馆、体育馆、艺术楼创设了五大学院，即人文与社会学院、数学与科学学院、工程与技术学院、艺术与传媒学院、体育与健康学院。各学院独立设置学院中心，既成为学科课程教学中心、选修课程研发中心和实验装备管理中心，更成为学生创新实践中心。学院式管理机制打破了学科壁垒，整合了学科教学资源，融合"五育"目标，把学生置于学习的中心，引领学生探究世界、认识自我，实现学术素养和生命素养同步提

升，为学生未来发展赋能。同时，学校还依托五大学院建设了课程体系。

（一）深探内涵，推动学院教研

学校认为学院课程体系的建设，不仅仅指向学生，同样指向教师。学院课程不应仅仅是培养学生素养的中心，同时也应该是教师专业发展的载体。学校积极探索学院制的内涵，在课程体系建设的同时，构建教师发展共同体。

（二）强化特色，凸显学校文化

学校一贯坚持科学、人文和艺术三位一体的"博雅教育"理念，追求学生学术素养、公民素养与生命素养的同步提升，学校办学文化个性鲜明。学院课程与学校文化高度融合，如学校篮球文化与体育健康学院彼此相辅相成、相得益彰。学校强化学院课程特色化，厚植雅正情怀，厚实文化底蕴。

（三）融合"五育"，突出科技创新

学校将"五育"目标融入五大学院：人文与社会学院重点指向德育，数学与科学学院重点指向智育，工程与技术学院重点指向劳动（技术）教育，艺术与传媒学院重点指向美育，体育与健康学院重点指向体育，在学院中有针对性地促进学生多元发展，真正实现"五育"并举。学校将学院与课程作为重要的育人抓手，依托学院创建课程基地，依托课程基地组建课程群，在此基础上结合育人目标，突出科技创新。

学校基于学院的科技创新课程体系构建总体思路：一是借助物理学、信息技术等手段实现多元课程资源建设；二是以高中学生理科实践为学习特征的跨学科课程体系设计；三是以数学模型思想、信息控制思想等为导向，以项目化学习为特点的课程内容迭代设计。

三、立足学生素养，打造精品课程

学校针对教育对象的多元化诉求，充分利用课程改革赋予的权利，聘请高校专家和省市教育

研究部门管理人员，共同进行了指向高中学生人文素养和科学素养两翼齐飞的学校课程顶层设计。通过长期实践验证与理论研究相结合的探索，基本完成国家课程校本化实施与校本课程相结合的高中课程体系架构，课程建设以融合各学科教学内容、有利于教师学生创新思维和实践能力发展为主旨，逐渐走向成熟。

学校依据《校本课程实施方案》《校本课程开发和更新方案》进行学院课程开设。目前4个省级课程基地有价值类课程、学术类课程、技能类课程、拓展类课程共115门，另有近百个学生社团。

学校尤其关注课程建设与教学提升工程。"梦想从这里起飞——机器人世界探索""生活中的化学科技""微生物培养技术""走近3D打印技术"等优秀校本课程得到了重点发展。学校有40余个正常开展科技类活动的学生社团，社团类型多样，涌现一批精品社团，例如微生物技术应用社团、机器人装配社团、3D打印社团等；还开发有活动类、科技类、学科类、拓展类等校本课程115门。学校充分利用现代技术与网络手段，建成了覆盖所有高考课程的网上学习系统。

四、研究科教前沿，变革育人范式

（一）明确跨学科理念，构建项目化资源开发模型

学校统整各学科学生能力素养和知识内容，以主题的方式整合课内外资源，围绕系列化主题开展各种学习活动。活动主要分成三个环节：主题生成、主题探究和主题拓展。该学习模型主要运用于知识的获取和组织类学习，其目的在于帮助学生形成更丰富的知识储备、更宽广的知识视野以及更科学的知识体系。

（二）统筹科学实践，形成项目式学习模型

学校根据学生科技创新能力发展的课程基地建设指向，规范了原有各门课程学习共性目标：（1）认知性目标：了解现代科学工具、技术设备的结构和用途知识，掌握基本生活生产中的科技知识。（2）参与性目标：持续参与科技创新和社会实践活动，体悟个人成长与区域发展、社会进步、民族复兴的关系。（3）技能性目标：能够依据技术需求选择工艺，完成具有一定技术含量的产品设计，积极参加以科技应用和科技创新为核心的科学实践活动。为此，我们构建了基于产品制作与评价改进的项目化教学模型。该模型一方面强调通过科学原理的综合使用和技术运用解决问题，另一方面是在生产活动中对学生进行创新意识、科技知识和实践技能的表现性评价。

（三）指向知识、能力，开发科技学习项目

课程体现了理科教育"创新指向"和"跨学科项目式"设计学习理念，逐渐形成富有区域特色的系列化学习项目。例如，学校"江海文化"课程基地自主开发的"蓝印花布"生产项目，融合了多学科知识与能力发展。

五、致力学科融合，探索实施范式

学校以工程制造项目为实践载体，运用学科知识、实验手段、技术形式，创造具有跨学科性、知识与实践统一性、动手与动脑协同发展的项目化学习内容。主要从三个方面进行教学设计开发：跨学科知识内容与学习成果的模型展示、指向学生核心素养的课程开发模型、工程技术设计的教学模型（见表1）。

六、深化沟通交流，搭建展示平台

为了达到拓宽学生科技视野、构建全方位科技学习的主体目标，学校预设建成一个融合物理、化学、生物、数学、信息技术等学科知识，沟通校内校外、线上线下、基础教育与高等教育系统发展的创新性学习空间，通过学科知识模型展厅、理科实验和产品设计室、校外实践基地等的学习环境设计、建设与应用，逐步形成以充满现代性的教学内容、个性化的学习策略和优越的

表 1 "科技创新"教学模型建设

项目	建设内容
物态与非物态模型	内容：本模型既包括学生在实践中心制作的各种学科知识模型、航空模型、机器人模型等物态模型，也包括通过物理技术手段制作各类数字化与实体模型 目标：一方面是结合物理、信息等学科知识，进行工程设计，形成学生清晰的逻辑推理、科学思维方式，提升认识事物、解决问题等能力；另一方面培养学生创新意识、创新精神及动手能力，达成课程基地育人目标
课程开发与评价模型	内容："科技创新"教育体现各学科知识融合，借助无人机项目、机器人项目和互联网项目化等跨学科学习内容，构成全新学习方式，为此构建学生核心素养培养与相应课程设计策略、效果评价策略，建立课程开发与评价模型 目标：一方面从学校育人文化的总体角度考虑课程顶层设计与开发模型，提升学校可持续发展能力；另一方面高位引领对学校"创客课程基地""数学课程基地""江海文化课程基地""体育与健康课程基地"的后期建设
"跨学科"教学模型建立	内容：理科跨学科学习强调真实情境中的任务式学习和知识掌握，体现项目驱动与工程设计特色。我们构建了基于真实问题的工程技术教学模型，该模型强调通过技术创作解决问题，同时在科技创新中综合性理解学科知识 目标：通过不断开发多学科类融合的学习项目，一方面丰富学习内容，另一方面提升教师专业发展能力，拓展学习理论

学习环境为特色的学校文化。

（一）家校平台共生互长

家庭教育是个体成长的基石。学院课程本着"贴近生活、力所能及、注重过程"的原则，从日常生活劳动入手，创造生活场景中的实践机会；从基本生活技能入手，激发学生的实践兴趣。

（二）社会平台合作共建

为不断提升学校办学品质，学校与南通科技产业园、南通市科技协会、南通市博物馆等单位签署共建协议，极大丰富了合作交流渠道。学校积极拓展校外课程基地，引领学生走出课本、走向社会。

（三）校际平台取长补短

学校不断加强与国内名牌大学、知名高中、社会机构的交流合作，为学校高质量发展护航助力。学校与南京大学、上海体育学院、南通大学、南京信息工程大学等高校，与西藏、新疆、山西、河北等十省（自治区）代表团以及南京、无锡、苏州、徐州、盐城等省内代表团持续开展交流合作。

（四）国际平台资源共享

学校积极拓展教育国际交流渠道，拓宽教育视野，与俄罗斯伊尔库茨克国立技术大学、俄罗斯英雄宇航员学校、俄罗斯圣彼得堡市376学校、美国哥伦布天主高中、美国法兰克福独立高中等5所海外学校建立了长期稳定的合作关系。

七、结语

为实现以核心素养为中心的育人目标，学校充分利用丰富的优质教育资源，与南通大学、南通市教科院深度合作，借鉴大学"学院制"的学术治学理念，系统化建构校本课程群，促进学生的深度学习和"专家"建构知识的思维方式的形成，较好地解决了学生问题意识、研究能力、自身思维品质培养不足、不能满足学生个性化学习需求、优质课程资源稀缺、课程边界需要延展、学生生涯规划缺乏引领等问题，让学生的科学素养得以有序提升。

参考文献：

［1］曾令初.简析学院制管理模式的选择与实施［J］.高等教育研究，1998（03）：80—82.

［2］董瑞.国内高校拔尖创新人才培养模式改革研究——以5所名校学院建设为例［J］.高等理科教育，2011（06）：66—70.

校社协同视域下学校育人机制改进初探 *

◎张 倩 叶 兰

摘　　要 面对党和国家对健全学校家庭社会协同育人机制的要求，学校作为育人的主阵地，应主动顺应时代发展，改进协同育人机制。太仓市第一中学近年来对校社协同视域下学校育人机制改进工作进行积极探索，做到以育人为指向，以强师为取向，以问题为导向，以项目为载体，党总统领，中心负责，统筹内外，协同推进，在实践中推进教育治理现代化，完善了协同育人机制，促进了教育高质量发展。

关 键 词 校社协同；中心制；育人机制；教育治理

作者介绍 张倩，江苏省太仓市第一中学党总支书记，高级教师。叶兰，江苏省太仓市第一中学教师专业发展中心主任，一级教师。

近年来，中共中央、国务院和教育部相继出台了《关于深化教育体制机制改革的意见》《关于新时代推进普通高中育人方式改革的指导意见》《全面深化新时代教师队伍建设改革的意见》等政策，其中，教育部《2021 年工作要点》指明当前的教育目标任务是：发挥学校指导作用，明确家长主体责任，研究建立学校家庭社会协同育人体系。落实学校、家庭、社会协同育人机制是实现"五育融合"的基本要求，也是实现"立德树人"的重要途径。学校应主动顺应时代发展要求，寻求国家机关、社会组织和公民个体多元主体的支持与配合，优化协同育人工作，推进教育治理现代化，激发学校办学活力。

为落实党和国家对教育协同治理的要求，太仓市教育局积极开展政协协同视域下县域教育内部治理研究，探索县域教育内部治理、外部治理的有效机制，对学校也提出相应的改革要求。这为太仓市第一中学（以下简称"太仓一中"）这所百年老校带来了新的发展机遇。

如何在教育质量保持领先的同时实现人的全面发展？如何在"双减"政策下更好地落实立德树人根本任务？这些问题的解决需要学校主动作为，积极找到、分析并解决问题。但学校的力量是有限的，只有积极寻求政府、社会、家长多方面的支持，才能形成教育合力，实现协同育人，破解现实问题。

一、校社协同视域下学校育人机制改进的实践探索

2021 年 9 月，在太仓市教育局的支持下，太仓一中按照深化教育体制机制改革的总体部署，主动进行育人机制变革。一方面，对内以"六大中心"改革为抓手，改革学校内部育人机制，努力构建具有扁平化、项目化、服务化特征的内部育人机制，进一步激发学校主体的积极性，培育科学、民主、人文、开放的学校氛围，从而为协

———————————

* 本文系江苏省"十四五"课题"校社协同视域下初中育人机制优化研究"（课题编号：D/2021/02/212）成果之一。

同育人打好基础。另一方面，以"校社协同"为理念，主动打破校园藩篱，发挥政府、学校、教师、学生、家长、社会多方协同作用，重构学校利益主体的权利与责任，构建民主开放的治理机制，让多元主体有效参与到学校育人工作中，提升管理的科学性、民主性，发挥更好的育人功能。

（一）完善管理机制，提升"自治"水平

在上级部门的支持下，学校用近三年的时间不断探索、优化学校管理机制，逐步创建"六大中心＋年级制"内部治理机制。

1. 完善"六大中心"制度

2021年，学校将原有的各处室管理功能进行了重组，在学校校长室下设党政事务中心、课程与教学管理中心、学生发展指导中心、教师专业发展中心、信息和装备保障中心、后勤保障中心六个管理部门，简称"六大中心"，并赋予六大中心不同的工作职责与要求。

2. 完善"项目制"

2022年，为更好地落实六大中心常规、重点、创新工作，带动更多教师集思广益、群策群力，参与到学校管理工作中，六大中心根据学校发展阶段性要求，以问题为导向，组建运行相应项目部。项目部聘任相关教师担任负责人，由中心主任牵头，协同其他相关中心及多元主体，制定项目建设目标，分阶段落实具体项目。目前，六大中心整合级部各科教师、各班学生及家长等多方面资源，组建了20个项目组，共同研究问题、解决问题。如课程与教学管理中心为"保障因病暂时无法返校的学生同步学习"组建项目组，最终在学校多个中心、各科教师、学生、家长等的配合下，形成了最佳方案，在短短两天时间内迅速解决了问题。

3. 完善"年级制"

2023年，太仓一中成为太仓市教育系统第一家党组织领导的校长负责制改革试点单位。在党总支带领下，学校进一步探索治理机制变革。面对学校体量大、管理难度大的问题，学校实施"年级制"，组建初一、初二、初三3个年级部，设立级部领导小组，明确工作职责，全面负责年级事务，直接负责年级日常管理。在年级制组建"1+2+3"的年级管理小组：由中心主任担任年级主任，蹲点级部；2位中心副主任担任年级副主任，聘任3位教师担任年级主理人，分别对接本年级有关学生发展、教师发展、总务后勤工作。年级部既是教育教学的实施载体，又是教育教学管理部门。该举措不仅下移了管理重心，减少了管理层次，畅通了学校管理的渠道，还确保学校教学工作和德育工作及其管理有机结合。

（二）坚持协同育人，发挥"共育"实效

学校育人能力的提升不仅需要内部育人机制的改革，更需要内外联合"共育"，发挥协同作用，让多方参与到学校育人工作中，通过提升管理的科学性、民主性，发挥更好的育人功能。

1. 校社协同攻克现实难题

学校在做重要决策以及解决育人难题的过程中，首先由相关中心广泛调查设定预案，明确主体及相关职责，进而组建专门项目组。如有涉及校外组织及个人，由相关中心主动联系、邀请。最后，校内外多方民主研讨、密切配合、攻克难题，实现协同治理，达到服务目的。

（1）协同治理校门口拥堵问题

面对学校路段上下学期间车流拥堵这一困扰学校多年的问题，2021年11月校党政事务中心本着服务学生与家长的理念，牵头开展专项治理工作。中心面向社会开展问卷调查，制订初步方案，主动联系太仓市公安局交警大队城厢中队、学校家委会等，三方多次召开研讨会议，组建"门口治理"项目组，研究部署文明交通整改方案，形成《太仓市第一中学交通拥堵处理办法》《太仓市第一中学交通管理方案》。在交通整改行动中，市文明办、教育局多次实地调研；学校优化出门通道，做好安全宣传；交警绘制停车点位；学生、家长配合执行，并主动担任志愿者；执法局依法查处，积极疏导……最终在很大程度上解决了家长接送学生难的难题，提升了学生、家长的文明意识，得到各方的广泛认可。协同"共治"真正服务了广大学生和家长！

（2）协同开展心理关爱项目

面对学校学生心理问题频繁出现这一问题，2022年10月学生发展指导中心本着服务学生与家长的理念，主动牵头开展专项工作。中心积极联系太仓市心理健康协会来校开展青少年心理关爱项目。团队由精神科医生、精神科护士、心理治疗师、心理咨询师、社会工作师、协调管理员等组成。青少年心理关爱团队对学校转介的青少年学生进行系统评估，制订关爱计划；联系学生家长，告知关爱干预计划、注意事项；根据评估情况，对每个学生进行8次左右的心理辅导、治疗干预；根据需要，开具必要的处方药物；对家长进行必要的心理健康教育、家庭治疗。关爱团队为每个案例做到全程服务，保证服务质量，为青少年的健康成长贡献力量。

（3）协同管理学校公物

面对学校公物损坏、平台报修、多媒体设备故障等实际问题，学校完善育人保障机制，协同六大中心与全体师生共同管理。学校教师承担学校专用教室管理员之职，学生参与学校公共设施的维护与操作。例如，桌椅随人，定制标签，"公务管理员"定期跟踪检查，评比"最美课桌椅"；组建由60多名学生组成的"消防小卫士"团队，派定任务，开展培训，负责学校300多个灭火器的维护管理；组织"环保小卫士"团队，负责学校垃圾分类房的监督反馈。学校后勤与服务保障中心在社会层面邀请消防、环保等专业人士入校对学生团队进行培训，在履职尽责的过程中，表彰与嘉奖优秀师生，激发协同参与意识。

2. 校社协同共培养"明亮少年"

学校学生发展指导中心在涉及学生利益的重点工作上，通过问卷调查，首先明确学生发展现状和学生家长的需求，再对外寻求专业机构的帮助，从而形成具有科学性、专业性的工作方案——《共力青春　育最明亮的少年——学生品格提升与心理健康教育培养方案》。培养"明亮少年"，即培养身心健康、全面发展的青少年，让学生做最好的自己。学生的发展需要联合家庭、社会、社区等多方力量。学校作为实施教育的主体，以课程、实践活动等多种方式将家庭、学校、社会紧密连接，致力于青少年的发展。

（1）学友制

朋辈的力量毋庸置疑，身边伙伴的学习、生活状态，往往对学生个体的发展起到很大的影响，让同伴影响同伴，在朋辈的影响下，促进个体的明亮。在校内，通过小组互促，班内形成4—6人的学习小组，有共同的发展愿景，在互相督促、互相帮助中，实现共同发展。在校外，家庭互动、互帮、互娱，利用周末、节假日、寒暑假，在家庭的支持下，在家长资源的共享下，使青少年在校外形成良好的学习圈、生活圈、活动圈。

（2）家校社协同机制

2022年9月学生发展指导中心积极完善班级、年级、校级三级家委会工作机制，启动"肩并肩　共成长——阳光伙伴齐步行动"，成立学生"阳光心理"项目组，成员包括校行政中心成员、各班班主任、校心理教师、家委会成员、各班心理委员及校外心理专家团队。面对时代的新问题，2023年3月，在三级家委会的基础上成立了家校援助中心，该中心是学校联合具有一定心理健康教育能力、家庭教育指导能力以及热心青少年健康成长的教师和家长，组成的一支专门服务于本校学生和家长的服务团队。通过专家团队的指导，在掌握了相关理论知识和指导方法的基础上，家校援助中心在平日里负责接听学生和家长的援助热线电话，同时分享自己的成长经验和育儿经验等，起到一定的积极沟通和引导作用。学校成立了家长讲师团、食堂膳食委员会等，把有助于青少年健康成长的资源整合起来，把与青少年健康成长息息相关的元素组合起来，让青春在全社会的共同关注、特殊保护中实现外部教育与自我教育充分融合，引导青少年向美向善。

3. 校社协同落实"双减"工作

课程与教学管理中心以发展学生学业、提升学生素养为宗旨，协同六大中心，通过项目组建设，积极开发教学资源，提升教学管理实效。学校在原有社团基础上，组建紫藤少年科学院、紫藤少年国学院、紫藤少年艺术院、紫藤少年体学院，选聘校外专家进校担任社团任课教师。学校还进一步落实2022年版课程标准与教育部印发的《中小学综合实践活动课程指导纲要》，培养学生的创新精神与实践能力。学校创建苏州市课程基地，聚焦初中生综合实践能力培养，以"数物化生地信"六大学科教学为基础，开展跨学科教学，实践超学科项目式学习，推进"6+X+N"理科实践，邀请专家进校开讲座与授课，组织家长来校讲学，多部门组织实践活动，逐步实现从"悟学"到"悟创"的转变，并逐步扩大校外实践基地范围，完善实践课程体系。

4. 校社协同促进教师发展

教师的发展不仅仅是学校教师专业发展中心的工作，更是全体教师的主动行为。教师专业发展中心本着"服务每一位教师成长"的理念，开展"文治教师"团队建设工作，聘请校外专业导师团队，通过学科研究项目组、青年教师发展项目组开展工作。在项目导师的指导下，项目组成员积极寻找教育教学中的真问题，制订切实可行的发展方案，进而以读书学习、专题讲座、课堂诊断、教学研讨、课题研究等活动形式，群策群力、共同研究、破解问题。2021年9月，中心通过问卷、访谈等形式做好全体青年教师、骨干教师的专业发展摸底工作，帮助教师明确现状，找到"最近发展区"。在教师自愿的基础上，中心招募骨干教师为项目领衔人，由领衔人负责自主开发学科发展项目，组建项目组团队，吸纳有发展意愿的学科教师共同参与到研究项目中，让教师在项目化、体验式团队研训中提升专业技能。目前，全校100多位教师自愿加入工作组。学校聘请省内名师名家担任导师，定期到校进行专业指导。2022年1月，学校举行学科项目发布会，学科项目研究工作正式启动，项目组专家讲座、课堂观察、读书学习、论文写作等工作全面启动。教师专业发展中心改变了以往单方驱动的教师发展模式，转为合作互助的双向流动模式，有效激发了教师的自主性、积极性，促进了教师团队的整体提升。

二、结语

经过近两年的探索，太仓市第一中学逐步形成以育人为指向，以强师为取向，以问题为导向，以项目为载体，党总统领、中心负责、统筹内外、协同推进的协同育人机制。我们相信，在政府、学校、家长、学生、社会多元主体的参与下，学校协同育人机制的活力将进一步激发，师生的发展空间将更为广阔！

参考文献：

[1] 楚江亭. 学校治理现代化：内涵、困境与路径重构 [J]. 人民教育，2020（10）：13—16.

[2] 褚宏启. 自治与共治：教育治理背景下的中小学管理改革 [J]. 中小学管理，2014（11）：16—18.

"双减"背景下小学家校合作存在的问题及策略探究

◎樊芊芊

摘　要　"双减"政策下，家校合作面临着新的挑战，家长需要更多地配合学校的工作，而学校也要更多地了解学生的家庭情况，双方在教育孩子方面达成共识，家校相互配合已经成为当下小学教育的关键点。本文剖析当下家校合作的现状以及存在的问题，有针对性地提出相应的解决策略，旨在帮助家庭和学校更好地建立合作关系，帮助学生提高学习成绩的同时，践行陶行知倡导的"活的教育""读活书，活读书，读书活"，使学生能够更加快乐地成长。

关键字　"双减"政策；家校合作；教育

作者简介　樊芊芊，江苏省南通市沿河桥小学数学教师，二级教师。

随着小学生的教育成长问题越来越受到社会各阶层的关注，减负增效已经成为学生教育的发展趋势，教育部因此推出了"双减"政策，希望能够帮助学生在学习成长的过程中更加快乐地成长。"双减"政策是顺应时代发展，响应广大家长和学生呼吁的关键政策，政策的推出一定程度上解决了当下存在的学生学习压力过大的问题。在政策落实的过程中，影响到的主体不仅包括教师和学生，还涉及每个学生的家长，这也就意味着学校和家庭的联系将会更加频繁和密切。

在"双减"背景下，家长需要担负起更多的角色与责任，努力成为孩子的朋友、家庭教师、陪伴者以及引路者。家长要更好地了解孩子的心路历程，不仅是学习方面，更重要的是关注孩子在成长过程中的喜怒哀乐。家长是孩子的第一任老师，家长需要花费更多的时间和精力去陪伴孩子，让孩子在学习和生活过程当中，树立正确的人生观和价值观。

作为"双减"政策的主要实施场所，学校应该更加明晰相关政策方针，积极落实，严格要求教师执行规定开展教育教学活动。学校承担着教育改革的重任，要因地制宜地推动课程改革，努力丰富教学资源，提升课堂教学质量，为每个学生提供良好的教育教学环境，将陶行知倡导的"活的教育"落到实处。与此同时，学校要注重学生的全面发展，为学生提供个性化、全面化的教学课程，严格保证课后服务质量，积极拓展课后服务体系的相关内容，让更多的家长参与进来，增加课后服务的趣味性。

"双减"政策的落实需要家校合作完成，双方相互理解、共同配合是政策实施的基础，也是促进学生快乐学习成长的关键所在。

一、"双减"概念及家校合作背景

（一）"双减"概念

2021年7月，中共中央办公厅、国务院办公厅印发文件《关于进一步减轻义务教育阶段学生作业负担和校外培训负担的意见》。该文件旨在努力提高学校的教育教学水平，减轻义务教育阶段学生的学习压力，加大对校外培训机构的管理力度，从而实现中小学阶段学生的作业负担以及校外培训负担的减轻，简称为"双减"。[1]"双减"政策也明确规定了中小学课后服务的相关时间，原则上不能比当地下班时间更早，针对某些学生的特殊情况，学校应该联合教师，为学生提供相应的课后延时服务课程。

（二）"双减"政策下家校合作背景

回顾家校合作的教育历程，我们不难发现，家校合作整体的水平是比较低的。除了学校的要求以及家长的自觉配合以外，更重要的是相关政策或规章制度的引导。而"双减"政策就提供了良好的政策基础，国家推出该政策，是为了能够帮助学校打造健康向上的良好教育环境，帮助家长树立正确的教育观念，从而在我国实现义务教育的理性教育，是对教育本质的积极探索，是践行陶行知"活的教育"。站在学校的角度，"双减"政策明确要求减少相应的考试并且减少学生每天的作业任务量，而这些知识强化练习的减少，带给学校最直接的问题是如何保持学校的教育质量不变，也就意味着学校要积极探索其他教育方式来保障学生能够在减负的基础上更好地完成学业，保证教育教学的整体水平不变。而站在家庭的角度，学生学业的减负意味着将会空出更多的时间，而这些时间不能白白浪费，需要合理安排，重视家庭教育的意义，关注家庭教育的内容。在拉近与孩子之间距离的同时，帮助孩子更好地提高学习质量，感受生活的乐趣。[2]

"双减"政策下家校的合作更加密切，但同时也面临着诸多挑战，学校和家庭的配合程度、

双方的教育是否密切衔接，教育质量的好坏都直接影响着政策的实施效果。

二、当下小学家校合作现状分析

（一）家校合作意识较弱

"双减"政策下，家庭与学校的合作是必然趋势，要想提高对学生的教育，仅仅依靠学校或者家庭都是无法胜任的，家庭教育和学校教育缺一不可。但是，目前很多家长都认为，国家实行九年制义务教育，那么教育本身应该由学校负责，再加上受到传统观念的影响，想当然地认为只有在学校，孩子才能够认真学习，努力上进，这种观念往往导致了家长变为"甩手掌柜"，只把孩子送到学校，其他事情一概不管，没有真正关心过孩子的学习情况，简单地以考试成绩来判定学生的学习好坏和能力高低。而另一方面，教师也很少将学生真正的学习情况及时反馈给家长，对于学生的情绪变化、异常状况也往往不太关注，更没有及时和家长进行沟通。教师对于家长的一些教育理念和教育方法是不认同的，但是往往由于工作繁忙，没有和家长进行反馈，被动地等待家长询问。从这两方面来看，很多家长和教师缺乏共育思维、合作意识，对学生的成长与学习仅仅停留在基本工作上。

（二）家校权责定义模糊

现在的教育和传统的教育虽然在制度上存在差异，但是始终明确的一点是，教育事业的兴盛，社会、学校、家庭都有相应的责任。"双减"政策的实施，在某种程度上赋予了社会、学校、家庭新的使命。作为学生接触最多的家庭教育和学校教育，首先应该明确各自应当承担的责任。但当下学校教育和家庭教育在很多方面的责任是相当模糊的，角色定位非常不清晰。例如

在学校教育过程中，部分教师将本是自己职责的事情交由家长来处理，如帮助学生进行打卡学习，在学生完成作业时需要家长协助批改等，这些越界行为造成的直接影响就是加重了家庭教育的压力，打乱了家庭教育的节奏，教育教学质量也得不到保证。有一些家长认为自己不具备帮孩子批作业的能力。另外，一些家长也存在过度干预学校教育的情况，部分家长自身教育水平较高，自认为学校的教师教学水平不足，常常自己教授孩子一些个性化的学习方法，甚至提出要更换学校教师的意见，这种越界行为往往会给任课老师、学生以及学校方面都带来困扰。[3] 不管是学校还是家庭，越界的教育行为都表现出双方对于自身的责任和权利是不清晰的，这样将会直接影响教育教学的效果，也为双方的合作带来阻碍。

（三）家校教育理念不同

"双减"政策推广的目的就是让接受义务教育的学生更加健康地学习和成长，教育理应关注的是学生全方位的发展，确保学生生理和心理的健康，改变当下学校、教师以及家长对于孩子教育的高度焦虑现象。但是任何一项政策的实施都是需要时间来改变的，很多学校和家庭的教育理念还停留在不能让孩子输在起跑线上，对陶行知倡导的做"人中人"、不做"人上人"和"人下人"理解不到位，普遍存在"学生的学习成绩代表了学生主体的优劣"这种错误的教育理念，往往诱发了学校、家庭以及学生自身对于学习的紧迫感和焦虑感，从而无法促进学生的德智体美劳全面发展。学校方面往往仅注重学生的成绩、班级的荣誉以及学校的升学率，一场期末考试往往就对学生在本学期中的表现下了定论，忽视了整个学习当中学生的综合表现和成长，缺少过程性评价。

三、当下小学家校合作策略研究

（一）增强家校合作意识

为了响应"双减"政策，家庭与学校首先要做的就是提升合作意识。首先，学校在条件允许的情况下可以依托"双减"背景，召开相关主题的讲座，让家长意识到积极配合学校工作的意义，也表达学校愿意与家长共同合作促进学生健康成长的决心。积极引导家长配合学校完成对学生学习习惯以及生活习惯的观察和交流，在教育理念和教育方法上进行深度沟通[4]。而家长也可多和班主任或学校取得联系，沟通孩子在学校的表现和在家的学习情况，让双方对于孩子的学习和成长有更深一步的理解。在沟通过程中，能够更好地发现和解决孩子存在的问题。家长须努力突破自身对角色的定位，家长不仅仅是学生学习过程的陪伴者，还应该主动参与，更多地融入孩子的学习生活中，配合学校完成教育工作，见证孩子的健康成长。

（二）明确家庭和学校的教育职责

"双减"政策明确指出学校和家长在学生的教育教学过程中所扮演的不同角色，学校是学生学习的主要场所，家长是学生接受家庭教育的实施主体。双方对于自身的责任和权利要有清晰的认识，努力做好本职工作的同时不要过度干预另一方。合作的基础是相互信任，家长要相信学生在学校中接受的教育是教师全力以赴实施的，尽可能地配合学校的工作；学校也要充分信任家长对于孩子学习的关心程度，要设身处地地为家长考虑。具体而言，首先，教师要明确自己在"双减"政策下是教育工作的承担人，不以任何形式将学生课后作业的批改交予家长进行处理，增加家长的压力。密切与家长联系，定期召开家长会，加强与家长的沟通，提升家长参与学生教育的积极性。其次，家长对于学校的教育工作要持有肯定态度，不将无关责任甩给学校，积极发挥自身的能力和特长，配合学校的工作。双方只有明确自己的义务和责任，才能更好地进行合作。

（三）家校共同转变传统的教育教学理念

学校和家长的目标都是让孩子健康成长和学有所成，而"双减"的实施为该目标起到了很好的指引作用。与传统的急功近利的教育方式不同，"双减"政策推崇的是学生的全面发展，减轻学生的学习压力，抛弃传统教育不断重复的学习方法，督促学校和家长不断探索新的教育方式，在减量的基础之上，确保教育效果的不变乃至提高。一方面，家庭教育要更加理性，家长成为学生学习的陪伴者、学校教育的合作者，要抛弃成绩是判断孩子唯一标准的理念[5]。另一方面，学校可以经常与家长进行沟通，开展相关讲座或者创建相关平台，向家长传输正确的育儿观念，培养家长较为长远的目光，积极引导孩子树立人生理想，寻找自身兴趣所在，努力提升学校教育的质量，促进学生德智体美劳的全面发展。

四、结语

陶行知曾呼吁，"停止那毁灭生活力之文字的会考；发动那培养生活力之创造的考成"[6]，就当下而言，需要进一步深化教育评价体系改革，为"双减"释放更强动力。只有双方在"双减"政策下都转变传统的教育教学理念，家校的合作才能更加密切，对彼此才会更加认可，也更加有利于对学生的培养。

参考文献：

[1] 卢盟."双减"背景下学校教研工作的优化[J].陕西教育（综合版），2022（04）：19—20.

[2] 梅易."双减"视域下家校合作的现实困境与实践对策[J].齐齐哈尔师范高等专科学校学报，2022（01）：26—29.

[3] 王娟涓，何毅梅."双减"背景下家校共育的问题及策略[J].教育科学论坛，2021（34）：77—80.

[4] 沙红芳.目标"双减"的家校合作转向：基于家校共育的视角[J].教育视界，2021（25）：36—39.

[5] 张生，张琼元."双减"背景下家校社协同育人机制的构建与探索[J].中小学信息技术教育，2021（12）：8—10.

[6] 陶行知.杀人的会考与创造的考成[J].教学管理与教育研究，2021（07）：4—5.

淬炼工匠式园丁团队之策

◎袁志刚

摘　　要 教师常被誉为人类灵魂的工程师和辛勤的园丁。他们是祖国未来建设人才的培育者。如何把这支重要的团队淬炼成大国工匠，是我们必须关注和探究的课题。在教学实践中我们感悟到：一个学校要拥有一支工匠式教师队伍，首先就要构建强有力的校领导核心，用一面旗帜引领团队建设。在科学管理中，多层次、全方位地把教师修养、职业道德、职业能力等作为重点加以锤炼，还要以与之配套的制度、科学的评价体系和严格的奖惩措施作为保证。让大国工匠式教师在肥沃的土壤里、在催人奋进的氛围中苗壮成长。

关 键 词 工匠式教师；教师队伍建设；培育；策略

作者简介 袁志刚，江苏省宿迁市沭阳县潼阳中心小学教师，高级教师。

教师是人类灵魂的工程师，肩负着构建学生现代知识、树立正确世界观和方法论的重任。教师既然有如此重要的社会地位和重任，我们能用什么样的方法，去淬炼具有新时代工匠精神的园丁团队呢？

我认为，一个好的团队一定要有运筹帷幄的统帅核心，一定要有科学管理的运行体系。只要我们把坚定的政治信仰、崇高的爱岗敬业精神、优良的个人修养和高超的学科能力作为培育优秀教师的抓手，加之科学规范的管理和催人奋进的激励评价体系。一个"立德树人"的宏伟愿景，一批具有工匠精神的名师，一个受社会赞誉的学校就一定能屹立在教育界的前列。

一、强统帅，营造名师成长氛围

一个学校领导核心如何去统领学校？我认为，校领导的统领力、号召力、向心力、判断力以及个人潜力是学校发展的关键。这样一个特殊团队必须做到"三个有"：

（一）领导班子要有敢于担当、引航掌舵的统帅力

一个学校的主心骨就是校长，校长是一个学校的旗帜，校长的一言一行都影响学校的前行方向，校长要成为全校的领跑人，要时刻用自己的活力、激情、梦想去感召自己的部属。

首先，在日常工作中，领导班子要有领跑者的气魄，成为学校各项工作的标兵。其次，在教学工作中，领导班子要积极置身于教学改革和课堂实践中，争做一个现代教育理念的传播者、实践者。最后，领导班子要经常深入后勤保障一线，成为学校各项后勤服务的"领班"，真正成为规划、规定的制定者，计划落实的监督员。

（二）中层干部队伍要有围绕中心、善于落实的执行力

一个团队不光要有强有力的领导，还要有一批有高超执行力的中层干部队伍。所谓执行力，就是把单位领导层谋划的总体意图，细化为本部门完成既定目标的操作力。就学校而言，就是如何把教

书育人的总体方针，细化到教学的每一个环节。

总而言之，不外乎从围绕中心、把握重点、优化途径、探寻规律几方面去抓落实。这里所说的围绕中心，就是围绕学校党组织及校领导班子的教育教学总体布置，结合本部门的实际，探寻工作思路。把握重点，就是在研究上级的总体部署的过程中，有针对性地落实，杜绝只当传声筒和眉毛、胡子一把抓的懒政作风。优化途径，就是在围绕中心、把握重点的基础上，探索能实现教育教学效益最大化的工作途径，借以提高效率，避免返工。探寻规律，就是在完成学校总体任务的同时，寻找出可复制、可推广的经验和技巧。在教学实践中，我们把重点放在调动中层干部工作积极性，并把教方法、压担子、重奖惩作为重点来抓。总之，一支拥有优质执行力的中层干部队伍，才是一流学校的内生力。

（三）教职员工要有围绕中心、奋楫前行的战斗力

诚然，校长在学校建设中是举足轻重的关键，但是，好的思路只有落到实处才能有好的成效。我们在抓教师队伍建设过程中，围绕"管理"的内涵，运用"跳起来摘苹果"的管理模式，注重调动教职员工的主观能动性，打造一支不用扬鞭自奋蹄的群众团队，形成了众人划桨、奋楫前行的力量。

二、重培育，淬炼能征善战团队

人们把教师赞喻为园丁，但是教师的园丁精神不是与生俱有的，更不是由学历决定的。教师的那种工匠式的精神是经过教学实践的淬炼而产生的。一个学校要拥有大批教育工匠，就必须从多维度去培育和提升教师队伍。在教学实践中，我们重点抓了"四个强化"：

（一）强化教师的政治素养

众所周知，坚定的政治站位是教师政治素养的核心。其主要表现为：坚持党的四项基本原则，深入学习贯彻习近平新时代中国特色社会主义思想，忠诚党的教育事业。坚持权为学生所用、利为学生所谋、情为学生所系，用强烈的事业心、使命感和责任感为学生服务。

为此，潼阳中心小学以党支部为依托，以党建为抓手，充分发挥党支部的战斗堡垒和教师党员的先锋模范作用。无论工作多忙，我们定期组织"三会一课"活动，组织党员与教师学习习近平新时代中国特色社会主义思想。并积极培养和发展党员，用党组织去引导教师，用正能量去影响教师，用好氛围去熏陶教师，让教师坚定拥护"两个确立"，坚决做到"两个维护"，增强"四个意识"，不忘初心，砥砺前行。

（二）强化全员修养意识

德高为师，身正为范是师德的精华，教师要真正成为人类灵魂的工程师，必备的素养就是高尚的师德。学校在提升教师修养教育中，突出抓"仁爱、善良、正直、职业道德"四个方面。

仁爱，就是对社会、对学生的仁爱之心，这是人类灵魂工程师的基本素质之一。教师的仁爱之心体现在对社会、对人民，特别是对学生的宽仁慈爱、同情之心。善良，就是教师要有善良淳厚的品质和惩恶扬善、多做善事的优良行为。正直，就是有爱党、爱国的坚定信念，热爱清净如水的生活心境，保持诚实不欺、快乐满足的道德品质。职业道德，就是爱国守法、爱岗敬业、关爱学生、教书育人、为人师表和终身学习的坚定意念。作为一名人民教师，只有具备了良好的师德，才能为师和为范。

（三）强化教师爱岗敬业精神

爱岗敬业是教师队伍必备的素质。要提升教师爱岗敬业的自觉性，首先就要摒弃教书育人仅仅是个人谋生的职业这一狭隘思维。把教书育人理解为社会上最崇高的事业，教师是人类灵魂的工程师，是学生人生道路的引导者，是人类社会一个最幸福的职业。在提升教师爱岗敬业过程中，我们把荣誉感、责任感、成就感融入管理教育的全流程。把热爱教育、敬重职业、扎根讲台、任劳任怨、释疑解惑、一丝不苟、关爱学生、尽心尽责作为好教师的基本标准。我们还在全校树立爱岗敬业的标杆，在"比、学、赶、帮、超"的竞赛中提升全员的职业道德水准。

（四）强化教师的学科能力

教师的学科能力包括学科知识的能力、学科知识的原理和法则、对学科知识的理解和归纳、对学科知识推理和演绎、对学科知识组成要素分析、在分析的基础上对知识结构的组成部分加以重新组合与运用以及对所学知识进行价值上的判断。拥有较高的学科素养，是锤炼工匠式教师的必要途径。我们注重培育教师在加深学科知识、情感、价值观等过程中，去提升教师的学科内在品质和能力，并以此来探究教学中各种问题的技巧，引导教师用自身的核心素养去提升学生的核心素养。为此，我们还着力抓好以下几方面工作：

1. 千方百计地让更多的教师参加各种教学培训

在科技飞速发展的今天，各行各业都不断采用新科技、新思维和新方法来提高生产力。小学教育也不例外，各地各校都在探究新教法、新思维、新科技。为了让更多的教师能了解新教法，我们一方面千方百计地向上级争取外出培训的名额，一方面又及时调整课时安排，让外出学习的教师安心学习。几年来，学校已有三分之二的教师获取外出学习的机会。

2. 组织全员参加各种教科研活动

课题研究是教学的一项重要内容，也是促进教师成长的重要途径，通过课题研究，能探索、研究、讨论或解决教学中遇到的问题，探究教育教学的新思路。为了培养工匠式教师队伍，我们在抓正常教学的同时，有目标地组织教师参与各类课题研究，通过人人参与课题研究，达到兴教、兴校、育人的目标。学校每年都有课题在研和结题，收到了较好的成效。

3. 以教研室为依托，提升教师的授课水平

集体备课是聚集备课组教师之优势，达到集思广益、博采众长、以老带新的有效做法。在集体备课中，我们按照个人探究—集体研讨—形成教案—教学实施—及时调整—总结提高的路径开展。同时，我们还采取了不提前打招呼的听课、评课、集中上示范课等方式，来淬炼工匠式教师的素质。

4. 以老带新，让新教师快速进入角色

以老带新的方法是提升新教师业务水平的一条捷径。为此，学校每年都开展新老教师结对共进活动。同时还以集体备课、新老教师不定期双向听课、有的放矢地开展教法研究、引导新教师参与课题研究等方式，来提升新教师的教学水平。

5. 以先进的教学模式助力教师成长

把国内外各种先进的项目式学习、学生自主合作学习等教学模式引进我们的课堂。通过课题研究，寻求有效的教学模式，让课堂活起来、让学生激情高涨起来、让课堂教学提质增效。

最后，要引导教师走近学生的心灵，在读懂学生的基础上，把关爱学生的理念落到实处。教学实践中，我们感悟到时机合适，和学生的交流就能水到渠成；时空正确，和学生的交流就能事半功倍；交流融洽，学生就能走出自己的困惑。

三、建制度，科学管理增绩效

科学的规章制度是学校实现"立德树人"的保证。从行政管理学的概念来说，制度就是管理的手段和尺度。要想制度能成为学校工作的推手，在制订制度时就要把导向、凝聚、激励、约束、辐射等理念渗透其中，制度要具有管理、协调、服务的功能。为此，学校建立健全了备课、教学、批改作业、心理辅导、考试考核、教学及课题研究等规章制度。在分层领导的基础上，把所有制度都分解到部门、到人头，确保制度是

规范学校各项工作的手段，而不是挂在墙上的摆设。

要想淬炼出工匠式的名师，教师自身的愿望才是成为名师的动力源。只有不用扬鞭自奋蹄和愿意"跳起来摘桃子"的氛围，才是孕育名师的沃土。我们在淬炼工匠式名师的工作中，始终把激励机制作为工作的抓手。工作中，我们建立了教学管理、教科研、班级工作等激励机制；把服务意识、爱生助困、好课优课、课题研究、班风班纪等作为努力方向。同时，发挥党组织的辐射效应，及时吸纳教学名师入党，或作为入党积极分子加以培育，调动了全校教师的工作热情。

行政管理学的观点告诉我们，管理是以正确导向、凝聚人心、激励上进、行为约束、演绎辐射等为中心的，是以以人为本、调动人的主观能动性的理念作为内涵的。"管理"有两层含义：一个是管，再一个就是理。学校的管，方法上不是人管人，而是用制度去管理各项事务，就是通常说的国有国法、家有家规。管的思路要力减人管人，强化制度管人的效能。"管理"的另一个含义就是一个"理"字，理即是道理，也就是用思想教育、典型引导、违约成本、守纪成效去引导教师自觉遵守各项规章制度。在此基础上，制订出各种可操作、可评比、可连续的制度，所订制度都要做到有人落实、有人监督、有奖有罚。借此来营造一个能引发竞争、褒扬正气、争先创优的环境，为名师成长培育沃土，营造名师成长氛围。

四、巧评价树起名师标杆

学校的评价体系是用于评估和提升教育质量和效果的制度机制，也是教学管理的抓手，更是推动学校发展的引擎。评价体系应该包括反映学校教学效果的全面性、具有竞争和比较力的公正性、具有便于监督和反馈的公开性、具有便于调整和优化的动态性。

为了让评价体系可操作、可评比和可推动教学实践，我们制定了包括学习成绩、思想品德、认知能力、实践能力和创新能力的学生评价标准；制定了包含教学能力、职业道德、教学研究、创新教法、教学质量、教学环境、班级文化等方面的教师评价标准；制定了校园安全、秩序管理、食品安全、餐厅卫生、宿舍秩序等后勤评价标准。科学的评价既是名师奋进的号角，也是鞭策后进的推手，更是比、学、赶、超的标杆。为了发挥评价的杠杆作用，我们根据实际，每年年初都编制出与评价标准相配套的考核细则，如政治素养、道德品质、业务水平、执行能力、创新精神、工作成效等，还做到了跟踪考核与半年、年终考核，用评价标准去推进各项工作。

五、结语

要培育出一批工匠式的名师，不是一蹴而就的，就像炼钢那样，既要把握火候，又要科学地把握各种元素的配比。教学实践告诉我们，只要能发挥校领导运筹帷幄的统帅力，借助科学的管理制度和激励机制，多维度地对教师加以淬炼，营造出有利于教师成长的氛围，工匠式的教师就一定能够层出不穷。

参考文献：

［1］李晓龙.不忘初心立德树人，争做有为工匠教师［J］.读与写（教育教学刊），2018，15（12）：237—238.

［2］陈懿涵.做有工匠精神的教师［J］.教育，2020（02）：26.

［3］袁亮.以培育工匠精神涵养教师职业精神［J］.教育现代化，2017，4（04）：76—77，82.

放缓教育进程，推动教育真正发生

◎王志军

摘　　要　教育是"慢"的艺术。受家庭、社会、学校等各方面因素的影响和个体遗传因素的制约，总会出现难教育的学生。对这些"问题"学生，有时候把教育的进程放缓，往往会收到良好的教育效果。本文结合实际案例，具体分析如何放缓教育进程，从而抓住教育契机，深入研究、了解学生，以促进学生自我反思、自我感悟、自我教育，帮助学生建立阳光心态、促进心理健康发展。

关 键 词　教育对策；学生发展；德育

作者简介　王志军，江苏省南通市通州区通北教育督导组，高级教师。

受种种因素的影响和制约，总会有难教育的学生。他们法治观念淡薄，是非观念不强，不能严格规范自身言行，在思想、认识、学业、行为和心理等方面存在着偏差或不足。常用的管理方式，如表扬、批评、评比等对这些学生很难奏效。教师往往要在这些学生身上花更多的精力，但有时还是收效甚微，他们成了教师心中难以抹去的"痛"。如何教育这些学生，已成为许多教师面临的现实问题。

一、案例回顾

2023 年，我在某小学支教。一天，我班顾同学的妈妈反映他最近花钱厉害，一天要花 60 多元，怀疑他把钱花在了玩游戏上。于是，我询问顾同学。顾同学瞟了他妈一眼，委屈地表示他没有花钱打游戏。面对妈妈的追问，他始终沉默。我明白倔脾气的他是不会直接开口说实话的，于是建议他列出消费清单，私下里交给我，并向他保证不会把消费情况透露给其他人，他照做了。第二天，顾同学把消费清单交给我，我分析后发现，他的大部分消费是正当的，包括买零食、学习用品和送给爷爷的礼物，我对此表示肯定和赞扬，同时也指出他不合

理的消费，比如进行摸奖游戏。顾同学对我的肯定很感激，对我指出的问题也没有表示反对。我和他展开长谈，告诉他应减少零食开支，避免不必要的玩具和摸奖消费。顾同学愉快地接受了我的建议，并表示以后会节约零花钱。几天后，他妈妈告诉我他已改正并学会节约。

二、案例思考

案例中的教育过程引发我很多思考。当学生不愿透露实情的时候，教师如果强迫他尽快交代，可能会产生以下几种不良后果：一是学生继续"倔"下去，甚至和教师产生对抗情绪，造成师生关系不融洽乃至破裂；二是学生表面上交代实情，内心却不满，不会真正反思自身存在的问题；三是学生为了蒙混过关，不说实话，用假话来敷衍教师，久而久之养成说谎的习惯，从而导致诚信的缺失。

（一）学生不说实情的原因

学生暂时不愿说出实情有多方面的原因：

1. 学生觉得透露实情会让自己"丢面子"，不想说

美国的中国学家费正清认为，面子是社会性

的产物，个人的尊严将从适合的行为和社会赞许中获得。丢面子则是没能遵守社会行为准则，以至于没有得到他人的赞许和认可。孩子爱面子，是孩子对自我在家长、教师、同伴心中的地位和价值的高度关注，是一种渴望得到他人、集体、社会尊重的情感体验。由于孩子年龄还小，心智还不成熟，对事物的认知还不够明晰，对客观现实的判断力还不够强，担心做错或说错让别人笑话而丢失颜面，因此常常想把自己的事情藏在肚子里。案例中"顾同学瞟了他妈一眼"，是他对妈妈擅自找教师、扩大事态的责怪甚至愤怒。"委屈地表示他没有花钱打游戏"既是解释，也是孩子的自我保护和防御。

2. 学生觉得犯错会受到家长、教师的批评，不能说

不可否认，有些家长和教师对孩子的错误采取零容忍态度，即使孩子是偶然犯错，也不依不饶，一定要严厉地批评和处罚他们。个别批、发动全班同学一起批、教师与家长一齐批、停课反省的"三批一停"现象屡屡发生。

古人说"人非圣贤，孰能无过"，更何况孩子。无论教师还是家长，要站在孩子的立场，看到孩子身上的真善美，最大限度地去理解孩子失误或犯错的行为，宽容孩子。事实上，孩子的成长过程，就是一个不断试错、不断改错的螺旋上升的过程。容许孩子犯错，接纳孩子，给孩子一个纠错的机会，他们才会积极面对问题，不再犯类似的错误。

3. 学生觉得自己的隐私受到了侵犯，不愿说

每个人都有不愿意告诉他人的小秘密，这就是隐私。心理学家认为，孩子从婴幼儿时期开始就有了自己的隐私，随着年龄增长，隐私的内容逐渐增多，隐私的范围慢慢扩大，保护隐私的意识迅速增强，到了青少年时期最为重视隐私，对保护隐私的重视程度达到其一生的巅峰。《中华人民共和国民法典》中明确规定"自然人享有隐私权"。但遗憾的是，在许多成年人的视域中，孩子是没有隐私的，认为孩子应该是"透明的"，对于孩子的一切都要了如指掌，这样才是对孩子负责，是为了孩子好。其实，无视孩子的隐私权，甚至将孩子的隐私作为攻击他们的武器，是对孩子隐私权的侵犯，是一种违法行为，是一种不道德的、不科学的教育方式。所以在上述案例中，教师向学生保证不会把他的消费情况透露给其他人，以保护他的隐私。

4. 学生因种种原因感到害怕、恐惧，或受到了威胁，不敢说

造成孩子害怕、恐惧心理的原因是多种多样的，有社会环境、家庭生活、学校教育等因素。社会环境的影响主要来自网络和影视媒体。良莠不齐的网络影视有时会含有暴力教育手段的情节，给孩子蒙上了一层心理阴影。而在家庭生活中，家长对孩子的教育往往有两个极端，要么极端溺爱，把孩子看成家里的"小皇帝"；要么过于苛刻，孩子稍有疏忽，就会受到言语批评，甚至暴力惩罚，导致孩子过于害怕犯错受罚。在学校教育中，简单、粗暴的教育方式仍然存在，体罚、变相体罚的现象时有发生，自然使孩子产生怕挨骂、怕挨打的胆怯心理。

孩子脆弱的心灵容易受到伤害。作为师长，要做的是让孩子大胆而不是害怕，无畏而不是恐惧，给予孩子的是安抚而不是威胁。

5. 学生处在应激状态，心慌意乱，无法组织语言，不会说

应激是由意想不到的紧张情况出现而引起的情绪状态。所处自然环境的强烈刺激、出现难以适应和应对的社会生活情境、生活事件或变故、个体头脑中的各种紧张性信息等都是产生心理应激的根源。不同的人对应激有不同的表现形式，对那些经验丰富、处事稳健、沉着冷静的人来说，会有精力集中、活动积极、思维清晰而敏捷的表现；对那些缺乏经验、遇事拿不定主意的人来说，会有感知和记忆错误、活动完全紊乱、做出不当反应的状态。小学生生活经验不足，处事能力还不够强，在应激状态下大多表现的是容易慌乱、不知所措。

案例中的顾同学一开始面对追问却保持沉默，极有可能是家长和教师突然找他谈话，无形中给他的心理施加了压力，他在应激状态下高度紧张，无法顺利组织语言。

（二）教育因应之策

教师遇到孩子不说实情、不愿配合解决问题时，不宜操之过急，可适当地采用"缓一缓"的方法，给学生留一个后退的台阶，给教育留一个缓冲地带。

1. 缓一缓，有利于更深入研究学生、了解学生

许多老师对待犯错的学生，并不从教育学生的角度出发，积极寻找解决办法，而只用一个字——"管"。至于该学生是一个什么样的学生，不问；学生的心情如何，不知；学生的感受怎样，不懂。对学生的心灵世界不去探究，知之甚少。惯用自己熟悉的一套办法，对学生软硬兼施，迫其就范。殊不知，任何成功的教育总是以对学生了如指掌为基础、以心理接触为前提的。无论学生犯了什么错误，都应该让其敞开心扉讲话，而决不能堵学生的嘴。

学生犯了错误，教师的第一反应应该是"是什么""为什么"，而不应是情绪主义的"义愤填膺"或管理主义的"怎么办"，应花点时间去研究学生犯的是什么错，为什么会犯这种错误。这种应对方式是冷静的，是在询问和研究，导向的是问题的真正解决。如果教师不做深入了解、仔细分析，而是随意训斥，很容易使学生产生逆反心理，产生抗教情绪，极有可能会形成"随你批，听你骂，大小错误不认账"的负效应。学生不是一群受训的鹦鹉，教师要把学生看成平等的人，要用师德的力量，让学生对自己敬畏而不疏远，亲近而不放纵。教师与学生只有心灵相通，

才能彼此爱护和欣赏，破除情感的障碍。顾同学之所以心甘情愿地列出清单，正是我不急不躁，与他平等对话的效果，让我有了顾同学之所以花这么多钱的第一手资料，从而可以对其进行更有针对性的教育。缓，是深入了解学生、研究学生的需要。

2. 缓一缓，有利于找准教育的时机

心理学研究表明，人在紧急状态下容易产生急躁心理。急躁是一种强烈的爆发式情绪状态，在这种状态下人的认知范围会缩小，智力活动会受阻，自我控制能力会减弱，通常不能正确评价、预估自己行为的意义和后果。

对于一些性格倔强，或心理偏激、情绪不能自控的学生，他们向来不能很好地控制自己的情绪，很难理智地思考自身存在的问题，冲动起来就忘乎所以，咄咄逼人。如果教师固守师道尊严，急于求成，跟他们对着干，在"火头"上迫使其就范，这种"热"处理方式，不外乎产生两种结局：一种是学生暴跳如雷，死不改悔，顶撞教师甚至对教师动手，让教师有失身份；一种是学生貌恭而心离，教育效果适得其反。而采用"缓一缓"的办法，先让一让、放一放，及时"撤出战斗"，教师体面地下一个台阶，等到学生怒气渐消、心平气和、有疏解矛盾需求时再谈，教育往往会达到预期效果。时间变了，场所变了，气氛变了，有利于学生与教师推心置腹地交流，与教师产生情感上的共鸣，恢复理智与自尊，有利于教师因势利导，解决学生思想问题。我与顾同学第二天的长谈，之所以能触动他的心弦，没有引起他的反对，时机的选择是关键。缓，是找准教育契机的需要。

3. 缓一缓，有利于学生自我反思、自我感悟、自我教育

柏拉图曾说："教育非他，乃是心灵的转向。"心灵应该转向的是爱，是智慧，是对真善美的向往和追求。引导学生自我反思、自我感

悟、自我教育，就是一种对学生的爱，一种教育智慧，一种对教育真理的执着。如果对学生的教育过程完全是外在的，那么学生在受教育过程中就不能发挥自己的内在潜能，不能肯定、悦纳自己，不能感到教育给自己带来的幸福。学生的自我主动发展，才是学生的真正发展。

留点时间让学生自我检视、自我剖析、自我醒悟、自我纠错，充分发挥其主观能动作用，增强其自我教育能力和自身对不良行为的免疫力。对那种自以为是、一时悟不清道理的学生，更应缓一缓，暂不找其谈话，给学生留足思考反省的时间，让其慢慢领悟其中的利弊，自己寻找正确答案，自觉纠正自己的错误行为。顾同学第二天心悦诚服地接受我的建议，并保证今后会节约零花钱，这正是其自省自悟、自我教育的结果。缓，是学生自我反思、自我感悟、自我教育的需要。

4. 缓一缓，有利于学生建立阳光心态，促进心理健康发展

学生的心理发展尚不够成熟，缺乏情绪的自我控制和调节经验，他们对外界的变化表现出较低的适应能力与应变能力，容易产生心理问题，如焦虑、叛逆、抑郁、学习障碍、行为障碍等。教师要善于发现学生身上出现的问题，用发展的眼光对待学生的心理问题，认真分析学生心理健康问题的发生、发展过程，把握学生现在的心理状况，预测学生将来可能出现的心理问题，"对症下药"，去除学生自身发展中的不利因素，将学生的心理问题消灭在萌芽状态，使学生拥有阳光心态，培养学生开朗、合群、自立的优良品质。

顾同学由第一天的"委屈""沉默"，到第二天的"感激""没有表示反对""愉快"，发生这样的变化，与我根据顾同学现实表现，针对他心理实际，采取相应的教育策略，留给他一定的心理自我调适时间不无关系。缓，是帮助学生建立阳光心态、促进心理健康发展的需要。

三、结语

教育，是一种等待，是一种"慢"的艺术；教育，需要平静与平和；教育，追求细致与细腻；教育，贵在拥有耐心与耐心。在学生教育问题上，"缓"往往会起到四两拨千斤的功效，它能让我们更好地找准导的"力点"，更准地抓住教的契机，同时也让学生能更深入地反省改过，从而树立自我成长的信心，形成珍视生命、乐观向上的生活态度。

参考文献：

［1］张春梅，刘凤英，李壮.班主任如何教育"问题"学生［M］.长春：吉林文史出版社，2013.

［2］林崇德，俞国良.中小学心理健康教育指导纲要解读（2012年修订）［M］.北京：北京师范大学出版社，2013.

［3］李家成.班级日常生活重建中的学生发展［M］.福州：福建教育出版社，2015.

［4］王晓川.以爱浇灌　精准指导——"爱满天下"教育理念下的"后进生"德育管理实践［J］.华夏教师，2023（27）：26—27.

［5］杨珍，桂守才.青少年"面子"心理及其教育对策［J］.成都大学学报（教育科学版），2007（12）：31—34.

［6］刘敏.做减法的德育——论道德教化的"不可言说"［J］.中国德育，2023（15）：19—25，42.

基于家校共育的小学班主任工作有效策略研究

◎俞 敏

摘 要 班主任是家校共育中的桥梁，如何发挥好桥梁作用，促进小学生的健康成长，需要理清要点找出问题，制定并实施有效策略。本文主要研究了夯实自身理论基础，提升共育工作高度；发挥自身联通作用，推进共育工作深度；用好家访的"金钥匙"，保持共育工作温度；举办丰富的亲子活动，拓宽共育工作广度等班主任工作策略。

关 键 词 家校共育；班主任；工作策略

作者简介 俞敏，江苏省南通市海门区货隆小学教师，一级教师。

学校教育和家庭教育如同学生教育的双翼，只有保持目标高度一致性，才能助力学生的全面发展。在小学教育中，班主任是家校共育中的桥梁，如何架好这座桥梁，需要坚持不懈地研究与实施高效的工作策略。

要做到彼此尊重，共同努力。这是班主任与家长沟通的重要前提。班主任在日常的班级管理工作中，应做到不轻易叫家长来学校处理学生的问题，不在公共场合揭学生之短，不向家长推卸责任等，只有尊重家长，才能赢得家长的尊重。其次，要关注工作实效。班主任不能片面要求家长听从自己，而是争取家长的积极配合与支持，为了一个共同的目标形成教育合力，促进班主任工作效率的提升。最后，保持高效沟通。在小学家校共育工作的开展中，班主任与家长的有效沟通至关重要，二者必须向着同一个目标努力，并通过有效的沟通逐步加强合作的紧密性。

一、夯实自身理论基础，提升共育工作高度

家校共育背景下，班主任首先要夯实自身的理论基础，深入解读家校合作的丰富内涵，明确新时期家校共育的主要工作，抓住更多工作契机，全面推动家校共育工作的开展。

首先，从小学办学管理的目标出发，严格把好聘用关，让一些专业素质过硬，思想作风正派，具有终身学习意识的老师担任班主任。接下来，组织他们通过教育云平台、互联网相关平台等，学习家校合作创新理论，梳理总结相关资料，服务于家校共育。

其次，要以思想建设为切入点，专心学习研究，实现思想的蜕变超越，确保家校共育工作开展得扎实有效。

二、发挥自身联通作用，推进共育工作深度

班主任在家校共育中扮演着主导者的角色，发挥着联通作用。因此，班主任要备好沟通课，在沟通之前设身处地地站在家长的角度去思考，感受家长的心理状态，再选择最恰当的沟通方式，从而获得理想的沟通效果。具体来说，班主任应从如下几方面作为促进家校沟通的切入点。

（一）了解学生家庭情况

充分了解学生家长的综合素质、家教理念、家庭成员、从事职业、联系方式等，是进行良好沟通的必要条件。基于此，班主任可以通过建立学生档案，从中获得相关信息。此外，班主任还要了解学生心理状态、兴趣爱好、行为习惯等，

推进家校沟通顺利进行。

（二）利用网络平台的便利与家长沟通

网络信息时代背景下，人们的沟通交流极为便利，作为班主任要充分利用微信群、视频对话等方式，与家长进行交流，形成教育的合力。比如，班主任建立班级微信交流群后，让家长了解学生的在校表现，让班主任也及时了解到学生在家庭中的表现，促进家校的有效互动。

（三）召开灵活多样的家长会

班主任要采取创新的、灵活的形式召开家长会，让家长能够在会上畅所欲言，说出孩子最近在家中的学习情况、行为习惯养成情况等。同时，可以组织家长观看一些家教主题的短片、讨论家校共育的热点话题等，提升家校沟通的有效性。

三、用好家访的"金钥匙"，保持共育工作温度

家访是家校共育的重要方法之一，班主任通过家访可以真实地了解学生的成长环境，并把学生的表现反馈给家长，让家长更有针对性地教育孩子。与此同时，在家访的过程中，班主任还能倾听家长对孩子教育方面的想法，并以此为参考优化自己的教育教学措施。在具体实践中的有效措施主要有如下几方面。

（一）爱心智慧家访，善于表扬学生

每个家长都希望听到老师表扬自己的孩子，因此，班主任在家访时要让爱心与智慧相随，善于发现学生的闪光点并给予真诚的表扬。如果需要指出学生的问题时，班主任也要首先以表扬做铺垫，保护好学生的自尊心，然后再巧妙地指出其缺点。班主任这种宽严相济的教育管理方式，更容易赢得家长的认可与支持。

（二）发挥主导作用，做好家访备课

班主任在家访中应充分发挥主导作用，不要等着家长来询问，而是主动把学生在校的真实表现平和地给家长讲述清楚。与此同时，班主任还要做好家访备课，使家访工作能够有条不紊地进行。此外，对于一些比较难沟通的家长，班主任应事先预备好应对措施，针对这些家长不合理的要求，要动之以情，晓之以理，尽量使其转变错误观念，共同为孩子撑起健康成长的一片蓝天。

（三）做好家访记录，及时解决问题

家访的后续工作也是不可敷衍塞责的。班主任首先要把家访中的情况记录下来，特别是家访中出现的问题，要引起特别关注。班主任要以此前所有家访记录和本次家访记录为参考，分析学生发生了哪些变化，在哪些方面进步更加明显等，以便今后更有针对性地实施教育。同时，班主任在对家访记录做了梳理之后，要及时通过微信、邮件等反馈给家长，让家长明确自己要如何与老师联手，对孩子实施有效的教育措施。

四、举办丰富的亲子活动，拓宽共育工作广度

通过亲子活动可以引导家长深度参与到家校共育活动中来，建立良好的亲子关系、师生关系、生生关系、家校关系，促进共同发展。具体可以从如下几方面作为切入点。

（一）精心打造亲情日，发挥学生主体作用

班级开展亲子活动，可使学生体验人类美好情感，促进身心健康发展，班主任可以把每年的父亲节、母亲节确定为班级的亲子活动日，与学生共同策划与开展亲子活动，充分发挥学生的主体作用，激发学生的创造性思维。

比如，在父亲节来临之际，班主任和学生一起研究设计了一张邀请函，邀请家长来参加"我伴孩子共成长"亲子活动。班主任和家长一起回顾孩子的成长历程，分析各自的家庭教育故事。让孩子走上讲台作题为"我的爸爸"的演讲。孩子走上讲台，认真地讲述着自己亲爱的爸爸的形象，他们的演讲让现场的每一位爸爸都深受感动。他们从孩子的发言中听到了孩子对自己的感

激、感恩、希望与建议，激发了每一位爸爸参与孩子成长的积极性，同时也更加认识到自己在家庭教育中的重要角色，学会了如何与孩子沟通，提升家庭教育水平。

（二）策划亲子庆生月，吸引家长积极参与

班主任在成功组织开展了亲情日活动后，又组织学生策划了亲子庆生活动，在学生生日的当天，班主任会为他们送上精美的生日贺卡，并和同学们一起唱起生日歌，使他们感受到集体的温暖。很多家长看到自己的孩子在班级中过生日时愉快的心情，十分感谢班主任和同学们。班主任抓住契机设计了月月庆生活动，家长可以把孩子的照片制作成动感影集、PPT等，在孩子生日的这个月的最后一天一起来到学校分享，表达他们作为父母对孩子的爱。活动也促进了家长之间、班主任和家长之间的交流，共同分享教育经验，实现了共同进步。

（三）关注家长评价反馈，寻求专业成长支撑

家校之间的良性互动，促进了家校关系的和谐发展。活动完成后家长会给出一些反馈，包括感谢、建议等，这些给班主任班级管理工作提供了参考，为其专业发展发挥了支撑作用。

比如，在月月庆生活动结束后，有的家长给班主任发信息说自己因为不会制作动感影集、PPT等，没有很好地在活动中展示孩子生活中的精彩片断或成长的宝贵影像，感觉很对不起孩子。班主任在收到信息后，立刻反思自己组织活动时考虑不够全面，没有顾及一些信息技术能力欠缺的家长，使他们产生了压力。为此，班主任及时和学生及家长进行交流，并专门为家长培训了信息技术等方面的知识。同时，还鼓励家长表达爱的方式有很多，如上台讲一个孩子成长中的趣事也很受欢迎。

五、做好多方协调工作，体现家校共育宽度

家校共育背景下，班主任要善于协调领导、各科任课教师、学校以及家长之间的关系，体现协同育人的重要价值。如班主任协调各科任课教师与家长的关系，为他们之间的有效互动创造条件，使家长能够更好地了解学生各科的学习情况、兴趣爱好等，以便有针对性地实施教育教学策略。班主任与学生之间要保持良好和谐的师生关系，能够给予学生心灵的关爱、行动的引领，用自己的人格魅力赢得学生的尊重与信赖。班主任与学校管理者协调好关系，使家校共育工作得到有力的支持，提高家校共育的有效性，彰显出教育的宽度。

家校共育视角下，小学班主任工作面临着多方面的压力与挑战，教育是一个系统的长期工程，作为班主任要理清工作要点，找出存在问题，并结合班级学生、家长的具体情况，制定并实施有针对性的有效策略。同时，还要融合多方力量，助推班主任管理工作的高效化开展，做有高度、有深度、有温度、有广度、有宽度的教育，为小学生的健康成长保驾护航，奏响家校共育的最强音，从而培养出优秀的身心健康发展的小学生。

参考文献：

[1] 刘成成.浅析家校共育的小学班主任管理工作[J].中国科技经济新闻数据库 教育，2023（02）：3.

[2] 韩晓梅.浅谈在小学班主任管理工作中开展家校共育的策略[C]//广东省教师继续教育学会.广东省教师继续教育学会第二届全国教学研讨会论文集（四）.广州：广东省教师继续教育学会，2023：6.

[3] 张翠萍.浅谈在小学班主任管理工作中开展家校共育的策略[J].天天爱科学（教育前沿），2021（06）：139—140.

基于家校社合力视角下的小学生语文红色教育探析

◎张　薇

摘　　要 百年党史是最生动、最有说服力的教科书，用好这本鲜活教材，将丰富的党史学习教育资源转化为直入人心的育人力量，对培养担当民族复兴重任的时代新人，具有重要意义。在小学红色教育中，要遵循思想品德的教育规律，形成"知情意行"一体贯通的教育体系，以课程认知教育为基础，以家庭情感化育为重点，充分发挥学校、家庭和社区三方育人合力，共同为小学红色教育助力。

关 键 词 知情意行；红色教育；家校社合力

作者简介 张薇，江苏省徐州市王场新村小学教师，一级教师。

小学生品格养成是一个长期而复杂的过程，其道德品格的形成需要长期效应和浸润效应。革命传统教育要从娃娃抓起，既注重知识灌输，又加强情感培育，使红色基因渗进血液、浸入心扉，引导广大青少年树立正确的世界观、人生观、价值观。[1]

在教育中，学校、家庭和社区不是相互孤立的教育"孤岛"，而是彼此联系、互相补充的"环岛"。在可以预见的未来，单一化、封闭式的教育，将被更为开放、更为丰富的学习方式取代。在这样的大趋势下，学校、家庭、社区携手前行的家校社合作共育机制，也将成为未来教育的一种常态。

一、认知教育：探寻红色历史

认识历史是培养学生爱党、爱国情感的认知基础。红色资源和红色文化在学校最有效的开发形式就是课程。课程是学校教育的主要手段，是教师指导学生获得认知和体验的文化样态。因此，将红色教育与课程建设的联合也就是红色文化和校园文化的融合。

（一）立足本土开发红色班本课程

徐州红色教育资源丰富，有淮海战役纪念馆、王杰烈士纪念馆、小萝卜头纪念馆、党风廉政教育馆、周恩来纪念馆、马陵山警示教育基地等。这些红色教育资源都可以作为我们带领学生学习党史的生动教材和实践场所。在学习党史的课程中，我们不仅可以走出去，带领学生重走烈士足迹，瞻仰烈士陵园，还可以聘请校外辅导员或者研学导师到学校来讲述红色历史，弘扬革命精神。

（二）强化红色资源与学科课程的融合

红色资源分为物质资源和非物质资源，其中一部分可以与学科课程融合起来，将红色资源融入教材，融入活动。例如读红色读本、看红色影视、背爱国诗词、讲红色故事、唱红色歌曲、演英雄事迹等。对学科整体进行优化和嵌入，在"润物细无声"中将红色基因注入我们的日常学习当中。我们学校是书法特色学校，因此我们将书法和纪念碑文相结合，带领学生在练习书法的同时，了解红色历史。这也正符合学科育人的理念，不仅体现知识育人，也更多着眼于立德树人的根本任务。

基于融合课程的理念，学校构建了以红色教育为主题的"家校社共育课程"体系。从学校、家庭和社区三方出发，以学校主题场景月为载体，各学科相融合，家校社齐联动，依托社区资源分别开设了"融合课堂""家长、辅导员讲堂"以及"社区服务实践"共育课程。其中以国家课程为基础开发的"融合课堂"，包括基于家庭、社区资源的学科融合、资源互通，家长可以通过线上、线下相结合的方式参与到学校国家课程的实施中。在共育课程的设计、实施和评价环节，学校发挥主导作用。学校建立了家校社合作小组指导部、资源开发部、课程部、通联部等，完善家校社共育组织结构，明确学校在教育中的主体地位。

二、情感化育：传承红色家风

除了学校课程，红色文化和红色精神的浸润也离不开家庭教育。将红色教育与家庭教育相结合，不仅加强了优秀家风的建设，也为红色基因的种子开辟了生长的沃土。红色家风是革命先辈留下来的宝贵精神财富，也是中华优秀传统文化的重要组成部分。让学生和家长在传承红色家风的活动中得到情感的升华，受到老一辈革命家的熏染，形成热爱生活、追求真理、向往美好幸福生活的道德情感。

（一）亲子共读红色家书

红色家书是革命先辈写给家人亲朋的书信，不仅饱含他们对家人的殷殷叮嘱，也饱含了他们对革命的热切期盼，是红色革命文化的重要组成部分。在班级开展家长和孩子共同朗读红色家书的活动，体验革命伟人的内心情感，也在他们的家庭中种下红色家风的种子。

品读江诗咏在狱中写给父母亲的信，品读方志敏《我们临死以前的话》，品读毛泽建就义前的遗书，品读王器民给妻子高慧根的遗书……让每个家庭穿越时空，通过一封封家书，走进他们的内心世界，深入理解共产党人的初心和使命，让红色基因代代相传。

（二）致敬红色家风家训

在漫长的百年党史中，有先进的革命先烈，更不乏献身革命的英雄家庭，电影《革命家庭》就讲述了一家献身革命的英雄事迹。学生和家长共同学习革命家庭的家风家训，既是对自身家风的一种熏陶，也是对家庭价值观的一种洗礼。

正所谓"家风正则国正，家风清则国清"。"修身齐家治国平天下"的中国传统文化影响着一代又一代人。老一辈无产阶级革命家留下很多家风家训。我们在班级内开展家风家训的展示和评比活动，让家庭教育和红色教育相融合，在致敬学习红色家风家训的同时使学生体会血脉相连的"家国"情怀。

三、砥砺意志：培塑时代精神

"意志是人主动确立目标并调节支配自身行动来战胜困难、达成目标的心理过程。"[2]爱党、爱国不应该停留在认知和情感的层面，而应该在"知、情"的基础上树立坚定信念和远大志向。要想在红色教育中砥砺意志，就要在"精神谱系"中补充"钙质"，强健学生的体魄。

一百多年来，中国共产党在不断地革命和奋斗过程中创造了奇迹般的成就和荣耀，也形成了共产党人独有的精神谱系。精神谱系中有对理想信念的坚持；有为人民服务的宗旨；有不怕困难，敢于斗争的英雄气概；有自力更生，艰苦奋斗的踏实苦干；有实事求是，追求真理的求真务实；更有大公无私，克己奉公的无私奉献。这些都是不同时代的先锋精神，也汇聚成中国共产党人的精神谱系。小学生的红色教育要在意志塑造上下功夫，主要体现在以下几个方面：

（一）坚定理想信念，筑就"中国梦"

坚定理想信念和爱国之志，这是民族复兴大任的首要前提。无论是战争年代的井冈山精神、长征精神，还是社会主义建设时期的"两弹一星"精神、大庆精神，都体现了共产党人对理想信念的执着追求。小学生红色教育要将这些精神与我们的"中国梦"相融合。"中国梦"是全中国十四亿人的梦想，更是社会主义接班人的梦想，中小学生是"追梦人"，而我们教师就是"筑梦人"。在红色教育的引领下，在班级内开展"中国梦，我的梦"活动。

（二）坚持敢于斗争，锤炼英雄品格

党的事业一路上经历艰难险阻，各种挑战，但是中国共产党是吓不退，打不倒的。二万五千里长征的"世界军史奇迹"，无数党员脱贫攻坚的"中国奇迹"，从无到有的"两弹一星"科技奇迹，我们党展现了大无畏的英雄气概。在班本课程中要大力宣传革命时期、建设和改革时期的英雄人物和时代楷模，让学生通过阅读书籍、讲述故事等了解英雄人物的意志品格，鼓励他们要做坚强的奋斗者，不怕困难和挑战，时刻准备成为英雄的"后来人"。

为了更深入地了解陇海铁路发展历史，追寻陇海铁路的红色印记，学校少先队员们在党员教师的带领下前往距离学校不足两千米的"八号门事件"旧址参观和考察。在参观史料展馆的过程中，队员们对"八号门事件"的经过有了更加深入的了解，同时也认识到陇海铁路大罢工的前因后果以及"八号门事件"的重要性。在中国共产党的领导下，全路工人众志成城，最终罢工取得了重大胜利。回顾这段历史，我们更深刻地认识到中国共产党的坚定信念、敢为人先的勇气，以及在困难和艰险面前不屈不挠的精神。每位队员在这个探索之旅中都汲取到智慧和力量，坚定自己的理想信念，并将其化作前行的动力，为实现中国梦的伟大目标而不懈努力。

（三）坚持艰苦奋斗，加强劳动素养

延安精神、抗美援朝精神、北大荒精神、老西藏精神、红旗渠精神，这些都体现了中国共产党的自力更生和吃苦耐劳的精神。将红色教育融入劳动教育当中，在班级内开展劳动主题实践活动，引导学生向共产党人学习，强化新时代劳动教育和工匠精神教育。

学校通过与中国矿业大学煤矿博物馆进行线上线下共享的方式，让学生了解地质环境的同时，也了解了徐州矿业的历史，看到老一辈的劳动榜样用血汗创造了美好的生活，也给我们留下了无尽的宝藏。这宝藏不是煤矿，而是他们被熏黑的脊梁！学生在博物馆看到的不是一块块地质矿物，而是一部劳动巨作。

（四）坚持与时俱进，争做时代新人

"两弹一星"精神、载人航天精神、西北特区精神……这些都是我们党与时俱进、勇于创新的体现。小学生是"时代在召唤"的社会主义接班人，结合神舟十二号载人航天飞船发射的重大事件，回顾航天精神的形成过程，引导他们与时俱进，勇于创新，做"科技强国"的接班人！

学校科学小组联合大队部，跟随宇航员的脚步，组织学生持续观看"天宫课堂"系列。在学习科技知识的同时，播下追逐航天梦想的种子。

四、锤炼实践：践行爱国之志

红色教育不能停留在课堂里、活动中和口号上。对事物的认知，情感的体验和获得，以及意志的塑造，最终都要落实到行动。要引导小学生把在红色教育中获得的认知、情感和意志转化为日常行为方式和行为习惯。从小事做起，从身边做起，把红色基因埋植在爱国的自觉行动中。

学校以"正·行"文化作为育人核心理念，从"生活教育"和"幸福教育"理论出发，在全面发展的基础上，实现学生的个性化发展。围绕"养正育德"和"笃行致远"，我们提出将"参与社区生活，培养儿童公共品格"作为育人目标，倡导能参与、会合作、善交往和有担当的公民品格，并构建家校社协同育人新体系。其中"能参与"重在落实学生公共精神，"会合作""善交往"旨在培育学生的人际交往能力和团队合作能力，"有担当"则强调责任担当意识的培养。"公共品格"育人体系的建构，一个个因校制宜因生而设的课程、项目性学习、环境润化和校外实践得以落实，借力家长和社区资源深化和拓展育人体系的内涵和外延。学生通过社区志愿服务、红色文化宣讲等实践活动让红色教育结出儿童自强的硕果。

（一）中国有我：公益服务活动显担当

对小学生进行红色教育的目的不仅在于培养他们不怕困难、开拓进取的意志品质，更在于红色教育能培养学生对祖国、对人民、对中国共产党的情感，并树立美好理想，进一步培养为人民、为社会贡献的意识。[3] 为了培养小学生的公民意识和社会主义接班人的责任担当，学校联合家庭和社区发起了"社区公益服务活动"。

在这场践行红色精神的实践活动中，学校组织学生参与社区公益服务活动，包括慰问孤寡老人、宣传垃圾分类、合理摆放小区自行车和电动车、优化小区绿化等。学生还从社区现实问题入手，用小课题的形式尝试探讨解决小区问题的途径。学生通过公益服务活动增强了自己的社会责任感，也从行动中增进了家国情怀。

（二）强国有我：主题实践活动明志向

小学红色教育不仅仅是学校课程教育的"锦上添花"，还应该贯穿于学校的各项实践活动，利用主题实践活动厚植爱国主义情怀，激发学生当好社会主义建设者和接班人的使命担当。

班级以学校的主题实践月为载体，将学校课程和爱国主义教育元素充分结合起来，积极开展各种教育教学活动。通过"体育强国月"，提升学生的健康素质，帮助学生在体育锻炼中享受乐趣、增强体质、健全人格、磨炼意志。通过"文化强国月"，组织学生在微博、抖音等平台讲好中国故事、宣传中国传统文化、增强文化自信。通过"科技强国月"，带领学生了解科技发展的前沿，激发学生的探索欲望和创造兴趣，让学生通过 STEM 课程或者综合实践活动锻炼创新能力。

五、结语

小学红色教育应该遵循儿童品格发展规律，注重家校社协同育人，以"知情意行"为路径，以家校社合力为支撑，夯实认知基础、丰富情感体验、增强意志品质、锤炼实际行动，将红色资源转化融入小学生学习的动机、内容和目的。让学校、家庭和社会成为红色教育播种的土壤，也成为红色教育硕果展示的平台。让红色教育成为儿童品格养成的重要手段，厚植爱国主义思想，让"爱国之情，强国之志"贯穿于他们成长的始终，最终成为能担当民族复兴大任的时代新人！

参考文献：

［1］习近平.用好红色资源，传承好红色基因　把红色江山世世代代传下去［J］.求是，2021（10）：4—18.

［2］刘建军.厚植爱国主义情怀的理论阐释［J］.思想理论教育，2019（09）：12—16.

［3］向玩风，刘兴池，刘晋铭.浅析"红色教育"在中小学爱国主义教育中的重要性［J］.中国校外教育，2017（28）：1—2+145.

浅谈"双减"背景下劳动教育资源的扩增

◎朱向宏

摘　要　"双减"政策的全面推行给劳动教育课程的实施创造了更多有利的条件。例如，可以通过延展劳动教育场，丰富课程实施空间感；通过拉长劳动教育时间轴，丰富劳动实践体验感；通过整合劳动教育资源库，探索课程实施新路径。在学校、家庭、社会的共同努力下，通过多元的劳动实践，学生的劳动技能、劳动价值观得到有效培养。

关键词　劳动教育；教育场；时间轴；资源库

作者简介　朱向宏，江苏省泰州市姜堰区东桥小学校长，一级教师。

2020 年 3 月，中共中央、国务院发布《关于全面加强新时代大中小学劳动教育的意见》，进一步明确新时代劳动教育的价值意义和实施策略，强调劳动教育要让学生经历必要的出力流汗过程，培养劳动感情、意志品质和奋斗精神，树立劳动最光荣、最崇高、最伟大、最美丽的观念，增进与劳动人民的感情。我们感受到新时代背景下，推进劳动教育意义重大。随着"双减"政策的全面实施，学生学业负担明显减轻，这给劳动教育课程的实施创造了更多有利的条件。

一、延展劳动教育场，丰富课程实施空间感

在"双减"政策实施后，学生生活学习的区域除了学校外，另一个重要场所从校外培训机构转移到了家庭和社区。无论是在学校、家庭，还是在社区，都可以实施劳动教育，劳动教育的空间资源得到了最大限度的拓展。学校是劳动教育课程实施的主体，承担着课程开发、课堂教学的重要任务，具有不可替代的作用。家庭和社区是学校劳动课程向外打开的社会场域，为学生家庭观念的培养，勤劳家风的传承，以及社会责任和义务的培养提供了充足的空间。

（一）顶层设计，全力做好劳动教育课程的实施

一是学校严格执行国家课程计划，每周安排一节劳动课。《义务教育劳动课程标准（2022 年版）》明确指出："劳动教育是发挥劳动的育人功能，对学生进行热爱劳动、热爱劳动人民的教育活动。"东桥小学牢牢把握劳动育人导向，指导教师根据课程标准合理编排本年级劳动教育内容，围绕日常生活劳动、生产劳动和服务性劳动三类劳动实施分学段进阶安排。

二是加强劳动课教学研讨。将劳动课教学研讨纳入学校学期教学研究计划，并单列专题，引导教师重视劳动课，上好劳动课。同时，指导教师研究劳动课，不断改进劳动教学，教会学生劳动技能，培养学生热爱劳动的精神。

三是组织劳动技能竞赛和制定科学的评价措施。《关于全面加强新时代大中小学劳动教育的意见》中明确提出要健全劳动素养评价制度。要将劳动素养纳入学生综合素质评价体系，制定评价标准，建立激励机制，组织开展劳动技能和劳动成果展示、劳动竞赛等活动，全面客观记录课内外劳动过程和结果，加强实际劳动技能和价值体认情况的考核。

（二）家校合作，重视家庭劳动教育场域的激活

家庭教育是劳动教育的根本，要重视在家庭劳动教育中培养孩子的家庭生活意识，体会家庭的温暖，享受家庭的快乐。幸福是奋斗出来的，家庭的劳动氛围、父母的勤劳品质、家庭生活的琐碎事务都是重要的育人磁场。我们要注重引导学生乐于走进这样的磁场，通过"亲子劳动园建设""家务分担我能行""我与长辈话劳动"等活动的开展，激活家庭劳动磁场的效应，让学生爱劳动的意识和品质得到滋养，激发学生学会劳动的动能。

我们学校地处城郊，家里有园地的学生较多，我们倡导有条件的家庭开辟一小块亲子劳动园，家长带领孩子体验完整的种植生活，使孩子体会"谁知盘中餐，粒粒皆辛苦"的深刻含义。我们每周都会布置家务劳动作业，鼓励家长放手让学生承担力所能及的家务劳动，要有意识地从小培养学生的自理能力和独立生活能力。通过"我与长辈话劳动"活动，让学生在参与劳动的过程中，培养主动与人沟通、分享生活感受等人际交往能力，同时在向长辈请教劳动方法、与长辈分享劳动成果中加深对劳动的认识。

（三）校社联合，全面加强社会实践场的构建

我们要积极构建家校共育学习社区，加强学校与社区的教育联合，织密家校社一体化教育网络。《义务教育劳动课程标准（2022年版）》第三学段目标中明确提出：五、六年级学生要主动参加校园卫生保洁和环境美化等劳动，积极参加社区环保、公共卫生维护等力所能及的公益劳动。因此，劳动教育必须走出学校、走出家庭、走向社会，在参与社区建设中培养学生的劳动意识和能力，增强社会意识和社会责任感。我们学校利用家校共育学习社区建设活动，定期组织学生走进社区，开展服务性公益劳动。利用节假日，我们组织学生走进社区清理绿化带杂物，帮忙打扫运动健身区域，清洗小区公示栏、广告牌

等。我们还组建"帅娃志愿小分队"，灵活开展更多的志愿服务活动，让学生在活动中进一步增强劳动的光荣感。

二、拉长劳动教育时间轴，丰富劳动实践体验感

"双减"在减负的同时，让学生有更多的时间可以自由支配，这些时间可以用来培养兴趣、发展特长，也可以用来参加劳动和社会实践活动，让学生获得更多的能力和情感体验。我们把劳动教育课向课后服务时间、社团活动时间、放学后在家时间延伸，在课后服务时间、社团活动时间、放学后在家时间安排适当的劳动内容，既丰富了课后服务和社团活动内容，增加了实践性家庭作业，又进一步激发了学生参加课后服务和社团活动的兴趣。

（一）课后服务时间——劳动课堂拉伸器

学校组织课后服务的目的是回应社会需要和家长关切，是办好人民满意教育的重要举措。对于课后服务内容的安排，很多学校是花了一番心思的，除了辅导学生完成作业外，更多的是聚焦学生的兴趣培养和能力提升。我们学校除了开展自主阅读、体育、艺术和科普等活动外，还进行收纳与整理、清洁清洗、生活小技巧等生活技能教育。结合学校处于城郊的地理特点，我们有效利用学校周边的地域优势，开辟了蔬菜、花草种植等农技体验课堂。学校周边遍布蔬菜大棚、水果大棚和蔬菜田园，一年四季都能看到时令新鲜蔬菜和水果，我们组织学生走进大棚和田园，观赏长势喜人的蔬菜水果，体验种植生活，学生乐此不疲。在课后服务时间安排劳动教育，拉长了劳动课程的实施时间，培养了学生"种好田才能有粮吃"的农耕思想，从而懂得尊重农民、珍惜粮食。

（二）社团活动时间——劳动课程实践场

每周的社团活动时间是学生最喜爱、最快乐

的时光，学生在丰富多彩的社团活动中陶冶情操、培养兴趣、发展技能，对学生的健康成长、全面发展起到了很大的催化作用。多年之前，姜堰区教育局就在全区推动"灵动周三""多彩周五"课程实施，周三下午的实践课程和周五下午的社团活动是学生最向往的。为了进一步丰富社团活动内容，从本学期起，学校在东边围墙外开辟出一块试验田，成立了"东篱劳动社"劳动社团，聘请周边种菜能手和学校会种田的老师做社团辅导老师，利用社团活动时间开展种菜知识宣讲和种菜实践活动。我们还适当组织学生跟周围菜农一起去卖菜，既让学生体会到人间烟火气，也让学生体会到劳动的快乐和收获的喜悦。劳动教育课程要加强与学生生活和社会实际的联系，课程内容选择应坚持宜工则工、宜农则农，注重选择体现中华优秀传统文化和工匠精神的手工劳动内容。例如，我们劳动社团借助社区资源，开展"传承非遗文化，发扬匠心精神"篾编技艺体验活动，邀请篾编非遗传承人殷中华为劳动社团的学生传授篾编技艺，不仅培养了学生的动手能力，还让大家近距离感受到了非物质文化遗产的独特魅力。

（三）放学后在家时间——家务劳动训练营

在"双减"政策之下，学校一方面配合相关部门落实相关政策；另一方面加强学生家庭作业管理，切实减轻学生学业负担。作业负担轻了，学生回家干什么？现在的学生自理能力普遍较弱，我们敏锐地发现了这个问题，抓住学生课业负担减下来的有利时机，充分利用好学生在家时间，发动家长对学生进行收纳与整理、家务劳动、亲子互动等技能训练与情感熏陶。为了检验家务劳动的训练成果，学校努力为学生搭建展示的舞台，利用寒暑假作业展评的机会，通过手抄报、小视频、展板、征文竞赛、现场展示等形式，让学生站上劳动大舞台，尽情展示平时学习家务劳动的成果；利用大队主题活动、六一儿童

节庆祝活动、升旗仪式等大型集会的机会，组织单项家务劳动技能竞赛，在增强趣味性的同时，进一步唤醒学生的劳动意识，让学生体会到劳动的成就感和自豪感。

三、整合劳动教育资源库，探索课程实施新路径

《义务教育劳动课程标准（2022年版）》在"课程资源开发与利用建议"中要求，劳动课资源是实施劳动课程的必要条件。学校应与家庭、社会协同进行课程资源的开发，积极整合和利用各种形式和类型的资源。劳动课程资源开发与利用应坚持以核心素养发展为导向，紧密结合地方经济文化和学生生活实际，满足劳动教育教学的实际需要。因此，实施好劳动教育决不能将劳动课程孤立起来，而要树立大劳动课程理念。

（一）加强课程融合，在学科教学中渗透劳动教育内容

充分挖掘各学科劳动教育资源，通过课堂教学融合、跨学科主题学习等方式，在各学科教学中渗透劳动教育，达到"润物细无声"的教育效果。比如《语文》教材二年级上册《田家四季歌》、三年级下册《剃头大师》、五年级下册《祖父的园子》等不少课文里都蕴含着丰富的劳动教育资源。《道德与法治》教材中，小学低年级围绕劳动意识的启蒙，安排了相关内容，如一年级下册第11课《让我自己来整理》，引导学生学会整理自己的物品；中高年级教材围绕卫生、劳动习惯养成，学会与他人合作劳动，体会劳动的光荣感等方面安排了相关内容；五年级下册第6课《我参与　我奉献》，指导学生积极参与社区生活建设，为营造良好的社区生活环境做出自己的贡献。在数学课堂中，可以进行农具的认识、日常生活用品和数量的计算、园地面积的测量和计算、食材配比的计算、生产能力问题的了解等有关劳动知识方面的渗透。其他学科教材中也有可

以挖掘的劳动资源，教师在教学过程中可以抓住时机进行劳动教育。

（二）强化活动育人，在各项活动中体现劳动教育理念

劳动教育课堂和实践固然重要，但不能忽视活动是激发学生劳动兴趣的重要抓手。一是利用传统节日布置相关劳动任务，组织相关劳动竞赛。比如，元宵节可以组织做元宵、品元宵、话元宵活动；端午节组织包粽子、品粽子、思屈原活动；妇女节布置回家帮妈妈做家务、给妈妈洗一次脚等任务……二是在开展学校常规活动时，不失时机地糅合进劳动教育。比如结合学雷锋日，可以组织学生走上街头进行志愿服务宣传和志愿服务活动，指导学生通过学雷锋、讲雷锋、做雷锋，体会雷锋服务人民、助人为乐的奉献精神。三是结合相关创建活动，有效植入劳动因子，强化学生参与创建的主体意识。如在全国文明城市创建过程中，组织学生走进社区和街头进行垃圾分类宣传；在学校和家里，主动实践垃圾分类新理念。

（三）重视整体联动，将劳动教育课程和学校重点工作融合推进

为了让劳动教育在校园中落地生根，学校应在理念上确立劳动教育的重要地位。我们学校是党组织领导的校长负责制试点学校，在谋划"党建＋优教行动"时，我们把"党建＋劳动思政"作为支部书记项目向前推进，目的是唤起所有老师对劳动教育的重视。同时，扎实开展党建、团建、队建活动，带领老师和学生真实地走进劳动

场景里。我们多次组织师生走进姜堰区大安村芦笋基地：一是开展"红领巾寻访活动"，寻访带领该村共同脱贫致富的"芦笋奶奶"张宏珍；二是将"开学第一课"的课堂搬到了大安村芦笋基地，对学生进行劳动教育，这一做法央视新闻和"学习强国"均进行了推介。

四、结语

劳动教育是中国特色社会主义教育制度的重要内容，要牢牢把握全面加强新时代劳动教育的价值意蕴，全面构建新时代特征的劳动教育体系。开展劳动教育不只是学校的责任，还需要学校、家庭、社会和政府的共同努力。劳动教育实践越多元，学生的劳动技能、劳动价值观等就越能得到有效的培养。

参考文献：

［1］中共中央　国务院.关于全面加强新时代大中小学劳动教育的意见［J］.中华人民共和国国务院公报，2020（10）：7—11.

［2］顾建军，管光海.系统建设劳动课程　落实劳动教育——义务教育劳动课程标准（2022年版）解读［J］.基础教育课程，2022（09）：65—71.

［3］顾建军.建构一体化劳动课程为义务教育劳动育人奠基——《义务教育劳动课程标准（2022年版）》解读［J］.全球教育展望，2022，51（07）：25—33.

从"常规管理"到"习惯养育"

——新时期对初中德育管理工作开展的反思及实践研究

◎孙振坤

摘　要 德育是促进学生心理健康成长，培养学生良好道德品行，完善学生健全人格的重要途径。因此，德育工作一直是初中教育教学管理工作的重要组成部分。而今，随着素质教育的深入推进，人们对于学生综合素养的提升有了普遍的重视，这使得德育的重要性愈加凸显。在新时期背景下，如何更好地开展初中德育管理工作是值得每一个教育管理者深思的课题。本文结合初中德育的开展实际，提出了新时期初中德育管理工作的实践建议。

关 键 词 初中；德育管理；反思；实践

作者简介 孙振坤，江苏省南京市竹山中学党总支部书记、校长，高级教师。

俗话说："育人为本，德育为先。"德育一直以来都和学生的学习成长息息相关，影响着学生人格品行的养成和核心素质的获得。这也是我国德育改革步伐从未间断过的根本原因。初中阶段的学生正处于青春期，是学习与成长的黄金阶段，也是其人生观、价值观形成的重要时期，因此，初中时期的德育管理工作是初中教育教学不可忽视的重点和难点。

一、新时期初中德育管理工作开展的重要价值

新时代背景下，随着新课程改革的不断推进，对当前初中阶段学生的德育管理工作提出了新的目标和要求。因此，积极探索有效的初中德育管理工作开展路径，提高学生的德育素养，无论是对学生个人的成长还是整个教育事业的推动都有着重要的现实意义和价值。

（一）形成学生良好人格品质

初中阶段的学生正处于青春叛逆期，这个时期的学生心理脆弱而敏感，很容易受到外界不良信息的误导和影响，从而产生某些极端的心理和行为。这些都使得新时期加强对初中学生的德育管理尤为重要。因此，通过科学有效的德育引导，能够培养学生良好的道德品行，完善学生的健全人格，促进学生生理与心理健康成长。同时，对于一些多元文化的入侵，教师可以利用自己正确的价值观引导学生进行合理辨别，"取其精华，去其糟粕"，从而帮助学生形成良好的人格品质。

（二）树立学生正确价值观

初中阶段的学生，其思想观念的发展还不十分成熟，因此对于这个时期的学生，采用的德育方式应当以柔性为主。比如，我们可以将德育知识渗透进学生的生活、学习、社会实践等多个方面，而不是强硬地灌输，要通过潜移默化的方式影响学生。耐心倾听这个时期学生面临的一切困惑，积极提出指导意见，让他们了解到什

么是正确，什么是错误，从而树立起正确的价值观。

（三）促进学生个性化发展

"立德树人，德育为先"是新时期教育工作改革的重要理念，需要我们把这一理念渗透进初中学生德育管理工作的方方面面。在愈发突出学生主体地位的新时代教育下，无论是在教育教学过程中还是在德育管理工作中，都需要注重学生的个性化发展。因此教师需要正确把握每个学生的个性化特点，采取有针对性的德育管理方式，以提高班级的管理质量，进而提升学生的德育素养。

（四）落实素质教育培养目标

随着新课程改革的不断实施，素质教育的理念也愈发深入人心。人们除了强调对学生知识能力的培养，也更加重视学生其他方面能力的全面发展，这使得教师在教育教学中需要注重学生综合素质的发展。通过科学的德育引导，帮助学生实现观念的成长和成熟价值观体系的建立，能够提高学生的思想道德品质，从而落实素质教育的培养目标。

二、新时期初中德育管理工作的开展现状

德育的内容关系到学生品行的养成以及素质教育目标的落实，这些都使得我国德育改革的步伐从未间断过。尽管通过多年来的实践，我们在初中德育管理工作中取得了一定的进步，但面临新的教育形势，也逐渐暴露出了一些短板。

（一）德育管理目标偏差

德育教育的目标是与教育教学的目标紧密结合的，通过教育和德育的共同作用实现育人的目标，这也是学校教学管理的整体方向。但由于初中生的年纪和心理特点，学校所制定的德育目标存在着一定程度上偏差的问题，德育目标的偏差，致使初中学生的思想素质与文化素养的德育目标都很难完全实现。

（二）德育内容缺乏针对性

在素质教育的时代下，强调的是对学生综合素养的提升以及个性化培养的重视，而每个学生有着不一样的成长背景、学习能力和兴趣特点，这些都使得学校在进行初中生的德育管理时要因人而异。但从现状来看，学校对于学生的教育管理仍然以抓成绩为主，德育教育依然滞后，在对学生的价值观和道德理念的塑造方面仍然欠缺，德育管理缺乏针对性。

（三）德育管理效率较低

德育管理工作是初中教育教学管理的重要组成部分，而实施德育教育管理的主要是班主任，其他科任老师的参与则相对匮乏。但德育教育管理是一项很系统的工程，仅仅依靠班主任一个人的力量是难以完成的，比如物理、生物、地理这三门理科课程与德育的联系相对较少，因此科任老师相对应的德育教育十分有限，而学校在对教师进行考核的过程中，德育的实施效果并不在考核的范围内，这也使得学校整体的德育管理质量较低。

三、新时期初中德育管理工作的实践路径

行为比知识更重要。德育是德智体美劳全面发展教育的核心，对于教师来说，德行是非常重要的一项职业考核标准；而对于学生来说，"德"是不可或缺的考核内容，也是学生实现发展和提高内在的驱动力。因此，针对当前初中学校德育管理工作中存在的一些问题与弊端，我们要认清形势，有针对性地予以改进，促进德育的有效渗透。

（一）把握新时期德育实践特性

在信息技术快速发展的背景下，学生所面临的成长环境也变得日趋复杂起来，多元价值观与信息的碰撞，有可能会使思维认知与价值观念还没有成熟的初中学生受到消极影响，这也对新时代背景下开展初中德育管理的工作者提出了新的

目标和挑战。因此在新的教育时代背景下，要更加科学高效地开展初中德育管理工作，首先就需要准确把握新时期德育实践工作的特点，以便对症下药，实现高效的德育管理。

1. 较强的开放性

信息时代的到来，使得德育的教育形式也更加信息化和多样化，比如以网络为连接，实现学校、家庭和社会三位一体的德育教育体系，在达成德育共识的基础上，共同对德育教育的内容和方法进行协商与整合，拓展德育教育的信息与资源，以实现学校、家庭和社会在德育教育方面的步调一致，营造出一种和谐共融的德育教育局面，这深刻地体现了新时代背景下德育管理工作的开放性。

2. 一定的可预见性

以前的信息技术没有那么发达，因此对于传统的德育教育管理更多地依赖于教师的策略设想，可预见性比较差。而如今，网络信息技术的发达使得教师在开展德育教育管理工作时，可以充分依赖网络信息技术的多种功能，对学生展开有针对性的德育实践工作，比如可以模拟德育实践活动，然后通过数据分析找出科学的德育教育方法，从而提高德育管理的有效性。

3. 适度的创新性

在新的教育时代背景下，社会环境以及教学资源和教育手段的变化，使得学生的思想观念和学习方式都发生了较大的改变。在这种形势下，教师对于学生的德育管理也应当做出适当的调整，即改革传统的德育理念与方式，合理地利用一些现代化的教育技术与手段开展德育管理实践活动，以提高德育教育的科学性与针对性，这使得新时期下的德育管理体现出深刻的创新性。

（二）创新新时期德育管理方式

在现代教育发展环境中，素质教育得到了进一步的普及，素质教育的理念也愈发深入人心，人们对于学生综合素质的培养也愈发重视起来，

这使得新时期下的德育管理重要性愈发凸显。在新的教育形势下，培养德智体美劳全面发展的人才已经成为一种趋势，这就需要我们教师更加重视学生思想道德品质的培养，创新德育管理方式，以促进学生的全面发展。

1. 理念驱动，创新德育求发展

教育是现代社会进步的重要基石，德育作为教育教学的重要组成部分，对于教育目标的实现起到了重要的推动作用。因此，初中德育管理也应更新理念认识，对过去的德育管理模式进行反思，思考当前的初中德育管理中德育效率低下、学生人格塑造不够完善的原因，从实际出发，做到德育与智育并重，在智育中渗透德育，用德育指导智育，转变常规的德育管理方式，并结合学校发展的实际情况和学生的德育发展需求，进一步完善德育管理的内容，更新学校的德育管理理念，为德育管理的创新发展提供良好的氛围与环境条件。

2. 因人而异，制订有针对性的德育方案

每个学生的成长背景、学习能力、兴趣爱好等都是不同的，这使得对于初中学生的德育管理也要因人而异，因材施教，制订具有针对性的德育管理方案。比如，一方面可以要求班主任对每个学生都建立起个人档案，做好对不同学生的观察与记录，在档案里详细记录不同学生的家庭状况、性格特征、心理特点、行为习惯等，把握学生的个体情况，以便与学生进行深入交流。另一方面要求班主任加强与学生之间的沟通和联系，通过平时的观察和家访等，随时把握学生的思想和性格发展动态，然后结合学生的实际情况，制订有针对性的德育方案。

3. 榜样垂范，专项德育树立新风

初中阶段的学生会有一些偶像崇拜的心理，很多学生会有自己喜欢的明星等，但这些对于塑造学生的价值观意义不大，甚至可能产生负面影响。据此，就需要对学生进行科学的引导，为他

们树立起榜样典型，让他们感受到榜样的力量与魅力，从而自发自愿地以此为目标。比如，可以开展一些"感恩"主题、"红色"主题等专项德育实践活动，让学生到社区去捡垃圾，到敬老院去帮助孤寡老人，去儿童福利机构当志愿者；或在课堂上给学生播放大学生背母上学、学成回国后报效祖国等一系列先进个人事迹，用榜样的力量去熏陶学生，进而形成良好的班风学风。

4.家校联动，构建良好成长环境

德育并非一蹴而就，而是一个循序渐进的教育过程，需要学校、家长和学生共同参与以及密切配合。尤其是对于初中阶段的学生来说，他们敏感、自尊心强，不仅仅需要得到来自学校老师和同学的重视，更需要得到来自家庭成员的支持。因此，初中德育管理工作的开展还需要积极争取学生家长的支持与参与，共同关注学生的发展，构建起良好的成长环境。比如，学校可以建立起一套家校联合的德育管理体制，借助微信群、QQ群等一些现代化的通信设备，加强与学生家长的沟通与联系，让家长能够随时了解学生在学校的学习表现与生活情况。同时，班主任要定期组织开展家长会，教师与家长之间就学生的德育问题达成共识，了解学生德育问题的起因，以便进行教导工作。

5.文化烘托，构建特色德育底蕴

初中学校德育管理的创新发展，除了要有良好的外部环境、雄厚的师资力量支持，更重要的是学校内部环境和德育文化氛围的建设，有了浓郁的德育文化氛围，才能够使学生在潜移默化中受到影响，从而收到良好的德育效果。比如，学校可以利用课间或中午休息的时间，在校园内播放一些古典音乐、诗歌朗诵等，既能够对学生进行良好的德育渗透，还能够引导学生传承中华民族的优秀文化，提升文化素养；还可以不定期地

组织师生共同开展"讲文明，树新风"等主题丰富的德育实践活动，让师生共同打造一个德育氛围浓厚的校园环境。

四、结语

在新的历史时期，德育在初中教育教学中所占据的重要地位以及教育价值已经愈发凸显出来，这使得我们每一个教育管理者需要更加清醒地认识到，优质的教育所培养出来的不仅仅是科学文化知识的强者，更是思想道德素质的佼佼者。因此，新时期的初中德育管理要将德育摆在学校的战略发展位置，结合初中学生的德育发展需求以及学校的办学特色，开展具有针对性、个性化的德育实践，从常规的德育管理向习惯养成式德育转换，进而实现学生综合素养的全面提升。

参考文献：

［1］朱寿兵.初中学校德育管理理念的创新探讨
　　　［J］.科学咨询，2021（17）：123.

［2］李星梅.初中班主任如何有效提高班级管理浅
　　　谈［J］.魅力中国，2019（14）：150.

［3］郭荣影.初中生德育管理意义与实施路径研究
　　　［J］.人文之友，2018（17）：63.

［4］李洪松.初中学校管理中构建一体六面德育
　　　管理体系的策略分析［J］.魅力中国，2020
　　　（52）：43.

［5］赵丽萍.新时期初中德育管理工作开展的思路
　　　［J］.人文之友，2018，05（08）：119.

［6］俞吾源.初中德育管理工作开展的思路及对策
　　　［C］//中国管理科学研究院教育科学研究所.
　　　2021年教育创新网络研讨会论文集（二）.北
　　　京：中国管理科学研究院教育科学研究所，
　　　2021：3.

双向奔赴，构建家园协作新合力

◎李　炜

摘　　要　家园协作是幼儿家长参与儿童学习与发展的重要形式，新时代的幼儿园家长工作必须站在新的高度。优化模式，开创家园协作新伙伴；创新形式，开启课程实施新样态；革新手段，开发家长互通新通道。形成家园共建、社区互动的一体化教育模式，家园携手双向奔赴，构建家园携手新合力。

关 键 词　幼儿园；家园协作；新合力

作者简介　李炜，江苏省无锡市古运河实验幼儿园副园长，一级教师。

《中华人民共和国学前教育法草案（征求意见稿）》再次重中幼儿园耍加强与家庭的紧密合作，进一步明确了家长在家园合作中的定位、价值。由此可见，家园协作不再是幼儿园占主导，家长配合，而是家园的一种双向奔赴。因此，新时代的幼儿园家长工作必须站在新的高度，充分整合家庭、社区等各项教育资源，有效挖掘和发展家长的潜能，创新想法、创新工作思路，才能实现幼儿园教育与家庭教育的同步协调发展。

一、优化模式，开创家园协作新伙伴

在传统的教育模式中占主导地位的是教师，现如今我们进一步优化家园协作模式，吸纳各类社会力量，家长与教师成为伙伴关系，为着共同的教育目标——教育好孩子，而结成的平等合作者，家长、教师、社会人士是共同促进幼儿发展的主体。在实施幼儿教育的进程中，双向奔赴、互相尊重、互相信任、平等合作、真诚沟通，共同陪伴幼儿的成长。

（一）五级委员会：民主参与幼儿园管理

幼儿园建立幼儿园发展指导委员会、园务委员会、幼儿园家委会、班级家委会以及儿童发展班级委员会五级委员会，促使幼儿园、家庭、社会三方合力，共同承担协同育人的责任。幼儿园发展指导委员会聘请热心幼儿园工作并有专长、一定社会影响力的专家、社会人士为幼儿园共谋发展。园务委员会由园领导、中层管理者组成，管理园部各项工作。幼儿园家委会由各班家委会代表组成，并推选正、副会长一名，参与幼儿园工作。班级家委会由各班家长自主报名并推选产生，参与班级的各项活动，协助做好家园沟通。儿童发展班级委员会由大班幼儿发起，自主报名并投票推选产生劳动委员、生活委员等各类委员，体现大班幼儿的自我管理以及服务他人的意识。

从园部到班级，从管理者、教师到家长、社会，从成人到儿童，五级委员会的新模式，吸纳了家园协作的更多新伙伴。在教育教学、文化建设、卫生保健、校园安全等方面全面参与幼儿园的民主管理和监督，并通过召开各类委员会认真听取各方对幼儿园工作的建议，逐项研究落实解决，从而使幼儿园的教育目标能够更为顺畅地达成。吸纳他们参与幼儿园的日常教育和管理，使他们成为特色活动的协助者、宣传者，成为家园互通的协调者，使幼儿园的各项工作更加精细化、科学化，扩大了幼儿园的影响力与辐射力。

（二）三方共育合伙人：转变家园协作角色

在家园共育中，转变协作角色，明确家长和教师是幼儿教育的"共同责任人"，同时充分发挥家、校、社三方的力量，三方成为"共育合伙人"，互相配合、团结一致、合作共赢。

利用家长的个人特长、社会资源等优势，深入开展家长助教、家长志愿者等活动，幼儿园先后开展了运河集市、茶百道、我们徒步去等有特色的家长助教活动，活动形式有亲子制作、亲子同游、科普游戏，促进家长与孩子之间的亲密互动和交流，激发家长更多关注孩子发展的意愿，并在与教师和其他家长的沟通交流中获得有益的育儿知识。园本课程内容更加鲜活，更富动态性、开放性和灵活性，使幼儿的学习空间变得更加开阔，与社会生活的联系更为密切。

（三）六大学习社区：拓展家园协作场域

通过问卷汇总了解家长的工作特长、喜欢和孩子一起参与的亲子活动、感兴趣的社团活动等情况。据此分析，发现家长喜欢带孩子参与一些表演类、美食类、寻访类、体育活动类社团活动，因此成立了"小吃客美食家""小白相旅行家""小阿喜悦读家""小红梅表演家""小鲁班创客家""小阿福运动家"六大学习社区。家长以自愿报名的形式选择学习社区自主参与活动，家园协作的场域从幼儿园向外延伸拓展。比如"小红梅表演家"学习社区，家园共育寻访参观无锡市锡剧院等社会课程资源，延展锡剧传承的路径，从入门的传授锡剧形体手段到唱腔再到进阶的锡剧赏析，感受锡剧独有的地域文化魅力。

二、创新形式，开启课程实施新样态

虞永平教授指出："希望幼儿园的课程得到家长的了解，并在家长积极参与的审议中达到理解，使家长能以高昂的热情参与到幼儿园的课程建设过程中来。这是课程建设的大幸，也是幼儿

的福祉。"因此在家园融合的地域文化课程构建中，关注幼儿、教师、家长三大群体的情感、态度、能力等方面的发展，围绕"让教师、幼儿、家长成为主动学习者，让幼儿获得高品质的、适宜的发展"核心内容，通过"5+2"课程实施模式、"小＋家"课程实施途径、"N+"课程评价方式，在实施中优化课程创新样态。

（一）"5+2"课程实施模式

以家园共育为手段，以儿童的学习与发展为核心，在幼儿园总体课程架构的模式下，设计了"5+2"的课程实施模式，这种课程模式不仅可以满足不同儿童学习的需要，也尊重了个体发展的差异性。

"5+2"课程模式有两层含义：一方面，"5"代表着幼儿园五天的学习游戏生活，"2"代表着双休日园外的家园融合活动的双时双场域课程模式；另一方面，"5"是以五大领域的课程内容为基础，"2"是代表课程实施主体（家和园）、课程实施途径（地域文化背景下家园融合的学习社区体验式活动和云上沉浸式活动）的二元课程模式。古运河实验幼儿园期待在"5+2>7"的课程愿景中，构建新型的家园合作模式，促使家园融合让课程拥有更丰富的内涵。

（二）"小＋家"课程实施途径

在地域文化课程实践过程中，充分尊重幼儿通过直接感知、亲身体验和实际操作进行学习的特点，依托地域文化探索多样化的课程实践途径和活动组织形式，形成了"小＋家"课程实施途径（"小"指向古运娃，即全园幼儿；"家"指向古运人，即全园教工与家长组成的大家长；"+"指向融合，即通过幼儿、家长、教师三方力量，家园融合共创地域文化课程），有效开展六大学习社区活动。通过六大学习社区途径实施的"小＋家"课程，将家园教育的主导角色从单向性转为双向性，发挥家长与幼儿的主观能动性。例如，为了帮助幼儿对源远流长的无锡传统糕团制作技

艺有切身的了解，中班"小吃客美食家"围绕青团开展了"哇！青团"（发起讨论）—探秘青团（调查、探索）—走近穆桂英（"小吃客美食家"学习社区）系列活动，活动角色主体的转变，由教师发起到家长主动组织再到幼儿自主分享，教师主动性内化成家长与幼儿的主动性。

（三）"N+"课程评价方式

幼儿园的管理人员、教师、幼儿以及家长均是课程的评价者。《〈3—6岁儿童学习与发展指南〉解读》中指出："当我们评估幼儿时，要积极地看到他们的进步，同时要给他们足够的时间和机会来增长自己的能力。"因此，古运河实验幼儿园将评价主体分为管理人员、教师、幼儿以及家长多维度视角的评价。管理人员视角的评价，有助于观察幼儿在课程实施中的整体发展趋势，有利于下一阶段园所课程实施计划的制订；教师视角的评价，有助于观察班级幼儿在课程实施中的优势与差异性，有利于调整、反馈幼儿课程实施情况；幼儿视角的评价，有助于幼儿自主解读、回顾在课程实施中的表现，提高自我认知，促进自我发展；家长视角的评价，有助于家长了解幼儿在课程实施中的行为，及时跟进家庭教育，发展个性教育。

三、革新手段，开发家长互通新通道

（一）充分运用信息平台，促进多元沟通实效

通过与家长互动，教师希望家长不仅能知晓幼儿园的活动课程，也了解课程背后蕴含的意义，参与到幼儿园的课程审议、建设和实施中，更好地实现家园共育。所以我们需要架起一座双向甚至多向互通的快速立体桥梁。"一起长大"平台的使用，将家园融合在一起，丰富和改变了家园互动的方式，快捷高效地促进了幼儿、家长、教师，甚至社会的多方互动。

1. 分享记录，见证成长

"一起长大"是一个家庭和幼儿园可以共同使用的平台，教师可以通过教师端发布幼儿"在园时光"的照片、视频，发布幼儿园的主题活动内容，家长可以通过家长端第一时间接收到教师发布的所有内容，实时了解自己孩子在幼儿园的情况，还可以采集自己孩子的照片。同时，家长也可以到"家庭时光"板块发布孩子在家的一些活动照片视频，记录孩子的成长，也可以分享推荐一些有意义的活动。其他幼儿可以通过点赞、语音留言等方式进行同伴互动。学期结束后，平台会自动为每个幼儿生成一本属于自己的个性成长册，见证了幼儿的成长。

2. 读懂孩子，共同成长

教师运用自己的专业知识改变和提升家长的教育理念，让家长理解读懂孩子，可以更好地推动家园共育，促进幼儿的发展。比如，教师在平台发布了一段幼儿在园游戏的视频，请家长根据自己的理解试着去解读背后的故事，教师再给予正确的解读。在这样的互动下，家长越来越懂孩子，离孩子越来越近。家长逐步理解孩子"玩"的学问，也会在家庭中创设孩子感兴趣的环境，并进行有意义的指导。在不断的学习中，高质量的陪伴越来越多，在读懂孩子的同时，一起长大，共同成长。

3. 实时沟通，助力成长

教师和家长都可以在平台上发起互动，引发大家的积极回应和讨论。平台会根据每个家长的互动频率自动生成家园互动指数周报。教师可以根据有效数据，有针对性地开展工作，提高家长的积极主动性。充分发挥信息化时代的信息传递及互动功能，构建家园协作的新合力。比如在"运河公益集市"活动中，教师在平台发起了号召大家在家里制作手工小作品的通知后，家长就会把在家里制作手工作品的过程发到平台，家长和孩子可以看到其他家庭的作品和准备的进展，这无声的沟通也起到了相互鼓励和促进活动顺利开展的作用。

（二）高效利用"三大云上时光"，提升课程意识与育儿能力

1."快乐的成长时光"，紧随园所课程行径动态

每学期组织家长入园活动，通过沉浸式的体验与感受，了解园所氛围、园所教育以及园所文化等。幼儿园将"快乐的成长时光"系列活动由线下转为线上。通过园所引领、年级组审议、班级个性化定制、家庭反馈的四段式交互研讨，促进家长掌握课程实时动态。例如《"伴"日相约，"云"见成长》，采用屏幕分享、视频连线等措施，让家长直观感受幼儿当下的运动节系列课程实况，及时了解班级课程动态。面向全体的云端连线，有效创造家长参与学校课程教育的机会，促进家长深入了解学校教育理念与方法，有的家长还与幼儿共同观看、分享、交流，让家园共育更为多样、更有价值。家长紧随课程动态，提出想法、共同实践，促进地域文化课程的有效推进。

2."幸福的陪伴时光"，紧扣地域文化课程发展

幼儿园以探索"地域文化情境"为办园特色，融合"福娃禧宝说方言""弄堂游戏大家玩""我是小小创客家"等活动主题，让家长共同参与地域文化课程。与此同时，提供适宜的亲子游戏建议，指导家长有效亲子陪伴、开展家庭游戏、共享幸福时光。例如推送"方言游戏之古桥篇"的音视频，鼓励幼儿与家长学说无锡南长街各个古桥景点的方言名称，知道无锡的风景名胜，感受方言童谣的魅力，体验家乡文化等。

3."美好的携手时光"，紧抓家园共育融合课程

以"宝爸宝妈讲堂"为抓手，紧抓家园共育融合课程，根据幼儿年龄特点，每月开展一次适宜的家庭教育指导工作，与班级课程相衔接。有的是对当下入园焦虑的家庭课程指导，有的是对幼小衔接的心理健康课程指导等。例如"幼儿园阶段孩子心智的发展"课程讲座，幼儿园特邀国家二级心理咨询师、儿童发展教育心理学硕士钱圣洁老师给小班家长带来了有趣的直播互动活动，小班家长参与率达100%。

四、结语

家园工作是一个系统工作，要建立这个良好的生态系统需要的是信任、合作、共赢，形成家园共建、社区互动的一体化教育模式，使幼儿在悦诚、悦纳、充满活力的幼儿园环境及家庭、社区环境中健康成长。家园携手双向奔赴，构建家园协作新合力。

参考文献：

［1］教育部发布《中华人民共和国学前教育法草案（征求意见稿）》[J].儿童与健康，2020（10）：33.

［2］邓成丽.全面合作参与实现家园育儿一体化[J].课程教材教学研究（幼教研究），2008（01）：71—72.

［3］俞春华."学习合伙人"：项目式学习背景下家园共育新探索[J].今日教育（幼教金刊），2023（03）：26—29.

新时代背景下关于学校德育工作振兴的思考

◎张 保

摘　要 回顾几十年来我国学校德育工作的发展历程，其成就固然不可抹杀，但是德育实效性不高的问题无法回避。学校德育要反思，这个问题值得每一个教育工作者进行深入研究和探索。对此，笔者结合自己的工作体会谈谈新时代背景下对学校德育工作的看法。

关 键 词 初中教育；德育管理；学校管理工作

作者简介 张保，江苏省宿豫区仰化初级中学校长。

世界各国重视道德教育，将道德教育置于学校教育改革和发展的重要地位，一个重要的原因就在于，道德教育对于人的成长和发展，对于提高国民素质，具有特别重要的意义。而个人的成长、国民素质的提高，又直接关系到国家的发展和民族的兴衰。

在新时代中小学教育中，"立德树人""五育并举"已成为教育界的共识，德育问题是中小学教育必须面对的重要问题。道德是一个人的灵魂，个体的道德理想是激励人们发奋学习、改革创新、追求高远和完善人格的动力。道德也是一个民族的灵魂，漠视灵魂的塑造，这个民族肯定是没有希望的。教育家徐特立先生曾说："传授点文化科学知识，而忽视培养的方向，这样的教育是失败的。"

纵观我国中小学德育工作的现状，在新时代背景下，随着我国社会、经济的迅猛发展，中小学德育工作面临着严峻的挑战。

一、中学生德育的问题

（一）中学生三观不明确

中学阶段，学生对周围世界的认识从感性向理性初步转变，此时，他们会感觉自己忽然之间成熟了。其实，这是一种错觉。他们的人生观仅停留在理论上，缺乏实践和感受。学生的世界观尚处在一知半解的阶段，无法利用自己的知识去判断周围的世界，对价值观的理解大多来源于只言片语。这是每个学生都要经历的一个特定必经阶段，教师要做的是引领、启发，激励他们行走在正确的成长道路上。

（二）中学生责任意识差

笔者通过多年的观察和调研，发现现在的中学生缺乏责任意识，在他们眼中，自我意识占据主导，而对班集体的责任、对父母的责任、对同学的责任、对社会的责任意识较为淡薄。如果一个人缺乏责任意识，就会没有奋斗的目标，没有前进的方向，生活对他来说就会百无聊赖，毫无生机。因而进行责任教育势在必行，这是广大教育工作者义不容辞的责任和长期的任务。

（三）学生日常行为不规范，自我约束能力差

尽管学校三令五申地要求学生要讲文明、讲礼貌，按照《中学生日常行为规范》严格要求自己，但在校内外仍然会有部分学生不守纪律，这些行为对构建良好的育人环境十分不利。

（四）禁止中学生在校带手机成为难题

当前中学生带手机似乎成了一种常态，手机给学校的管理带来了很大的难度。手机对于学生来说不只是一种通信工具，他们还会用来上网聊

天、打游戏，甚至浏览不健康的网站，在很大程度上会歪曲他们的世界观、人生观、价值观。学生上网已从网吧转到课堂、宿舍，严重干扰了课堂教学秩序，同时给学校教育带来了很大的阻力。

二、德育问题存在的原因分析

现代心理学的研究表明，人的身心发展是遗传、环境和教育几个因素交互作用的结果，个体品德的形成也是基因和环境交互作用的结果。因此，环境因素对青少年思想品德的影响是不能低估的。

社会日益多元化、复杂化，从而也导致人们的价值观念、道德观念多元化，也对学生个体正确道德价值观念的形成产生了消极的影响。整个世界偏重科技教育，忽视人文道德教育的大背景下，加上社会上的一些不利影响是学校德育实效低下、青少年品德滑坡的主要原因。

三、如何进行德育教育

"教育是心灵与心灵的碰撞，是灵魂与灵魂的对话。"对于这样一个庞大而复杂的系统工程，德育工作振兴更是需要全社会的关心和支持。除了社会要为学校创造、优化良好的社会大环境外，学校要建立健全学校、家庭、社会三结合的教育网络和教育组织。教师在实施过程要做到有的放矢。针对上述情形，笔者结合校情、学情，创设德育品牌，不断优化德育方法，提高德育实效，促进学生全面发展。

（一）德育工作网格化

学校德育工作以学段、时间为经线，以德育内容为纬线，形成网格化态势。不同年级侧重不同德育方向，不同月份安排不同德育内容。在德育管理主体上，构建以"德育处—年级组—班主任—科任教师"为纵线，以"学校—家庭—社会"为横线的德育网格。多年来，学校德育教育主题抓住不同的时间节点确立为"爱国情　强国志　报国行""劳动创造美好生活""我爱你中国"等，增强学生的民族意识、爱国情感、社会公德、个人品德。

（二）品德教育专题化

学校落实全员育人的理念，各科室通力协作，上至校长，下至后勤职工，日常工作中皆围绕学生"十好学生"培养而集中发力。德育工作坚持正面引导为主，以论坛讲堂、学生团校、学生社团为平台，以专项教育为抓手，充分利用"国旗下讲话""主题班会""专题讲座"等契机，通过举办"青春仪式""校长面对面"等活动，扎实开展养成教育、校史教育、国防教育、理想信念教育。

（三）德育管理自主化

学校确立了"厚德教育　水润人生"的德育品牌，以培养"十好学生"为德育目标，引导学生达到"人格自尊、学习自主、行为自律、生活自理"的理想状态。为此，德育处和校团委为学生搭建好各种各样的平台，让所有学生都有机会参与其中，自主学习，使学生得到多方面的锻炼和提升。引导学生学习文明礼仪，学会以礼待人加强自身修养。学校每年都要开展"唐仲英爱心奖学金"评选活动，定期进行"十好学生"评比，充分发挥榜样示范作用。

（四）主题活动多样化

学校搭建活动平台，展示新时代学生风采。德育处和体育组成功组织了校园运动会、"大课间"活动展示。通过搭建校园体艺、社团活动、爱心志愿服务等多个平台，实现学生常规管理、人文素养教育再上新台阶；借助一年两次的校园朗诵比赛，展示师生教育学习成果；学校组建阅读、朗诵、泥塑、绘画、音乐、舞蹈、排球、剪纸、影视等十多个社团活动平台开展社团活动，学生全员参与，人人有活动，个个有展示；借助志愿服务平台，组织以"唐仲英爱心小分队"成员为主的志愿服务队伍，开展文明礼让、有序排队、尊重他人等常规教育，提升学生品德素养，强化全面发展。

（五）加强班主任队伍建设

促进优秀班风形成，以活动为载体，规范养成教育。学校以社会主义核心价值观、"八礼四仪"教育为切入点，注重文明礼仪、传统美德、遵纪守法等多方面的教育，大力表扬先进班、先进年级，评选文明班级、文明宿舍、文明餐桌和文明之星，以此激励先进。开展系列传统文化进校园主题教育，发动全体学生广泛参与，在实践中形成良好的行为习惯。新学期学校提出"光盘行动"的餐饮治理要求，使学生强化"对饮食、勿拣择、食适可、勿过则"的观念。每周国旗下讲话有专题训导，多角度做好品德和行为习惯教育。以班级教育为主体，每周做好一个主题班会教育。

四、结语

个人品德的形成离不开社会环境，离不开实践活动。当前素质教育如火如荼地进行着，这促使学校、家庭、社会三股教育力量必须形成合力、相互促进，才能提高德育教育的成效。这首先要求学校的德育教育应该在不改变育人方向的前提条件下，根据学生实际来制订德育实施计划、开展德育活动。其次是务必抓好家庭教育。家庭教育是根本，直接影响着学校育人的成效。所以指导家长掌握科学的教育方法，提高家长的

教育水平更是迫在眉睫。最后是社会大环境的改善。作为德育工作者必须强烈呼吁政府部门，整顿社会大环境，创造健康的育人氛围。

"天行健，君子以自强不息；地势坤，君子以厚德载物。"学校德育工作应该立足学校实际，"融通教育资源，凝聚教育合力，促进学生健康成长"。以社会主义核心价值观为指导，以校园文化教育为基础，以培养学生文明习惯和健全人格为目的，以教育教学工作为主阵地，以德育活动为载体，以德育评价为保障，挖掘德育资源，拓宽德育途径，全方位、多途径开展德育活动。着力塑造学生健全人格，这才是德育工作的宗旨所在。

陶行知说过："道德是做人的根本……没有道德的人，学问本领愈大，就能为非作恶愈大。"学校担负着为党育人、为国育才的重任，必须重视道德教育，培养出一批又一批堪当民族复兴重任的时代新人，伟大的中华民族才能实现伟大的中国梦。

参考文献：

[1] 曹衍清.一个教育行者的想象［M］.北京：人民教育出版社，2006.

[2] 陈么元.当前中小学德育工作低效的原因浅析［J］.辽宁教育研究，2000，20（05）：47—48.

[3] 张宽政.德育：需研究解决两个问题［J］.湖南商学院学报，1999（03）：47—48.

"双减"背景下乐学善思习惯养成策略的践行与思考

◎朱　颖

摘　要　随着课程改革的不断深入，盐城市教科院明确提出构建以"让学引思"为教学主张，"学思融通"为课堂形态的学科育人生态体系，全面开启推进课堂教学转型的区域探索。本文旨在通过总结笔者的一些工作实践和思考，探讨低学段语文教学如何培养学生"乐学""善思"的良好学习习惯。

关 键 词　双减；乐学善思；教育改革

作者简介　朱颖，江苏省盐城市神州路小学教师，一级教师。

"让学引思·学思融通"课堂旨在全面提升学生的思维能力和思维品质，彻底摒弃题海给学生带来的身心负担，实现教学方式和学习方式的根本转变，帮助学生养成思考习惯，提升思维品质，让全体学生做到真"学"善"思"。

近年来，笔者一直从事低年级语文教学工作，在长期的教学实践中，积极探索"让"的火候，"引"的技巧，以学生的发展为根基，以目标、过程、学科活动为抓手，通过教材重组、目标确定、活动设计等巧"让"慧"引"，让学生乐"学"善"思"，养成学生良好的语文学习习惯，着力为学生的自主学习、个性化学习提供有力支撑，提升学生的学习品质和课堂效率，取得了一定成效。

一、目标引领，实现课堂以"学"为中心的华丽蜕变

"让学引思·学思融通"的课堂必须是以受教育者为中心的课堂。著名教育家杜威曾说过："孩子们如果不参与目标、内容的设计，学习就不会自主。"当学生需要学习的时候，就会主动学习，学习就会成为一件快乐的事情。于是，我把关注的目光聚焦到了学生个性化学习的方法指导上，为学而设计目标，从学生学的角度去设计课堂、展开教学，通过目标设计、过程研究、学科活动等基本路径，实现课堂教学有目的地"让"和有成效地"引"。

（一）夯实"让学引思"基础

囿于年龄和身心发展特点，低学段的学生相对稚气而随性，作为教师，就必须蹲下身子，从零起步，着力帮助他们增强自主性，养成良好的学习习惯。教师必须及时了解学生的学习需要，顺势而导，充分激发他们自主学习的积极性，将学习任务巧妙转化为学生自己要解决的问题。通过引导，让学生随时发现、记录问题，探究、尝试解决问题，并筛选出最期待在课堂上解决的问题。

通过互动调研，教师逐渐明晰，让学生课前能根据自己提出的问题进行学习，这是"让学引思·学思融通"的基础，帮助学生发现有价值的问题，并尝试通过自己的方法解决问题。学生自己不能解决的问题就是学习的重点和难点，这些

问题其实就是教师应当作为重点设定的"教"和"学"的目标，也是学思融通、智慧助学的根基。

（二）规划"学思融通"路径

课前，教师考虑更多的是如何引领学生确定自己的目标，如何将教材的价值取向和学生的目标整合为学生的学习目标。在学生用记事本开始教学新授前的学习储备中，教师让学生明确"我发现……我学会了……我的兴趣是……"等"学思融通"路径，引导学生对自己的自主学习成果进行总结和归类。再由教师进行汇总、分类梳理，把握学生学习的内心动向，让学生把"解决我的问题""探究我感兴趣的内容"作为学习目标。课堂上，教师要随时捕捉、发现和重组课堂教学中从学生那里涌现出来的各种信息，再对这些信息进行梳理，然后把有价值的信息和问题转化为学生智慧发展的"火种"。教师在对学生提出的问题进行梳理后，据此调整教学目标，设计教学思路，初步实现"教的目标"向"学的目标"的转化，真正做到将课堂还给学生。

同时，要力求让每个学生都能达到基准目标和因经验、基础的差异而不同的个性目标。且通过"基准目标"与"个性目标"的整合，实现课堂由教师设定目标向师生共议目标的转变。可以说，没有学生自觉"参与和分享"的习惯养成，没有学生对教师、教学的自觉互动，"让""引""学""思"就会成为无本之木、空中楼阁。

（三）呈现"智慧助学"触点

"为学而设计"个性化学习目标是"智慧助学"的触点。一方面，教师教学行为的起点必须来源于学生学习的起点，应该充分了解、尊重学生已有的经验，让学生的感性经验成为确立学习目标的基础；另一方面，让学生参与学习目标的制订。一个问题就是一个学习目标，一个兴趣点就是一个主题，课堂的触点也从单一走向多元。

同时，教师在对学生的问题及兴趣进行归类、提炼的过程中，就实现了教学内容价值与学生个性学习需求的高度统一。因此，目标的呈现绝不能是简单地罗列，而是要在学生学习储备的基础上，由师生协作明确。

二、问题探究，实现课堂以"思"为中心的品质提升

学生学习的主动性不是体现为努力接受知识，而是表现为具有独立思考和探究、质疑的精神，能自我认识、自我规划、自我组织、自我发展。会思考的孩子一定是会发现问题、会提出问题的孩子。教师只有在学生主动学习时、在学生有困惑时、在学生处于愤悱时适时引导，学生才能学得兴致盎然。

（一）助力学生"会学会思"

"让学引思"的前提是学生"会学会思"。万事开头难，学生会提问、会思考的能力不是一蹴而就的，这对于低年级学生和教师更是一个挑战。这就需要家长也参与到学习中来，通过校讯通、QQ群、微信等平台联动，教师引导孩子和家长共同提出问题，日积月累，持之以恒，孩子自然会主动提问题了。

针对学生提出的问题较多的现象，教师要做有心人，对照课标将问题进行归类，分为一般问题、关键问题、后续问题。一般问题小组解决，关键问题集中解决，后续问题课后合作探究。这样，学生记事本上提出的问题，不仅成了"让学引思"的基础，更是"以学定教"的极佳素材。

（二）引领学生"善学善思"

问题探究是引领学生"善学善思"的重要抓手，开展问题探究活动的目的在于培养个性健全发展的人。探究与发现是学生为学的初心，更是一种独特的学习方式，为"让学引思"提供了充分的空间。

在实践操作中，教师常常遇到这样的困惑：学生死板"接受"，松散"探究"，表面热闹非凡

的课堂，学生却大多处于肤浅学习层面，缺乏学习自觉和深度思维。而让学生真正走进深度学习的关键就在于能不能找到一个让学生"乐学能思"的问题触点，问题触点的选择很大程度上又影响着"让学引思"到位与否。就问题触点本身而言，应具有一定的开放性，有一定的张力；就探究主体学生而言，触点应适合不同的学生，而不是少数、个别的专利，要由此及彼，举一反三，不断提升学生探究与实践的能力。

（三）激励学生"乐学乐思"

俗话说，善学者不如乐学者。在"让学引思·学思融通"的课堂上，教师要充分把握学生似懂非懂、似会非会、似能胜任又非能胜任的学习状态。由这种学习状态构成的导向情境能极大地调动学生探究学习的积极性，并不断将学生的思考引向深入，让学生乐在其中。教师在学生质疑的基础上提出有思考价值的、富有启发性的问题，及时在学生自主学习的基础上组织讨论交流。随着学生主动发现问题、提出问题和解决问题，形成期待问题的良好习惯，学生就会进入一个"乐学乐思"的积极状态，这为教师调整自己的教学目标和教学形式提供了绝佳的契机，可谓教学相长。在寓教于乐中实现共性问题与个性问题，一般问题与关键问题的和谐统一。

三、策略优化，实现课堂以"引"为中心的合作探究

（一）在合作中"引"

高效的课堂一定是合作的课堂。就合作而言，可采取"个人问题的师生合作策略"和"个人问题的小组合作策略"两条腿走路的办法。对于直指学生发展需要的问题，教师采取课堂集中辅导；对于趋向于学生个体发展需要的问题，则可当堂实施小组解决策略，引导小组内组员之间相互解决问题，实现课上"让学"互动。通过小组讨论、互相启发，帮助解决个体无法解决的疑

难，达到优势互补、共同释疑的目的，在最大程度上实现学生的每个问题能当堂解答。

（二）在探究中"引"

在课堂中，教师要相信学生的潜力，摒弃烦琐的分析讲解和穷追猛打似的提问，注重强化学生自学探究，给时间、给机会、给指导，教师努力引导并教会学生独立思考，学会与他人合作，把问的权利放给学生，把读的时间还给学生，把讲的机会让给学生，大胆放手，保证学生有足够的时间和空间去自读、自悟、自我表现。

比如，在识字教学中，让学生先在小组中合作学习"雾""露""霜""雪"这些带有"雨字头"的生字，相互交流自己的观察所得，给学生足够的时间和空间，想想部首与字之间的关系。他们探究问题的积极性一下子就被调动起来了。在小组讨论学习中，学得生动活泼，兴趣盎然，充分感受到了自主探究的愉悦，变被动为主动。而同伴之间的合作互助也使他们相互增强了学生字的自信，识字过程成为学生间愉快的分享活动，在潜移默化中培养了学生的探究意识。

（三）在反思中"引"

如何将"让学引思"不断扎实推向深入，离不开教师理念的更新和自身研究素养的不断提升。其中，"反思"和"践行"是最有效的路径。

我们要追问，"让学引思"到底怎样"让"、怎样"引"才是最精准的，才能效益最大化？这就必须时刻让学生明白自己在学习过程中要学什么、怎么学。同样，教师也必须时刻认识到自己的教学过程中要教什么、怎么教。只有这样，才能学有所得，教有所成。师生记事本是连接教师学生、课内课外的重要纽带，学生在课前通过自主学习，充分提出自己在学习中的兴趣点和困惑点，记录在学生记事本上供教师阅读并了解自己的学习需求。教师在课前仔细阅读学生在记事本上的学习需求信息，并进行整合，记录在教师的记事本上，作为二次备课的依据；课后将实践体

会及时记录下来，作为教学研究的自我反馈和评价的第一手资料。这样，学思融通的"思"才有根基、有底气。

四、评价激励，实现课堂以"融"为中心的效度达成

学生"会学善思"思维品质的养成离不开评价激励，新课标强调评价应关注学生的全面发展。这就要求教育者不仅要关注学生知识技能的获得情况，更要关注学生学习的过程方法、情感态度和价值观念等思维品质的养成。

（一）课堂激励相融

学思融通必须做到全面观察，分析每个学生，关注个体差异，保护和调动每个学生的学习兴趣和积极性。这就要求我们教育者首先要成为发现者，发现经验、发现问题、发现优势。教师带着发现的眼光和审度的思维进课堂，努力从课堂全方位观察学生的学、教师的教，思考"我发现……我还可以……"。在"我还可以……"的积极心态中发展自我、提升自我，实现融合效度的提升。

（二）作业拓展相融

低年级学生爱玩好动，喜欢新奇和变化，厌烦一成不变，这些特征要求教师在作业设计时注重多样化、开放性，从细小处激发学生的积极情感、态度。同时，低年级学生知识储备少，注意力难以集中，多以形象思维为主，因而作业设计要兼顾学生的身心特点。

例如，教关于春天的内容后，拓展有关"春"的课外作业，可以引导学生走出课本，去收集有关春天的成语、谜语、古诗、图画等，动手画一画，亲手描绘春天，感受春天。然后对学生的作业成果予以评价，在肯定中激发他们跳出书本、走向生活的热情。

（三）层级构建相融

俗话说，多一把尺子丈量，多一批优秀人才。对于学生，尤其是低年级的学生，切不可用一种标准来衡量，允许学生在发展程度和素质结构上存在差异。为了能让不同层级的学生都能得到优化的发展，教育者必须做持之以恒的有心人。与"特情"学生家长面对面，关注每个学生的上课状态、作业完成质量、学习效果、进步反馈等，要将这些融合到"让学引思"的课堂，成为高效"让"和"引"的第一手资料。特别值得一提的是，对于低年级学生要及时引导"日日清"，要求进行自我检查，"我的问题"是否得到解决、"我的兴趣点"是否得到讨论……都要在记事本上得到呈现，课前、课后总能看到他们拿出自己的记事本在讨论、交流……这样，"让学引思"的课堂就有了精魂。

五、结语

"让学引思"是一台大戏，巧妙各有不同，其核心在于通过"善让"和"巧引"的融通，聚焦学生良好学习习惯的养成。至于怎么"让"、如何"引"、怎样"融"，则必须以学生心智发展的科学认知和教育自身规律为遵循，在着眼每个学生终身发展的这台大戏中求真、求善、求美！

参考文献：

[1] 让学引思：盐城课堂教学改革新起点［C］// 江苏省教育厅.2016 年江苏省小学教学改革与创新现场观摩研讨活动论文集.盐城市教育局，2016：4.

[2] 中华人民共和国教育部.义务教育语文课程标准（2022 年版）［M］.北京：北京师范大学出版社，2022.

[3] 张新高."让学引思"催生"以学定教"教学新生态［J］.江苏教育研究，2018（Z1）：23—25.

德育教育视野下幼儿园慈孝课程建设的必要性及可行性研究

◎仲建华

摘　要　随着社会的快速发展，德育教育在幼儿园教育中的地位日益凸显，其中慈孝教育作为中华优秀传统文化的重要组成部分，对于培养幼儿良好品德和社会责任感具有重要意义。本文分析了当前幼儿园德育教育的现状，指出慈孝课程建设的紧迫性，接着从理论和实践两个层面探讨了慈孝课程建设的可行性，提出了慈孝课程建设的具体实施策略和建议，以期为幼儿园德育教育提供有益的参考。

关 键 词　德育教育；幼儿园；慈孝课程

作者简介　仲建华，江苏省南通市海安市南屏幼儿园教师，一级教师。

当今社会，德育教育已成为幼儿教育的重要组成部分。慈孝教育作为中华民族的传统美德，对于培养幼儿的道德品质和社会责任感具有不可替代的作用。因此，在幼儿园阶段开展慈孝课程建设，既是传承和弘扬中华优秀传统文化的需要，也是促进幼儿全面发展的需要。

一、慈孝课程建设的必要性分析

在当前幼儿园德育教育的现状与问题日益凸显的背景下，慈孝课程建设更是显得尤为必要。本文将从当前幼儿园德育教育的现状与问题、慈孝教育在幼儿品德形成中的重要作用以及中华优秀传统文化传承与幼儿教育的紧密结合三个方面，深入探讨幼儿园慈孝课程建设的必要性及可行性。

（一）当前幼儿园德育教育的现状与问题

当前，幼儿园德育教育普遍存在重知识轻德育的现象。很多幼儿园为了追求表面效果，过度注重知识技能的传授，而忽略了对幼儿品德的培养。此外，幼儿园德育教育内容单一，缺乏针对

性和实效性，难以满足幼儿全面发展的需要。因此，幼儿园德育教育的改革与创新显得尤为重要。要改变这一现状，首先需要加强幼儿园教师的德育意识和专业能力培养，使其能够更好地把握幼儿的行为规范和品德养成。其次，德育教育内容应该更加多元化和贴近幼儿生活实际，注重通过情感体验和互动活动培养幼儿的品德修养。同时，加强家园合作，积极引导家长参与到幼儿的德育教育中，形成教师、家长和社会共同育人的良好局面。

（二）慈孝教育在幼儿品德形成中的重要作用

在幼儿园阶段，通过慈孝课程的建设，可以引导幼儿树立正确的家庭观念、亲情观念和道德观念，促进幼儿品德的全面发展。慈孝教育不仅是对家庭关系的尊重，更是对社会和谐的贡献。在幼儿园的慈孝教育中，幼儿将学会尊重长辈、尊敬父母，体会到家庭的温暖与和谐。同时，慈孝教育还能培养幼儿的感恩意识，让他们懂得父母的辛苦与付出，从而更加珍惜家庭的幸福。通过学习慈孝，还能培养幼儿尊老爱幼、关爱他人

的美德，提高他们的道德素质和社会责任感。

（三）中华优秀传统文化传承与德育教育的紧密结合

在幼儿园教育中，将中华优秀传统文化与德育教育相结合，既有利于传承和弘扬中华优秀传统文化，又有助于培养幼儿的民族自豪感和文化自信。慈孝课程作为中华优秀传统文化的重要组成部分，其建设不仅可以丰富幼儿园德育教育内容，还能促进幼儿对中华优秀传统文化的认识和理解，进一步激发幼儿对中华优秀传统文化的兴趣。

幼儿园慈孝课程建设的必要性及可行性不容忽视。我们应该从当前幼儿园德育教育的现状与问题出发，充分认识慈孝教育在幼儿品德养成中的重要作用，将中华优秀传统文化传承与幼儿教育紧密结合，推动幼儿园慈孝课程建设深入发展。同时，我们还应该充分利用政策支持、教育资源优势和实践经验借鉴等有利条件，为幼儿园慈孝课程建设的实施创造良好的环境和条件。

二、慈孝课程建设的可行性探讨

在当今社会，随着人们对传统文化的重视和回归，慈孝文化逐渐成为教育领域中的热点话题。慈孝课程作为传承和弘扬慈孝文化的重要途径，其建设可行性备受关注。

（一）教育政策对慈孝课程建设的支持与引导

近年来，党和政府对传统文化教育的重视程度不断提升，出台了一系列相关政策，为慈孝课程的建设提供了有力的支持和引导。例如，《中共中央 国务院关于深化教育教学改革全面提高义务教育质量的意见》中明确提出，要"加强中华优秀传统文化教育"，并将"孝亲尊长"作为其中的重要内容。这一政策的出台，为慈孝课程的建设提供了明确的政策导向和支持。此外，各级教育部门还通过组织专题研讨、培训交流等方式，推动慈孝课程的建设与实施。这些举措不仅

为幼儿园开展慈孝课程提供了指导和帮助，也为教师提供了专业成长的机会，进一步提升了慈孝课程建设的可行性。

（二）幼儿园教育资源的整合与利用

幼儿园，作为幼儿踏入学习旅程的第一站，不仅承载着教育的使命，更是幼儿成长的乐园。在这片童真的土地上，教育资源丰富多样，为慈孝课程的建设提供了坚实的支撑。那么，如何更好地整合与利用这些资源，让慈孝课程在幼儿园中生根发芽呢？首先，我们要深入挖掘幼儿园内部的资源。每一所幼儿园都拥有自己独特的图书、教具和场地。这些资源是慈孝课程建设的基石。然而，仅仅依靠幼儿园内部的资源是远远不够的。我们还需要将目光投向更广阔的天地，充分结合当地的文化资源和社区资源。每个地方都有自己独特的文化传统和社区特色，这些都是慈孝课程建设的宝贵财富。同时，我们还可以与社区合作，开展各种形式的慈孝实践活动，让幼儿在实践中深刻体验慈孝文化的内涵。

此外，与其他教育机构的合作也是不可或缺的一环。幼儿园可以与当地的博物馆、图书馆等文化机构建立合作关系，共同开展慈孝主题的教育活动。这样不仅可以丰富课程内容，还可以让幼儿在更广阔的空间中感受慈孝文化的魅力。同时，我们还可以与小学、初中等进行衔接，为幼儿提供一个连贯、系统的慈孝教育环境。幼儿园教育资源的整合与利用对于慈孝课程的建设至关重要。只有充分挖掘和利用这些资源，我们才能为幼儿营造一个充满爱与关怀的成长环境，让他们在快乐的氛围中茁壮成长。同时，这也需要我们教育工作者不断创新和探索，让慈孝课程在幼儿园中绽放出更加绚丽的光彩。

（三）幼儿认知发展规律与慈孝课程内容的适应性

幼儿期是认知发展的关键时期，幼儿在这一阶段对事物的认知方式和能力都在迅速发展。因

此，慈孝课程的建设必须充分考虑幼儿的认知发展规律，确保课程内容与幼儿的认知特点相适应。首先，慈孝课程的内容应该符合幼儿的认知水平，避免过于复杂或抽象的概念。其次，慈孝课程应该注重实践体验，让幼儿通过亲身参与和体验来感受慈孝文化的魅力。例如，可以组织幼儿参与亲子活动、志愿服务等，让幼儿在实践中学会关爱他人、尊重长辈。

慈孝课程建设的可行性得到了教育政策、幼儿园教育资源以及幼儿认知发展规律等多方面的支持。通过整合和利用这些资源，我们可以为幼儿打造一门富有内涵、生动有趣的慈孝课程，为幼儿的全面发展提供有力的支持。

三、慈孝课程建设的实施策略

（一）以幼儿为主体，构建互动体验式教学模式

在慈孝课程建设中，应充分尊重幼儿的主体地位，以幼儿的兴趣和需求为出发点，构建互动体验式教学模式。通过组织丰富多样的实践活动，如角色扮演、情景模拟等，让幼儿在亲身体验中感受慈孝文化的魅力，培养他们的慈孝品质。首先，通过角色扮演的形式，幼儿可以身临其境地扮演不同家庭成员的角色，感受父母、祖父母等长辈的关爱和付出，从而深刻理解慈孝的含义。在这个过程中，幼儿不仅能够增强自我认知，还能够培养对家庭成员的尊重和关爱之情。其次，情景模拟活动可以让幼儿置身于各种生活场景中，通过亲身参与感受家庭中的亲情和慈爱。比如，安排幼儿参与"照顾弱小动物""帮助他人解决困难"等情景，让他们在实践中体会到关爱他人的快乐和满足感，从而激发出内在的慈爱之情。通过以上互动体验式教学模式，幼儿能够在参与中感受到慈孝文化的内涵，培养出尊重长辈、关爱他人的良好品质。这种基于幼儿主体地位的教学模式不仅能够提升慈孝课程的实效性，还能够激发幼儿的学习兴趣和参与度，为其

德育素质的全面发展打下坚实基础。

（二）家园共育，强化慈孝教育的家庭支持

家长是幼儿成长过程中不可或缺的重要角色，他们的支持和配合对于慈孝教育的推进至关重要。幼儿园应加强与家长的沟通与合作，共同开展慈孝教育。可以通过举办家长会、亲子活动等形式，向家长宣传慈孝教育的重要性，引导家长树立正确的家庭教育观念。在家长会上，可以邀请专家学者就慈孝教育的理念和方法进行讲解，同时分享一些实用的家庭教育经验，激发家长参与的热情。此外，通过举办亲子活动，让家长与幼儿一同参与到慈孝教育的实践中，亲身体验亲情与孝道的力量，增进亲子关系。同时，鼓励家长为孩子树立良好的榜样，营造和谐温馨的家庭氛围，强化慈孝教育的家庭支持。家长的言传身教对于幼儿品德的塑造具有重要影响，他们的积极参与和支持能够为幼儿的慈孝教育提供有力保障，使其在家园共同育人的合力下得以更好地实现。

（三）结合传统节日，开展多样化的慈孝实践活动

传统节日是进行慈孝教育的重要契机。幼儿园可以结合传统节日，如重阳节、母亲节等，开展多样化的慈孝实践活动。例如，组织幼儿为长辈制作礼物、表演节目等，让幼儿在实践中学会感恩和回报。这些活动不仅能让幼儿深入了解传统节日的文化内涵，还能培养他们的慈孝品质和家庭观念。

德育教育视野下幼儿园慈孝课程建设的必要性和可行性不容忽视。通过实施有效的策略和方法，我们可以推动慈孝课程在幼儿园德育教育中的深入发展，为培养具有高尚道德品质的幼儿做出积极贡献。

四、慈孝课程建设的评价与优化

（一）建立科学的评价体系，量化慈孝教育成果

为了确保慈孝课程的有效性，我们需要构建

一套科学的评价体系。这套体系不仅关注知识的传授，更注重幼儿行为习惯的养成、情感态度和价值观的形成。具体来说，评价可以围绕以下几个方面进行。首先，我们可以通过故事讲解、角色扮演等形式，让幼儿了解慈孝文化的内涵，评价他们对慈孝故事、人物的认知程度。其次，观察幼儿在日常生活中是否表现出尊老爱幼、关心他人等慈孝行为，以此评价慈孝课程的实践效果。最后，通过问卷调查、访谈等方式，了解幼儿在慈孝课程学习过程中的情感体验和价值观变化，从而评估课程对幼儿情感教育的影响。在构建评价体系的过程中，我们要注意将量化评价与质性评价相结合，既要注重数据的收集与分析，也要关注幼儿的个性化表现和发展。这样的评价体系将有助于反映慈孝教育的成果，为课程改进和优化提供科学依据。

（二）定期反思与调整，持续优化课程设计

慈孝课程建设是一个持续优化的过程。我们要定期对课程进行反思与调整，以适应幼儿身心发展的需要。首先，根据评价体系的结果，分析幼儿在慈孝课程学习中的薄弱环节，有针对性地调整课程内容。其次，尝试引入新的教学方法和手段，如情境教学、游戏化教学等，以激发幼儿的学习兴趣，提高课程教学效果。最后，将慈孝课程与其他学科如语言、数学、科学等相融合，促进跨学科学习，提升幼儿的综合素养。在定期反思与调整的过程中，我们要保持开放的心态，积极吸纳各方的意见和建议，不断完善课程设计，提升慈孝课程的质量。这样持续优化课程设计将有助于更好地满足幼儿的学习需求，促进他们的全面发展。

（三）借助现代信息技术手段，创新课程呈现方式

现代信息技术手段为慈孝课程的建设提供了更多的可能性。我们可以利用多媒体、网络等，创新课程呈现方式，提高课程的吸引力和趣味性。首先，利用动画、音频、视频等多媒体教学资源，将慈孝故事、人物以更生动、形象的方式呈现给幼儿，以激发他们的学习兴趣。其次，建立在线学习平台，让幼儿可以随时随地进行学习，打破时间和空间的限制，从而提高学习效率。最后，借助虚拟现实技术，让幼儿身临其境地体验慈孝场景，增强他们的情感体验和认知深度。在借助现代信息技术手段创新课程呈现方式的过程中，我们要注意选择与课程内容相匹配的技术手段，避免华而不实的形式主义，确保技术的有效应用能够真正促进幼儿的学习和发展。这样，通过现代信息技术手段的创新运用，慈孝课程将更富有吸引力和趣味性，为幼儿营造更好的学习氛围，促进他们全面成长。

五、结语

幼儿园慈孝课程建设的评价与优化是一个系统工程，需要我们从多个方面入手，不断完善课程评价体系、优化课程设计、创新课程呈现方式。只有这样，我们才能更好地推进幼儿园慈孝课程建设，为幼儿的全面发展奠定坚实的基础。

参考文献：

[1] 宋红娟.以德育苗　健康成长——幼儿德育策略探究 [J].吉林教育，2024（04）：91—93.

[2] 翁慈雅.幼儿园慈孝课程建设探索与实践 [J].宁波教育学院学报，2023，25（03）：39—42，93.

[3] 章海飞.弘扬中华慈孝文化，引领幼儿尊老孝老——幼儿园开展慈孝启蒙教育的研究与实践 [J].中国教师，2012（20）：47—49.

[4] 浙江省宁波市倡棋幼儿园文化传承创新科研兴园育人 [J].上海教育科研，2012（01）：98.

基于集体备课的校本研修

◎张　琦

摘　要　校本研修是促进教师专业发展、提高教学质量的重要手段。集体备课是学校学科组集体活动最频繁的形式之一。利用集体备课机会开展校本研修，通过"校本化"的"个体研备、集中研讨、课堂观察、三方评议、多元反思"全过程研究，将集备、探讨、上课、观察、评价、阅读、反思、写作等融合使用，体现了"集"和"备"、"校"和"本"、"研"和"修"的多重功能。

关键词　校本研修；集体备课；课例观察；多元反思

作者简介　张琦，江苏省宿迁市宿城区教师发展中心书记、副主任，高级教师。

"校本研修"是以校为本的研究学习的简称。校本研修形式多样，途径众多，引领教师有效开展校本研修，是促进教师专业发展，提高教学质量的重要手段。本文中的"集体备课"是指本校或联合集团校、区域校同年级组、同学科教师集中起来备课研课的组织活动。集体备课是学校学科组集体活动最频繁的形式之一，集体备课过程也是教学研究过程，亦是校本研修最便利的平台。利用集体备课机会开展校本研修，能够贴近教育教学工作实际，解决教育教学过程中遇到的问题，更具针对性、时效性、研究性，突出校本化、常态化、专业化。

一、遵循"四环节备课法"，实现备课即研修

关于集体备课，笔者认为应该遵循"四环节备课法"，即"个体研备—集体评议—聚焦课堂—多元反思"。而在这四个环节中，每一个环节都是校本研修的机会和平台，将校本研修融入集体备课中，突出"集体"、做实"备课"、立足"校本"、抓牢"研修"，在集体备课中实现校本研修，在校本研修中完善集体备课，贴近教学、便捷有效，融合开展、相得益彰。

（一）在个体研备中研修

要想上好课首先要备好课，提前备课是研究如何上好课的重要一环。为提升集体备课质量，增加备课教师的责任感，在集体备课前要有个体研备。个体研备就是学科任课教师按组内指定的内容各自提前备课。备课组长在"个体研备"的基础上定期轮流指定一名教师作为主备教师。主备教师在备"课程标准、教材学材、教学目标、重点难点、班情学情、课前预习、课件制作、教法学法、教学流程、巩固练习、拓展延伸"的基础上形成"导学案"（教案和学案的结合体）初稿，并提前印发给本组教师。本组教师用主备教师提供的导学案作为集体备课第二环节集体评议的参考。这一环节主备教师是主角，要充分发挥主备教师的"主备先行"作用。其他教师也要有各自的初备和思考，为集体评议做足准备。

（二）在集体评议中研修

在个体研备完成以后，备课组长召集学科组内教师开展集中备课研讨活动，重点是进行集体评议。集体评议主要分三步进行：第一步，主备教师首先对主备单元教材内容进行分析，然后重点谈所备单元的整体设计意图及上课导学案的环

节、内容、流程、教法学法、课件使用、板书设计、练习拓展等;第二步,其他教师结合提前研究导学案时的思考,谈主要修改意见,必要时进行讨论,直至基本达成共识;第三步,主备教师根据自己备课经历和他人评课意见,明确导学案初稿修改内容,以便修改完善。集体评议后,主备教师完善导学案初稿,形成上课稿,然后将导学案上课稿提前印发给学生和听课教师,学生在导学案上完成预习要求,教师作为听评课参考。这一环节要发挥"三方评价"作用,即主备教师、参与教师、备课组长的作用。主备教师要主动作为、精心准备;参与教师要畅所欲言、各展其能,发挥补充完善的作用;备课组长要担当起组织、引领、总结的作用。

(三)在聚焦课堂中研修

主备教师在第二环节集体评议的基础上根据导学案上课稿上研讨课,本组教师走进课堂听课。听课前,组长为每位听课教师提供一份《"微视角"课堂观察量表》,以便围绕课堂教学进行"微视角"观察。"微视角"是指在进行课堂观察时,就上课的某一环节、某一知识点,或上课过程中的设计理念、目标达成、重点难点、教学手段、课件使用、教学方法、教学环节、板书作业、教师语言体态、学生参与程度等不同角度,突出重点,选择其一或若干,进行观察思考,提出意见、建议。"量表"中有质的情状表述,有量的数据分析。听课教师认真审视、填写《"微视角"课堂观察量表》后,提交给上课教师汇总分析,找到需要改进的方向、内容和策略。这一"聚焦课堂、多维观察"的实践活动,不仅实现"由经验到证据",而且实现"由经验到数据",甚至实现"由经验到技术"的实证研究,可准确、真实、有效改进课堂教学,促进提升教学水平。这一环节既有个人实践反思,又有同事交流互助。

(四)在多元反思中研修

组内教师围绕课堂教学及导学案设计和落实

情况,对照《"微视角"课堂观察量表》,结合集体备课经历,查阅相关文献和资料,围绕"微视角"的某一点或集体研备过程中某一方面,也可以就备课、上课过程的整体感受,对课堂教学中的经验和需要改进的问题进行反思、交流,集结集体智慧,形成一节比较完善的能够代表本校课堂教学特色和水平的典型课案例。在此基础上,组内教师结合理论学习和实践操作各自撰写教学反思。反思可以是教学日志、教学后记、教学随笔、课例设计、案例分析、教研心得、教研论文等,甚至可以由问题形成课题或论文,由此开展和推进研究。这样的集体备课过程,紧扣"校本"实际,贯穿并渗透着"研"和"修"的内容和功能,有理论学习,有实践操作,有研究思考,为"写"提供了素材和灵感,也通过"写"提升了教师的教学和理论水平。同时,教师撰写的反思,可以在教研或备课组群里分享,有利于教师相互学习、借鉴,形成自觉学习和认真研究的氛围。还可以编写反思或论文集,留下成长的足迹,品尝收获的喜悦,提供可借鉴的案例,作为教育教学的研究载体,意义很大。

二、植入"专业研究",达成专业助研修

"四环节备课法"是一个循环往复的过程,也是一个融通渐进的过程。为进一步提高集体备课质量,充分体现出集体备课中的校本研修功能,将"四环节备课法"走向深入,彰显研修专业性、引领性,还应在四个环节中树立课题研究思维,植入课题研究行动。用研究修炼内功,并引入外力,在借助外力中锤炼内功。即在课题研究中求突破,在专家引领中寻高点,在集团办学中达共享,在区域教研中促发展。

(一)在课题研究中求突破

课题研究是研究的重要方式,而课题的来源往往是备课和教学中的问题、困惑。如果我们在集体备课中找到问题形成课题展开研究,就能突

破我们备课中的重点、难点，解决教育教学中的具体问题。这种备课中的课题研究意识和行动，有利于校本研修常态化开展、专业化推进。所以，校本教研要结合学校、班级、学情实际，把集体备课与问题研究相结合，再将课题研究与校本培训、校本教研融合起来，锤炼提升教学和研修水平。以课题研究为推动力，建立课题研究制度，实现教研、科研相融合。运用多元反思眼光发现问题，用科研方法寻找解决教育教学中实际问题的思路和方法，聚焦实际问题，科学精准解决问题，让集体备课成为生发课题开展研究的校本研修新阵地，成为从集体备课到课题研究再到校本研修的突破点。

（二）在专家引领中寻高点

教师的专业成长离不开学科教学专家、课题研究专家、教科研管理专家等的引领。专家的来源可以是备课组内的优秀成员，更可以是外请或外聘更高段位的业内成功者。将教学资源进行整合，实行专家学者、名师骨干、学科带头人、教学能手的合力引领，"与名师对话、和专家同行、做教育智者"的专家导航活动贯穿于校本研修的始终。参与方式和内容诸如开设讲座、课堂诊断、课例研讨、主题沙龙、问题解疑、理念输送、模式探析等，全方位、多角度的专家引领活动，在教师专业成长过程中形成一种立体的专家引领式的校本研修效应。在上述四个环节的备课、研修活动中，每一环节或整个过程我们都可以邀请领导、专家、教授、名特优教师参与，给予精神上的鼓励、环境上的支持、理论上的指导、实践上的完善。诚然，专家的观点高屋建瓴，既有理论的指导又有实践的引领，对全体教师的专业成长能起到很大的促进作用，但由于单个专家一般难以做到周全，因此组建专家团队才能最大限度提高专业性，其中既包括侧重理论的，也包括倾向于实践的。值得注意的是，并不是专家的观点就一定是最好的。我们应该辩证地

处理专家所提供的优秀资源，有选择地吸收和采纳，适合自己的才是最好的，这样专家引领式校本研修才会具有真正的意义。

（三）在集团办学中达共享

通过集团化办学，可以实现多校间资源的整合和共享。例如，可以统一规划课程设置，避免重复建设；可以调配优秀师资，提高教师队伍素质；可以共享设备设施，降低运营成本。这样能够更好地满足不同地区、不同学校的教育需求，提高资源利用效率。所以在集团校开展"大教研组"教研活动、"大备课组"集体备课活动等，可以有效放大优质资源效应、提升成员校的教研水平和教育教学质量。

首先，集团校依托核心校开展教学教研交流活动，活动以到校送课、预约点课、点名约课等形式，由核心校提供"菜单"供各校选择。既可送课到校，也可网上点播。形式可以是开设示范课，也可以是同课异构等研讨课。每一次课例观摩前，执教者学校集中备课研讨，观摩后集团校集中评课研讨。这样的备课、上课、观摩、研讨、评课活动，是借助课堂，研究课堂；借助备课，课例研训；不仅可以在集团内形成浓郁的研修氛围，而且是践行真教研、深研修理念的充分体现。

其次，依托核心校的功能，按照学科特点，开展核心校、托管校、成员校的教师备课教研主题研讨活动。如某集团校围绕"部编小学语文教材语文素养如何落地"的主题开展研修活动，活动分为研讨课观摩、评课交流以及主题微讲座三个环节。集团校所有语文教师参与教研，由一位或几位教师开设研讨课，大家畅所欲言，各抒己见，真诚地分享教学中的经验，指出不足和可以改进的地方，并提出合理化建议。最后集中研讨环节互动开设了"基于问题解决教学的思考"微型讲座。研修活动从观课、评课到微型讲座，通过"围绕问题解决教"的相关思考，搭建了教师

交流与表达思想的平台，拓展了教研的深度，实现了"教研无止境，共研共成长"，加强了集团校之间教学研讨交流，达到了由校本到集团化备课、研修的效果。

（四）在区域教研中促发展

教学研究是一种专业的氛围、一种研究的文化、一种教师职业的方式，只有教师集体发挥作用，集体参与教研集备等研究，才能具有凝聚力，并形成向上的力量，促进教师专业发展。在区域内以"区域教研共同体"为基础，以强扶弱，以优带劣，构建"1+X"式校际教研共同体。以"互联网＋同步教研"技术为重要支撑，投入研修管理、课堂教学、作业设计、质量提升等方面的交流，汇集智慧、整合资源、兼顾需求，将优秀学校的校本研修经验进行有效迁移、落地。基于这样的认识，可以开展以下工作：一是建设工作室、培育站。工作室和培育站从理论学习到读书交流，从问题研究到课例研讨，从线上到线下，基于问题，紧扣工作目标，突出学科特点，开展深入备课研究。二是依托区域教研，开展"区域教研共同体"备课研究活动。活动邀请各地知名专家参与，通过备课、上课、点评、讲座等形式，面向区域教师开放，以展示带培训，多形式融合使用开展研修。既为骨干教师的培养提供了可行路径，又促进了各学科教师课堂教学能力的提升。三是以课题研究为抓手，促进教师

专业素养提升。区域内广泛开展课题研究，鼓励教师在教学中发现问题、提出问题，集思广益解决问题，营造科研兴校兴教的教研氛围。实践证明，只有从问题到课题才能激发教师教科研的积极性、引领教师走上专业化发展的道路。

三、结语

基于集体备课开展校本研修，是校本研修的一个契机、一种途径。它是集体备课又高于集体备课；它是校本研修又立足现实、凸显常态。这种形式的校本研修，既有线性的串联和思考，也有立体的多维组合，体现了"集""备""校""本""研""修"的多重功能，是将问题解决和促进教师专业发展、提升课堂教学效率集于一体，将集备、探讨、上课、观察、评价、阅读、反思、写作等融合使用。由此，集体备课变得规范有效，校本研修得到常态落实，教师教学水平和科研能力得到提升，学校教育科研生态得到专业化、品质化发展。

参考文献：

［1］郑金洲.校本研究指导［M］.北京：教育科学
      出版社，2002.

［2］韩晓芳.如何培养老师的反思教学能力［M］.
      桂林：漓江出版社，2011.

教师共同建构参与，让园本教研更有效

◎ 沈亚琴

摘　要　幼儿园教研活动是一种教育研究活动，也是由一线教师直接参与的活动。它的最终目的是解决教师在实际教育教学活动中遇到的问题，不断提高教师业务能力，实现先进的教育理念向教育教学行为转化，从而有效提高幼儿园保教质量。

关键字　幼儿园；教育研究；园本教研

作者简介　沈亚琴，江苏省昆山高新区水秀幼儿园总务主任，高级教师。

在教研活动中，教师不应该是被动的参与者，而应该是教研活动的共同设计者、合作者及资源提供者，教师不仅要信息输入，也要信息输出，并促成自我知识的更新、转化、分享。《幼儿园保育教育质量评估指南》（以下简称《指南》）颁布以后，我们以此作为教研活动的依据，认真学习、思考、落实，在学习中领悟，在反思中践行，在践行中促学，初步形成了"学习—反思—践行"不断循环的模式，迈开了学习、反思、践行并行的脚步，逐步形成了教师共同建构与参与的教研活动。

一、学习：拓展专业思维

（一）发挥好《指南》指挥棒作用，逐渐做到阅"南"越"难"

理解和尊重幼儿是科学保育教育的根本前提，然而如何理解幼儿、怎样做才能真正尊重幼儿始终是幼儿园保教工作的难点。《指南》紧紧抓住这一瓶颈问题，提出"认真观察幼儿在各类活动中的行为表现并做必要记录""能一对一倾听并真实记录幼儿的想法和体验"等评估要点。因此，我和其他教师一起制定了《指南》的学习计划，通过自主学习和集中学习相结合的形式，明确了其中的重点内容、关键指标及考查要点等。在自主

学习的过程中，我们做好批注、摘录，根据考查要点对照自己的实践工作，罗列出哪些地方是做得比较好的，哪些地方是有待调整的以及调整的方法、措施等。集中学习的时候，教师围绕教育过程和环境创设两项考查要点进行深入、系统的学习、研讨和交流，大家能够针对自己已经做到的和需要调整的进行梳理归纳，并且在此基础上制定出后期的工作目标及具体的措施，然后再运用到实践工作中。在这个过程中，我们能用学到的理论来指导自己的实践，再联系自己的实践对照理论，将自己的教育行为进行反思、调整。

每年的毕业季是大班幼儿最为留恋、憧憬的日子，基于"以生活为源、自主赋能"原则，5月上旬班级完成了毕业照微课程，幼儿在自主探究中感受成长的美好。成长在继续，幼儿的期待也在继续。倾听分享会中有幼儿说："我看过姐姐的毕业册，还拍成了微电影呢！""微电影"又引起了幼儿的共鸣。《幼儿园指导纲要（试行）》中指出，教育活动内容的选择要既符合幼儿的现实需要，又有利于其长远发展。于是一场包含多元教育内容、教育价值的个性化微电影课程应运而生。

（二）有效开展读书活动，"阅读"越专业

阅读是教师健康发展、快速成长的前提和关

键。为此,我们有效组织教师结合市、片、园三级层面推荐的书目开展读书活动。我们利用大小教研活动的时间进行共享阅读,以年级组为单位进行自主计划,利用碎片化的时间进行分享阅读等。通过自主通读、问题导读、框架精读、概念导读、实践领读以及读书分享会、读书心得交流等形式,把阅读理解与分享研讨、理论要点与日常实践连接,通过阅读提升自身专业素养,并且努力做到积极转化、学以致用。

二、行动:实践助力成长

有了理论的支撑,实践指导才会更有效。我们通过行政值班、日常走看、随堂听课及半日连续观察等不同形式对教师的一日活动组织进行观察、现场调研,了解教师在日常工作中的一些问题、困惑等。在此基础上再结合《指南》要求,主要围绕教育过程、环境创设两大方面和教师展开了讨论和研究。

(一)教育过程的关注指导

围绕教育过程,通过日常走看、半日连续自然观察等方式,观察教师在活动组织、师幼互动及家园共育等方面的策略、行为及方式方法等。对于普遍性问题,通过组织教研组长会议或者教师学习会议落实整改;对于个性化问题,通过点对点、面对面的形式及时进行现场沟通和交流,督促教师及时整改;对于个别青年教师、个别班级进行手把手的指导,如结合实例、现场示范等方式帮助教师明确在活动组织过程中如何发现和支持幼儿有意义地学习,如何拓展提升幼儿日常生活和游戏中的经验等,帮助教师发现自己的不足之处,找到了调整的策略和方法,逐渐提高教育过程中活动组织、师幼互动的有效性。

在半日连续观察时,发现有的班级幼儿在晨间基本动作练习的过程中自由、自主,能够按照自己的需求选择器械,组合摆放。但是在整个过程中缺少层次性、进阶性,对幼儿来说缺少挑

战。于是就结合现场材料、场地等进行了面对面的指导和交流,通过现场"微教研"的形式,帮助教师更形象地认识到如何在难度上进行提升,满足幼儿的挑战。又如在课间活动的时候,有些班级幼儿看似很自主、自由,但实际上还是教师在起着主导作用,不断地给予幼儿提示、提醒,幼儿并没有真正做到自由、自主。针对这一问题,我们又组织教师进行了研讨、交流,有教师建议可以开展一次"课间游戏"的微课程,把"课间游戏"这个问题还给幼儿,让幼儿自己来讨论课间可以开展的活动,并且自主制定相应的规则、要求等,从而让课间活动自主而有序。

(二)环境创设的实地交流

1. 规划自由自主的室外环境,让幼儿成为环境的主人,和环境有效互动

《指南》中关于环境创设明确地指出了两个关键指标:空间设施和玩具材料。要求幼儿园积极创设丰富适宜、富有童趣、有利于支持幼儿学习探索的教育环境。《指南》的颁布给幼儿园的环境创设带来了一些新的思考,让我们更加意识到幼儿园的环境是幼儿成长的重要依托。因此,我们追随幼儿的生活经验与发展需要,让环境因幼儿而生,因游戏而建。在户外游戏场地规划改造之前,教师和幼儿一起商量了改造的计划,让幼儿充分表达自己的想法。围绕户外区域可以有哪些内容、区域里面可以怎么玩等,经过教师和幼儿的商讨、整合后,最终确定了方案。

如在开展"秋收冬藏"主题活动后,幼儿对于果树、果林产生了浓厚的兴趣,并且都表示希望幼儿园有一片果林。根据幼儿的意愿,我们将幼儿园原来的灌木丛改造成了果林,并且根据幼儿投票的结果种植了果树。从现场规划改造到种植果树的种类再到每班认领果树,教师、幼儿都充分参与了。在果林里幼儿接近自然、探索自然、体验自然,在自然的环境中获得不同方面的发展。涂鸦天地也吸收了幼儿的讨论意见,在原

来的基础上进行了丰富和完善。首先是区域的增大，由原来的块面扩大到了整个片区。其次是空间的丰富，除了可以在涂鸦墙上创作，幼儿还可以在地上、彩沙池里以及艺术长廊墙上进行创作，在这么空旷自由的环境中，幼儿能够自主创造，体验快乐。最后，户外生活区也结合幼儿的经验、兴趣等进行了一定的改造，改造成"欢乐农场"。农场里根据幼儿户外游戏的需要，种植了蔬菜、开辟了水沟、设置了台盆和摆台等，幼儿可以在农场里结合一些现有资源、自然材料，开展种植、洗涤、买卖等与生活很贴切的游戏，实现游戏的生活化、自然化。在这个过程中，教师再一次意识到把环境创设的主动权交还给幼儿不仅能创设出更符合幼儿特点、满足幼儿兴趣的环境，同时在这样的环境中幼儿也能够真正玩起来，真正做到玩中学。

2. 调整完善室内区域活动环境、材料，满足幼儿游戏需要，让幼儿在游戏中发展

《指南》中对于环境创设的关键指标——玩具材料的第一条考查要点是"种类丰富，数量充足，以低结构材料为主，能够保证多名幼儿同时游戏的需要"。根据这一考查要点，我们在室内区域游戏的环境、材料等方面给予教师相应的指导。首先是区域上的调整，确保班级每个区域都有足够的幼儿游戏的空间。重点关注了班级建构区、阅读区的创设。在保证班级建构区、阅读区的空间的前提下，在建构区添置了很多的积木、辅助材料，满足幼儿在室内游戏的需要；在阅读区添置与主题、季节有关或者幼儿感兴趣的图书，并且阅读区能够做到"区中区"，幼儿在阅读区中可以看书、讲故事、看视频、手偶表演等。

在材料的提供方面，我们也明确了不同年龄段的班级要有适合自己的游戏材料，每个班级也要有自己的特色材料，做到阶段之间有差异，班级之间有特色。通过日常巡视，发现部分班级的室内区域游戏的材料不够丰富、难度的递增不明

显等。针对发现的问题，我们及时进行了现场微教研，通过讨论、交流，帮助教师明确了如何进行调整，在此基础上再落到实处。

对于班级主题墙、自主管理记录墙以及反映班级孩子表征的记录，我及时和教师商讨交流，要求采取适合的方法和形式。如自主墙上幼儿自主管理的内容要适合班级的实际情况，并且要有进阶性，充分体现幼儿的参与性、互动性，让幼儿能够随时在墙上进行表征、记录。

三、引领：助推内化提升

（一）挖掘问题，思维碰撞

结合《指南》，我们围绕教育过程中的"活动组织""师幼互动"开展了沉浸式的、系列性的教研活动。如围绕"基于儿童游戏的观察记录"开展了理论学习、困惑交流、优秀观察与分析学习及游戏观察记录与分析互评等各种形式的教研活动。知行合一，发掘存在的问题，教、学、研三位一体，智慧碰撞，积累经验，体现成果，在潜移默化中改变了教师以往的教育观和儿童观。

（二）深入探讨，头脑风暴

围绕"一对一倾听与记录"我们也开展了沉浸式的教研活动。通过深入研讨、交流，开展一次又一次的大教研、小教研活动等逐步帮助教师明确了如何更好地开展这项工作。学期初，请教师把自己班级在开展这项工作时遇到的困惑、问题提出来，再梳理出一些共性的问题，如小班的幼儿在自主性方面还比较欠缺，如何在一日活动中让幼儿自主地愿意记录、讲述？当幼儿会讲述但是不会画的时候可以用什么方法？有的中班幼儿的分享过于简单，就一句很简短的话，那么该如何引导？大班幼儿应该如何将倾听更好地融入一日生活各个环节中？通过集体教研、年级教研等不同的形式共同讨论这些共性的问题，梳理归纳出解决这些问题的好方法、措施等。学期中，我们组织教师开展了观摩班级"一对一倾听"活

动,请教师介绍自己班级近期"一对一倾听与记录"开展情况,并结合图文形式汇报、交流。最后提出目前在开展工作时发现的一些新的困惑、问题等,与大家探讨、交流,梳理出优化的策略、方法等。学期末,请教师就一学期来在开展"一对一倾听与记录"工作时的成效、心得等进行交流。通过这样沉浸式的教研活动,逐渐让教师对于这项工作如何开展理清了思路,找到了方向。

四、互动:以点带面,突破瓶颈

(一)交流介绍,突出亮点

由于教师存在个体差异,在教育过程和环境创设两大方面,不同班级有不同的特点、成效。有的教师在环境创设方面有很好的理念,做到了让环境成为幼儿的主人,环境与课程融于一体,幼儿和环境随时随机进行互动;有的班级教师和幼儿的互动真实有效,教师在遵循幼儿"最近发展区"的同时,遵循了"跳一跳,够得着"的原则,一日活动组织得特别有序有效……

(二)实践互动,突破瓶颈

除了教师之间的相互交流,我们还组织开展了班级室内区域游戏材料、班级自主管理墙展示观摩、班级半日活动组织展示观摩等现场教研活动。通过这样的方式,为教师营造了更加直观形象的场景,让大家有了更直接的互相学习、互相借鉴的机会,从而激发了更多灵感,帮助教师突破了瓶颈,在实践中学习,再运用到实践中进行检验。

五、目标:多元评价,走向深度教研

志和越山海,聚力共前行。教研活动不是纸上谈兵,也不是形式主义,只有真正落实到日常的工作中,让教师在教研活动的过程中共同建构和参与,才是真正的、有意义的教研活动。因此,水秀幼儿园后期将根据园所实际情况、教研活动开展情况建立相应评价制度,让幼儿园的园本教研活动更上一层楼。

参考文献:

[1]张琼,等.园本教研新视角[M].广州:暨南大学出版社,2012.
[2]沈心燕.教研支持方式的实践与思考[M].北京:北京师范大学出版社,2009.

"双减"背景下初中物理课后延时活动的构建[*]

◎沙才彬

摘　　要　高质量的课后延时活动对于培养学生综合能力有着无可替代的作用。教师应根据"双减"政策要求，全面分析物理课程教学的特点，根据学生的实际情况，科学地开展课后延时活动，让学生在相对快乐的氛围中，对物理知识进行学习，提高知识应用水平，进一步达到有效强化物理课程与质量的目的，本文就基于"双减"背景下初中物理课后延时活动构建展开了分析。

关 键 词　"双减"政策；物理；课后延时活动；初中

作者简介　沙才彬，江苏省泰州市姜堰区第四中学办公室主任，物理教师，一级教师。

　　"双减"政策的核心是减负。当前义务教育主要问题之一是学生的负担较重，一方面是由于学生日常的作业压力较大，作业管理方面不够完善，另一方面是广大家长在课余时间为孩子报名参加各种校外培训班，进一步增加了学生的负担与压力，严重影响了教育改革的发展成果，并且引起了社会的强烈反响。基于这种背景，有关部门对"双减"工作做出了重要的部署，要求学校与教师在开展教学的过程中，对教育进行深化改革，从整体上落实新的教育方针，落实立德树人根本任务。

一、"双减"背景下初中物理课后延时活动构建的困境

　　目前课后延时活动尚处于起步阶段，在此过程中暴露出了各种各样的问题，需要不断对相关体系进行完善，各方面协调配合，有效落实对策。基于"双减"政策理念，学校与教师应重点突破课后延时活动工作中的困境，对"双减"政策背景下的课后延时活动构建困境进行全面分析。

（一）学校强制与学生自愿存在偏差

　　随着"双减"政策的落实，如何有效、科学开展课后延时活动成为广大教师所面临的问题。一些学校为了确保学生接受一定时间量的课后服务，推出了"5+2"的模式。这种模式意味着无论学生是否自愿，都必须依据相关要求，参加课后延时服务，并且要保证一定的时长。而一些学校由于资源有限，导致学生的自愿选择权被忽视。学校应充分发挥资源优势，将课后的育人活动充分落到实处，尽可能地满足学生的各方面学习需求，让学生保持积极的状态，加入课后的学习活动中。

（二）学校的规制与存在的难题

　　在"双减"政策中，针对课后延时活动的具体时间，以及相关内容等方面，都提出了相应的要求。而根据有关调查显示，越来越多的课后延时活动，变成了一种补课的形式，特别是在初中

*　本文系江苏省泰州市"十四五"规划课题"依托延时服务培养初中生科学探究能力的实践研究"（tjkzd2021-075）的阶段性研究成果。

阶段，因为中考压力越来越大，有的学校为了保证升学率会以补课为主开展课后服务，这破坏了教育的公平性，同时也违反了"双减"政策的本意。

同时，"双减"政策还明确要求，学校在开展教育的过程中，应该尽可能地满足学生的各方面需求。一些学校以发展兴趣类的特色服务课程为基准，要求教师针对特色服务进行研究。从课后服务形式的角度看，不管是基础服务，还是特色服务，想要满足学生的个性化发展需求，都存在一定的难度。

（三）教师缺乏动力与能力

课后延时活动的引导者、组织者是教师，这就意味着教师在进行教学的过程中，不但要适当地增加课后延时活动的内容，还需要延长工作时间，这进一步加大了教师的工作强度。就目前的情况而言，教师的工作时间越来越长，已经明显大于规定的时间。教师在将正常工作完成之后，还需要根据实际情况，完成相关的课后延时服务，从而导致教师的时间被挤压，致使工作动力不足。长此以往，会导致教师的脑力以及体力都处于一种超负荷运转状态，这不但会影响到教师的身体状况，还会对教学质量造成影响。当前的中小学课后延时活动服务，基本上都是由校内教师完成，缺少外部力量的支持，导致开展高质量课外延时活动的难度增大。

（四）家校缺乏责任与合力

对于初中阶段的学生来说，因为身体、心理等方面发育不够成熟，需要家长与学校协同教育引导，从而形成教育合力，共同促进其成长与学习。"双减"政策的出台，就是为了缓解学生在作业方面的压力，但是也容易导致一部分家长对于孩子的教育引导、课后服务等方面产生一定的理解偏差。

"双减"政策的实施，进一步增加了学校与教师的责任，同时也可能导致一部分家长将自身

的教育责任过度转让，从而导致学生缺乏家庭教育。一些家长觉得开展课后服务，都是学校和教师的责任，对孩子的学习情况极少过问。而从初中阶段学生综合发展的角度上分析，教育是需要全方面相互融合而成的，只通过学校的教育是不够的，还需要家长的协同教育。家长及时对孩子的学习进行指导，并对孩子的习惯进行培养显得尤为重要，能凸显出家庭教育的重要作用。

（五）延时服务的时长与效率存在局限

初中阶段学生爱玩好动，且自律性相对来说比较差，注意力容易不集中，想要其长时间地在教室中学习，有一定的难度。特别是在实施课后延时活动之后，进一步加大了学生集中注意力的难度，导致课后延时活动时间存在明显的浪费现象。

除此之外，教师在参与课后延时活动时，难以时刻紧盯每个学生，学生迫于学业压力，更容易趁着教师不注意时走神。由于日常学习压力较大，学生的时间与精力十分有限，在校时间相对较长，导致其没有更多的时间与精力参加其他活动，这会对学生的人格培养造成一定的不利影响。

二、"双减"背景下初中物理课后延时活动构建的策略

课后延时活动构建对于学生和教师都有比较明显的意义。从教师的角度出发，构建合适的课后延时活动能够帮助其更了解学生，从而更容易地开展接下来的教学任务；从学生的角度出发，合适的课后延时活动能够扩大其活动范围，让其得到多方面的锻炼。怎样去构建课后延时活动，需要基于一定的原则。

（一）明确构建初中物理课后延时活动的原则

教师为了有效提升初中物理课后延时活动的质量，应增强作业实施的灵活设计，在设计作业时遵循一定的基本原则。

目标性原则。教师应有计划性地制定教学目标定位，进一步提高教学水平，给学生提供帮助，缓解学习压力，使得最终教学质量达到预期要求。[1]

针对性原则。教师尊重学生的个体需求设计有针对性的活动，这不仅符合教学客观规律，也是一种有效的因材施教方式。这样的课后延时活动设计能够有效解决如今"差生吃不了，优生吃不饱"等问题，使得不同层次的学生都能得到学习的满足，不断获得物理知识学习的成就感。[2]

多样性原则。教师应注重改变初中物理教学中的这一现状，贴合学生实际生活设计更加多元化、更富生活气息的学习形式，增强物理教学的趣味性，体现出物理课程的生活性、多元化、创新性等特点，强化学生主体地位。教师不仅承担课后延时活动的监督者角色，更承担着课后延时活动的设计者、组织者等角色，从而引导学生积极投入物理课外延时活动之中。

（二）开展合理的活动

1. 开展纸笔类活动

从目前的初中物理教学情况来看，学生的作业形式几乎都是单一的纸笔类作业，教师在布置作业的时候也普遍存在着随意性较强、量多质低等问题，导致学生学习负担较重，且占据了学生大量的课余时间。"双减"背景下加强纸笔类作业设计是有效减轻学生负担与压力的重要环节，教师在初中物理课后延时活动中应以学生核心素养发展为目的，以课程标准和学生实际情况为基准，做到融会贯通，提升纸笔类活动的科学性，以满足不同水平学生的能力与需求。[3]

例如，在进行"电阻"教学后，教师在开展课后延时活动时设计8个覆盖面较广的问题，这几道题的难度逐级上升。其中，第1至3题属于"树根型"的作业，主要对学生基础技能、基础知识的掌握情况进行考查，帮助学生形成基本的

物理学习态度，属于"送分题"，符合物理知识基础比较薄弱的学生需求。第4至7题属于"树干型"的作业，主要考查学生知识以及技能的运用情况，引导学生形成更加稳固的知识体系，有效推动学生思维发展。第8题属于"树冠型"作业，注重对优等生提供拓展性的训练。如此，根据各种层次的学生，设定了对应的作业任务，避免单一纸笔类作业难以满足不同层次学生需求的情况出现，帮助学生减少了无效作业时间，增强了学生的学习成就感。

2. 开展探究类活动

教师想要促使学生形成科学思维、科学态度等学科素养，单纯依靠"题海战术"是无法有效实现的，应注重引导学生实际参与探究活动，帮助学生在探究活动中不断提高观察能力、思考能力、动手能力等。因此，教师应开展探究性的初中物理课后延时活动，以课程标准为目标，融合生活元素，引导学生将物理知识与现实生活现象结合，从而提高其综合能力与素养，弱化理解难度。[4]

例如，在进行"物体的浮与沉"教学之前，教师准备苹果、乒乓球以及玻璃瓶等器材，利用课后延时服务时间要求学生自主尝试完成"物体的浮沉条件"这一探究作业，使学生形成初步认识。再结合教师的现场指导，加深学生理解程度，在潜移默化中帮助学生提高观察、思考等能力。

3. 开展合作类活动

教育是一个学校与家庭相互配合的工作，家庭是学生成长的重要场所，家长是教育孩子的中坚力量，更是课后延时活动顺利开展的主要因素之一，家庭教育在孩子成长道路上不可缺失。因此，教师在开展初中物理课后延时活动时，应充分发挥家长的作用与价值，让家长明白除了需要充分支持、配合学校课后延时活动工作之外，还应增强责任意识，承担起家庭教育的责任。这样

能对学生进行全面教育，且构建良好的家校合作共育关系。[5]

例如，教师与家长取得联系，并鼓励家长不断提升自我，使家长树立起科学的教育观念，根据孩子的成长、学习情况配合学校教育工作的开展，避免急于求成，也不可以不管孩子，放任自流。其次，初中阶段是学生各方面发展的重要阶段，家长必须做好引导工作，给予充足的陪伴，并对学生的心理状态予以充分重视，在课后与孩子进行积极沟通，帮助孩子良好性格习惯的养成。最后，在家校结合共育模式下，家长应与教师及时沟通孩子的具体学习情况和课后服务情况，与学校紧密配合，形成完整的教育体系，保证孩子健康成长。如此一来，通过家校合作活动能发挥多方面的教育价值，帮助学生缓解学习压力，共同关注、促进学生身心健康成长，使其在取得良好学习成绩的同时，能够获得综合发展。

三、结语

"双减"背景下着重强调减轻学生的压力与负担。初中物理课后延时活动是学生学习物理知识、提高能力的重要补充，只有遵循教育规律，培养学生正确的学习习惯，并不断发掘教育资源，组织学生参与多样化的课后延时活动，才能聚焦于学生核心素养的提升，引导学生走出题海，实现学生整体学习活动的减负提质。

参考文献：

［1］聂贤苗，马雨欣 ."双减"背景下教师教学的新困境及其应对［J］.教学与管理，2022（25）：32—35.

［2］张艳艳 ."双减"政策下学校课后服务的价值重构［J］.湖南科技大学学报（社会科学版），2022，25（04）：158—164.

［3］卫晓明 ."双减"背景下初中物理教学设计策略［J］.甘肃教育研究，2022（05）：113—116.

［4］周升亮 .初中课后服务质量评价指标体系的构建与实施［J］.教学与管理，2022（13）：15—18.

［5］黄晓玲 ."双减"背景下学校课后服务的课程化实施［J］.教育科学论坛，2022（04）：25—29.

集团化办学下幼儿园教研管理问题与对策
——以泰州市海陵区 S 幼儿园教育集团为例

◎姚雅雯

摘　要　随着泰州市海陵区中心城市建设发展，为满足社会对优质幼儿教育的需求，S幼儿园的办学规模不断扩大，形成了"总园＋分园"、一园三区的集团化办园模式。随着集团化办学模式的推进，现有教育管理工作面临很多新的问题和挑战，如教研人才资源不平衡、教研制度落实力度不一、立足园区发展需要的教研团队亟待组建、集团内教研联动机制不完善等。针对当前教研管理出现的各种问题，笔者进行了梳理和思考，并结合幼儿园教育集团发展的实际提出相应的策略。

关键词　集团化办学；教研管理；园本教研

作者简介　姚雅雯，江苏省泰州市城东中心小学附属幼儿园经东分园教师。

　　集团化办学是指两个或两个以上的学校或校区在办学及学校发展过程中，在共同的理念引领下，在一定契约约束下所形成的具有规模效应的合作关系。随着泰州市海陵区中心城市建设发展，为满足社会对优质幼儿教育的需求，S幼儿园的办学规模不断扩大，目前已形成了"总园＋分园"、一园三区的办园模式。在集团化办学背景下，S幼儿园面临的最大挑战有两个：一是人才资源的稀释、断层和不平衡；二是集团各园区、各部门之间管理繁冗且缺乏有效的联动机制。针对当前教研管理出现的各种问题，笔者进行了梳理和思考，并结合幼儿园教育集团发展的实际提出相应的策略。

一、集团化办学下公办园教研管理存在的问题

　　教研管理作为幼儿园管理工作的重要组成部分，是幼儿园可持续发展的长效动力来源。随着教育研究的不断深入以及集团化办学模式的推进，现有教育管理工作面临很多新的问题和挑战，如教研人才资源不平衡、教研制度落实力度不一、立足园区发展需要的教研团队亟待组建、集团内教研联动机制不完善等。

（一）教研人才资源重"总园"轻"分园"

　　S幼儿园是以"总园＋分园"构成的紧密型教育集团，分园均为小区配套的新建园。总园和分园在师资力量和人才配备上不均衡。首先，总园教师专业素养强，教学经验丰富，骨干教师占比达60%，而两个分园年轻教师占比较大，其中Y分园30岁以下的年轻教师占比接近65%，年轻教师在教学实践、教科研能力方面存在明显不足。其次，近年来总园有不少优秀骨干教师和教研管理人才输送到分园或调动、交流到区域内其他姐妹园，导致总园的教科研力量被稀释、被削弱，教研人才培养压力骤增。最后，集团内教研和管理人才的流动，导致原先成熟的教研团队被打破，各园区的教研团队需要重组、调整和磨合，这导致教研活动的质量得不到保障。

（二）教研管理制度重"同质"轻"异化"

　　当前S幼儿园总园具有较成熟的教研管理制度，从组织建设、课题研究、教科研工作管理、

教研考核和激励等多个方面对幼儿园教研工作进行全程监控、指导和评估。按照教育集团资源共建、共享的原则，各园区基本沿用总园的教研管理制度。

尽管这项制度保障了幼儿园教研工作的有序开展，但也存在两个问题：一是教研管理制度适宜性不足。集团内各园区教师队伍、教研力量以及教研问题的差异导致其需要不同的管理制度予以支持，因此仅沿用总园的管理制度或仅对制度稍作修改并不能完全解决管理制度适宜性不足的问题。二是当前的教研活动管理制度仅局限于本园区，针对集团内如何联动教研、共享教研缺乏明确的管理规划和工作计划，针对整个教育集团的教研发展规划、教科研队伍建设也较欠缺。

（三）教研联动重"交流"轻"研究"

据了解，S幼儿园每年会开展一些以集团为单位的教研活动，包括教研培训、游戏环境观摩、幼儿成长手册交流等。总园开展大型的教研活动时，也会组织分园的教师学习与观摩。总园以信息化课题为依托，借助网络研修社区，分享教研资源、组织线上研讨，但持续性效果不佳。

集团内共享与联动教研更侧重学习观摩和交流分享，缺乏围绕共性问题的研讨和研究，也缺乏围绕问题解决的持续性实践与反思，故而难以形成以问题为导向、以同频共振为情感依托的联动教研。

二、集团化办学下公办园教研管理问题的原因分析

（一）人才培养的全面性不足

S幼儿园结合教师专业发展现状及教师个人发展需求制定了幼儿园教师三年发展规划，以分层培养的模式，分为新手型、骨干型和专家型三个梯队，制定专业发展目标。不仅要为教师的专业成长预留发展空间，还要考虑教师管理能力、组织能力、协调能力等多方面能力的培养和发展。总园优秀教研和管理人才的输出，增加了

人才培养的压力，然而教研人才不等同于管理人才，由于人员流动和调动，后备的管理力量要迅速走上管理岗位，不仅需要较强的专业能力更需要一定的管理经验。

（二）对集团核心校的依赖性过强

从S幼儿园目前的发展现状来看，总园承担了更多教研规划、课题研究、教研培训、教研活动等任务。这是由于总园的教研组织架构、教研活动承办、课题管理等工作较为成熟，尤其是总园拥有更多的骨干型教师和专家型教师，使得总园从班级教师的微型教研组到各教研组乃至园所的教研团队经验更为丰富、教研质量也更稳定。

因此，在集团化运行的过程中，总园的教研力量更强，也承担了更多的教科研任务，包括跨园区的课题研究，也需要总园的支持和指导，分园的教科研工作在受总园帮扶的过程中增强了依赖性，同时也在无形中受到了一定的限制。

（三）对集团化办学的联动优势把握不足

集团化办园的一大优势在于将分散的资源优化整合，在该模式应用中，多所幼儿园的教师可以共同创建优质的教学和教研环境，实现多所幼儿园多层次、以强带弱的共存与发展。当前S幼儿园有一园三区的办学规模，总园地处城中地区，作为区域内的优质名园，在扩大办学规模的同时，将优质教育资源向城南和城东进行拓展和辐射。

作为以总园为核心校的紧密型教育集团，S幼儿园教育集团教研联动更倾向于"总园输出—分园学习"的模式，具体表现为围绕总园规划和提出的教研问题共同研讨，这样的联动模式不能更好地调动分园教师的教研积极性，也不利于分园教研骨干和独立教研团队的培养。

三、集团化办学下公办园教研管理问题的对策

（一）全景式储备构建教研团队

1. 确立全景式教师成长目标

教研管理是幼儿园发展的基石，支撑着幼儿园教育的创新、内涵的发展和师幼发展平台的建

构。研究显示，幼儿园教研管理主要包括工作的核心；教研组、工作的出发点；实际问题、工作目的；提升教师队伍素质和教学质量。可见，教研骨干的培养和教研团队的组建是教研管理优化和提升的重要动力。而教研骨干的培养不仅要注重专业素养，更要以动态、完整、立体的视角去助推教师的全景式成长。

2. 自上而下做好顶层设计

以整体规划为教师专业成长留足准备时间，同时考虑到教师成长速度、专业内外兴趣喜好的差异，既关注教师的专业成长，又注重个性化发展，发挥非专业的积极影响。根据规划指导教师制定和持续性地完善专业成长规划，满足教师多层次、多元化的发展需求，实现教师有计划、有方向、有成效地成长。同时，作为公办园，分园创办后存在一定程度上同工不同酬的现象，不在编的教师的专业成长也要纳入规划。

3. 自下而上组建教研团队

第一步，以共同发展愿景、兴趣与问题为团队核心，教师自由选择或组建跨园区的教研小组，打破年龄和专业发展水平的固有限制，借助信息化平台随机分享教育教学感悟和问题，及时开展研讨。第二步，围绕共性问题定期开展线下研讨，采用主持人轮换制，让小组中的每个成员都有梳理研究问题、组织研讨机会，提升教师的教研组织和管理能力。第三步，对教师自发组建的教研小组进行整合，构建教师专业发展共同体，并匹配专家团队，对教师专业发展共同体进行导师制的专业引领和过程性指导。

（二）简单化运行提升管理效率

作家拉塞尔·毕肖普认为，项目工作和家庭工作常因冗长、恼人、过时的程序或政策而变得繁重。在笔者的采访中，中层管理人员的感受不同于普通教师，他们认为集团化带来的光环背后同时增加了工作量，园所之上还有集团的管理，层级变多，办事流程烦琐，管理效率降低。毕肖普将简单化的思维模式转化为"停止、开始、继续"的流程以简化策略提升管理效率，这个方式同样可以应用于集团化办学背景下的教研管理工作。

1. 停止——制定联动教研管理制度

集团化办学最大的优势在于优质教育资源的共建共享，集团内联动教研不仅有得天独厚的优势，更是盘活教科研资源的必要举措。因此，要促进集团化办学下教研管理的优化和提升，首先要基于"联动教研"对现有教研资源进行梳理和提炼，从顶层进行整体规划并论证，随后制定联动教研管理制度并有计划地予以实施。可单独制定联动教研管理制度，从组织机构、管理制度、工作内容以及考评细则等方面明确要求，或是在现有的教研管理制度中予以补充。

2. 开始——明确集团内联动教研的核心要素

有效推进和实施集团内的联动教研，首先要明确联动教研的核心三要素——教研人才、教研团队、教研问题。第一步，对各园区的教研人才和管理后备力量定期进行选拔并建立人才库，同时对人才资源进行整合、重组和优化调配，确保集团各幼儿园内教研力量的最优配置与最佳的运行机制。第二步，重点关注多层级的教研小组和发展共同体的组建，定期组织教研小组的优秀教研案例以及教研小组组建经验分享，在实践中加强各园所、各梯队教师之间的业务交流与磨合。第三步，突出联动教研中的问题意识，包括共性问题和真实问题的发现与提炼，开展以问题导向的联动教研。

3. 继续——保留当前可以运行的简单化管理规则

集团化的精细化教研管理可以明确工作的具体内容和要求，但也带来了层层审议的麻烦。从独立园所到集团化发展，教研管理在追求规范化、精细化的同时，还突出扁平化和简单化，从而提高教研管理工作运作的效率。各园区在独立开展教研工作的同时，每学期围绕共享主题开展教研联动，活动的方案和具体实施由园区的教研部门负责人共同商议，并明确各自负责的板块和环节。如 S 幼儿园开展的集团园班级游戏环境创设的联合教研活动，是将前期各园共同的研讨话题进行整合，各园区教研管理人员负责梳理问题、组合研讨，各园区的教师也是随机组合共同研讨分享。

（三）项目式共享加强教研联动

集团内各园所之间之所以缺乏联动，除了自上而下的规划不够重视，更重要的是缺乏有效的联动范式，应激发教师联动教研的积极性并能有效支持教师参与。"项目式"联动教研是指以一学年为周期，通过前期的调研，确定共同研修的主题，立足专家引领、同伴组队和专业发展共同体三个研修项目，通过问题驱动—复盘共议—实践探索—成果展示，支持集团内全体教师全程、全面地参与联动教研，以实现优质教研资源共享的最优化。

首先，论证研修项目的价值和实施路径，如专家引领侧重方向引领、夯实理论；同伴组队突出自主结合、以点带面、经验共享；专业发展共同体则强调同质共研、同进共赢。

其次，项目式共享的是"真问题"，关注持续性的"真实践""真思考"，通过集团化的资源共享，可有效丰富各类问题的表现样态，也在更丰富的教育情境中，拓展并验证实践的多样性和有效性。

再次，以教师的实际问题作为项目的主题，不仅调动教师参与教研的积极性，更促进各园区之间的相互融通，以教研为切入口，实现总园与分园之间扩展与质量的同步提高。

最后，项目的推进本身就是一个完整的系统，相比很多时候在联动教研中出现的虎头蛇尾、有头无尾的现象，项目从问题到实践再到成果展示形成闭环。而且可以以鼓励教研小组或个人主办的形式去承办联动教研项目，在充分发挥教师和教研组优势的同时，明确各部门、各组、个人的职责，从而保障联动教研的成效和质量。

四、结语

集团化办学作为一种新生事物，在发展的过程中总会遇到各种各样的问题。在面对这些问题的时候，我们要做的不是一味地"同化"，而是要积极思考并予以"顺应"。我们要充分发挥优质公办园教育教学的管理优势，在输出品牌、理念和管理制度的同时，也要根据现实发展需求敢于改变和创新，这样才能使得我们在新的挑战和发展中将优质资源升级。

参考文献：

[1]张爽.基础教育集团化办学的模式研究[J].教育研究，2017，38（06）：87—94.

[2]董嘉城.幼儿园园本教研管理的现状及对策——以赤峰市红山区七所公立幼儿园为例[D].呼和浩特：内蒙古师范大学，2018.

[3]沈亚娟.完整的人与全景式成长：幼儿园教师成长的应有立场与路径[J].学前教育研究，2017（07）：67—69.

[4]布鲁诺.幼儿园管理者的情商课 学会有目的地领导[M].洪秀敏，等译.北京：中国轻工业出版社，2021.

你好，苏州
——水乡资源融入中大班幼儿户外活动的探究
◎濮亚仙

摘　要　苏州水乡文化作为一种独特的本土传统文化，是极为珍贵的文化资源。将水乡文化元素融入幼儿的户外活动，是一种有效的教育方式，有助于培养幼儿的观察力、动手能力和探索精神，使他们能够在亲身体验中感受到苏州水乡文化所蕴含的质朴与文明。本研究以中大班的幼儿为对象，通过深入调查水乡文化资源，精心设计户外活动环境，组织丰富多样的游戏活动，以及延伸相关课程，全面探讨水乡资源在中大班幼儿户外活动中的应用与实践。

关键词　中大班幼儿；水乡资源；户外活动

作者简介　濮亚仙，江苏省苏州工业园区斜塘街道星湖幼儿园团支部书记，二级教师。

《幼儿园教育指导纲要（试行）》《3～6岁儿童学习与发展指南》均指出，幼儿园应确保幼儿每日户外活动时间不少于2小时。为了拓展幼儿对水乡元素的认知，我们可以将水乡资源巧妙地融入中大班幼儿的户外活动。结合水乡资源与游戏活动的需求，将水乡文化与游戏精神相联系，可以为幼儿打开一扇了解水乡特色、感知苏州文化、传承苏州文明的大门。通过这扇大门，幼儿将能更深入地探索本土文化的魅力和生活的奥秘。

一、调查水乡资源，走近苏州的水乡文化

（一）调查苏州的水乡资源

为了将苏州的水乡资源有效融入中大班幼儿的户外活动中，首要任务是详尽地调查苏州所拥有的水乡资源，并从中筛选出适合户外活动的资源。这一调查过程，教师和幼儿应共同参与。

从成人的视角出发，教师可以考虑如松果、树枝、砖瓦等自然和人造物品作为水乡资源的代表。在选择这些物品时，必须重视其安全性和可持续性，确保幼儿在活动中的安全。从幼儿的兴

趣出发，他们可能更倾向于苏州的民间小游戏、苏式团扇、苏州小吃等。通过教师和幼儿双向的调查，我们不仅能够收集到更广泛、更全面的水乡资源，还能确保这些资源在户外活动中得到合理、有效的利用。

（二）走近苏州的水乡文化

通过实地走访苏州的文化基地，并运用象征性符号进行记录，我们可以在开展户外活动前获取初步的调查结果。接下来，对这些结果进行分类、归纳和整理，为后续的物品收集工作提供明确的指导。这一过程不仅是调查和收集的过程，更是一次深入探索苏州水乡文化的旅程。在共同收集水乡资源的过程中，教师和幼儿逐渐熟悉并深入了解这些资源，从而加深他们对水乡文化的认识和理解。

二、创设户外活动环境，初探苏州的水乡文化

（一）利用水乡资源创设户外活动环境

幼儿在与环境的互动中，能够汲取丰富的文化知识。为了充分利用苏州得天独厚的水资源，

我们在幼儿园"农家乐园"游戏区域周边特意种植了水八仙。在这片绿意盎然的农家乐园里，幼儿不仅可以近距离观察水八仙的生长过程，感受大自然的神奇魅力，还能用自己的方式记录它们的成长变化。他们或许会用画笔描绘出水八仙的美丽姿态，或许会用文字记录下它们的生长点滴，甚至会用相机捕捉下它们在不同季节中的变化。这些记录不仅让幼儿更加深入地了解水八仙的生长规律，还培养了他们的观察力和创造力。当水八仙成熟之际，更是幼儿翘首以盼的时刻。他们迫不及待地想要亲手采摘红菱、茭白等，然后清洗干净，切成适当的大小，在教师的指导下，幼儿将亲手制作水八仙菜干、酱菜等美食。在这个过程中，他们不仅学会了如何烹饪美味佳肴，还体验到了收获的喜悦和劳动的乐趣。

（二）在环境创设中初探苏州的水乡文化

置身于环境之中，细心观察其特征，深入探索其意义，解读其内在价值，再将这些理解融入环境中，形成"源于自然，回归自然"的良性循环。在这一过程中，教师应积极引导幼儿共同参与环境的创设，发掘水乡元素，理解其背后的深层含义，感受其文化精神。

蓝印花布，这一苏州水乡的独特织物，早已成为水乡文化的一张鲜明名片。在户外活动中，蓝印花布更是被广泛应用，成为展示和装饰的重要元素之一。它以其独特的蓝色调，与周围的环境形成鲜明的对比，仿佛一幅生动的画卷。幼儿在这样的环境中玩耍，不仅心情愉悦，更能在无形中感受到自然与人文的和谐统一。幼儿在欣赏蓝印花布的同时，也会对其背后的文化故事产生浓厚的兴趣，从而引发他们的探索欲望。这种以蓝印花布为代表的环境创设方式，正是实现环境教育初衷的有效途径。环境教育不仅仅是让幼儿了解自然环境，更重要的是培养他们的环保意识和责任感。通过蓝印花布等具有地域特色的元素，我们可以让幼儿更加深入地了解家乡的文化和历史，从而激发他们对家乡的热爱和保护之心。

此外，蓝印花布的应用还能让幼儿在亲近自然的同时，感受到传统工艺的魅力。蓝印花布的制作过程烦琐而复杂，需要经过多道工序才能完成。这种传统的手工艺，不仅体现了人们的智慧和创造力，更是一种对自然的敬畏和尊重。通过了解蓝印花布的制作过程，幼儿可以更加深刻地认识到人与自然的和谐相处之道。总之，蓝印花布在户外活动中的应用，不仅为活动增色添彩，更实现了环境教育的目标。它以其独特的魅力，引导幼儿走进自然、了解文化、探索未知。

三、设计户外活动游戏方法，整合水乡资源

（一）设计户外活动游戏方法

幼儿园活动是以"游戏"为基本活动的，将水乡资源融入游戏，有助于幼儿更好地理解水乡文化。在师幼共同调查的基础上，鼓励幼儿与教师一同设计游戏方案，让幼儿积极参与，提升其积极性和自主性。

在众多的苏州民间小游戏中，跳房子游戏是一个简单而又极富创意的游戏。这个游戏要求幼儿不仅设计出格子的形状和大小，还要在格子上融入水乡元素进行图案创作。幼儿可以在格子上画出小船、荷叶、荷花等水乡元素，甚至可以将自己对于水乡的理解和想象融入其中。这样的创作过程，既培养了幼儿的创造力和想象力，又让他们在游戏中深入了解了水乡文化。此外，为了让游戏更加生动有趣，我们可以鼓励幼儿自主决定格子的摆放位置。他们可以根据自己的喜好和创意，将格子摆放成各种形状，让整个游戏场地都充满了水乡的气息。

在游戏过程中，我们还可以结合童谣来增加游戏的趣味性。这些童谣不仅可以让幼儿更好地掌握游戏的节奏和规则，还可以让他们在吟诵的过程中感受到苏州文化的魅力。为了让童谣更加

具有水乡特色，我们可以鼓励幼儿根据游戏的内容和场地的布局，自发创作与水乡相关的童谣。这样的创作过程，不仅可以让幼儿更加深入地了解水乡文化，还可以培养他们的语言表达能力和文学素养。这样的教育方式，幼儿可以真正成为游戏的主导者，他们在游戏中不仅体验到了乐趣和挑战，更深刻地感受到了水乡资源及文化的独特魅力。这样的教育方式，不仅有助于培养幼儿对于家乡文化的认同感和自豪感，还可以为他们的全面发展打下坚实的基础。

（二）解决问题，整合水乡资源

在设计户外活动的游戏方法时，教师经常需要面对各种挑战和问题。其中，如何巧妙地运用各种元素和资源，以创造出既美观又富有教育意义的游戏环境，是一个至关重要的环节。这个过程充满了探索和尝试，正如幼儿在游戏中所展现的那样，他们通过不断尝试和改变，逐渐整合资源，最终找到最适合自己的游戏方式。

在水乡资源的利用上，这种探索和尝试的过程尤为明显。水乡资源以其独特的自然风光和深厚的文化底蕴，为户外游戏提供了丰富的素材和灵感。然而，如何将这些资源发挥到极致，使游戏既有趣又有教育价值，这需要教师进行深入的思考和实践。作为教师，我们在幼儿游戏的过程中扮演着多重角色。首先，我们是幼儿的支持者。当幼儿遇到问题时，我们要鼓励他们积极寻找解决问题的方法，并勇敢地去尝试。这种支持不仅体现在语言上的鼓励，更体现在为幼儿提供必要的资源和条件，帮助他们实现自己的创意和想法。其次，我们是幼儿的合作者。在与幼儿共同游戏的过程中，我们要接纳他们选择的可能性，尊重他们的创意和想法。同时，我们也要适当地提出自己的意见和建议，帮助幼儿更好地整合资源，提高游戏的质量和效果。最后，我们是幼儿的引导者。在游戏的过程中，我们要关注幼儿处理资源的能力和方法，尊重他们的选择和决定。同时，我们也要引导他们思考水乡资源的文化价值，让他们在游戏中感受到家乡的美好和自豪。

四、创设特色课程，深入体验苏州的水乡文化

（一）充分利用水乡资源创设特色课程

水乡地区蕴含着丰富的资源与素材，这些元素和材料具有极高的价值，能够衍生出多样化的活动内容。教师可以根据某一特定元素或产物的特性，设计一系列延伸活动，从而构建出独具特色的课程体系，帮助幼儿深入理解水乡文化的内涵。

以蔺草为例，这是一种在苏州地区常见的植物，其纤维可编织成凉席、杯垫等手工艺品。其优美的形态和实用性，不仅展现了水乡文化的独特魅力，也为我们提供了一个绝佳的教育资源。首先，可以设立一个蔺草作品展示区，将各种精美的蔺草手工艺品陈列其中，供幼儿观摩学习。这样的展示区不仅能够吸引幼儿的注意力，激发他们的好奇心，还能够让他们直观地感受到蔺草的美丽和实用性。除了展示区，教师还可以组织幼儿进行蔺草编织技能的学习。通过教授简单的编织技巧，让幼儿亲自动手操作，不仅能够锻炼他们的动手实践能力，还能够培养他们的耐心和细心。在这个过程中，幼儿会逐渐掌握编织的基本要领，学会如何将一根根蔺草纤维编织成美观实用的手工艺品。为了进一步激发幼儿的想象力和创造力，教师可以组织他们进行蔺草作品的创作实践。鼓励幼儿发挥自己的想象力，设计出别具一格的蔺草作品。这样的创作过程不仅能够锻炼幼儿的创新思维，还能够让他们在实践中感受到成功的喜悦。

此外，教师还可以将蔺草编织与美术实践进行融合展示。例如，可以组织幼儿进行蔺草编织画的创作，将编织技巧与绘画相结合，创作出具

有独特美感的作品。这样的活动不仅能够拓宽幼儿的艺术视野，还能够培养他们的跨学科整合能力。通过这一系列以蔺草为主题的活动，幼儿不仅能够深入了解和感受水乡文化的魅力，还能够在实践中提升自己的动手能力、想象力和创造力。这样的教育方式不仅符合幼儿的身心发展规律，也能够为他们的全面发展奠定坚实的基础。

（二）以"课程游戏化"的形式深入体验苏州的水乡文化

以往，教师对于水乡元素这类知识的传授，常常只停留在表面层次。其中的原因有两方面。首先，由于幼儿的年龄较小，他们的理解能力相对有限，难以深入领会复杂的文化内涵。其次，传统的水乡文化知识对于幼儿来说可能显得相对枯燥，缺乏足够的吸引力，因此他们难以真正投入其中，更无法获得深入的体验。

在这种情况下，教师往往只是将水乡资源作为活动材料来使用，而并没有真正发挥它们的潜力。幼儿只能按照教师的指导来进行游戏，而无法自主选择玩什么、怎么玩、和谁玩。这种方式限制了幼儿的创造性和自主性，不利于他们对水乡文化的深入理解和体验。

如果我们能够提供丰富的水乡资源，并允许幼儿自由选择和使用这些资源，那么情况就会大不相同。幼儿可以根据自己的兴趣和喜好来选择游戏内容和方式，从而更加主动地参与到水乡文化的探索中。他们可以用这些资源来调整活动内容和游戏方式，创造出更加多样化、有趣的游戏。

在这个过程中，幼儿对于水乡文化的理解将不再仅仅停留在"这是什么"和"有什么用处"的层面，而是能够深入领会到"什么什么也可以怎么样"的层面。他们将能够发现水乡文化的多样性和丰富性，从而更加深入地理解其内涵和价值。这种深入的学习和理解，将有利于培养幼儿的创造力、想象力和探索精神，为他们的未来发展打下坚实的基础。

五、结语

针对水乡资源在幼儿户外活动中的运用，不仅符合现今教育的发展潮流，而且为幼儿提供了一个更加自由、自主的学习环境。苏州，作为江南水乡的代表，其丰富的水乡文化为幼儿教育提供了宝贵的资源。水乡资源的运用，不仅可以让幼儿更加直观地了解苏州的传统文化，还能在亲身体验中感受中华文明的博大精深。为了充分发挥水乡资源的优势，教师在开展中大班幼儿的户外活动时，需要对苏州水乡文化进行深入挖掘。在保持传统的同时，教师还需要进行富有创意的整合与应用。通过各种各样的活动，使幼儿能够热爱苏州，热爱中华文化。

参考文献：

［1］中华人民共和国教育部.3～6岁儿童学习与发展指南［M］.北京：首都师范大学出版社，2012.

［2］苏雅莉.本土资源在幼儿园主题活动中的运用和探究［J］.吉林教育，2016（02）：155.

［3］张凤.基于幼儿生活的二十四节气文化活动探索［J］.散文百家，2020（11）：95.

［4］苏桢雅.浅谈幼儿园户外活动资源与"开发"［J］.新一代（理论版），2020（02）：1.

融合教育导向下的幼儿园特殊需要儿童教育探析

◎王燎原

摘　要　融合教育是现代化教育体系中相对特殊的存在，在开展融合教育的时候，教师需要同时兼顾特殊需要儿童和普通儿童，引导特殊需要儿童逐步向普通儿童靠拢，逐步满足特殊需要儿童的学习成长需求。学前融合教育虽然在近几年得到了有效发展，但仍面临着诸多挑战，如社会接纳性不足、融合教育体系不够完善等，因此幼儿园教师需要立足于学前融合教育，深入研究学前融合教育的特点，为学前融合教育的优化奠定基础。本文以幼儿园特殊需要儿童教育为中心，对融合教育导向下幼儿园特殊需要儿童教育进行探析。

关 键 词　融合教育；幼儿园；特殊需要儿童

作者简介　王燎原，江苏省如皋市长江镇车马湖幼儿园保教处主任，二级教师。

学前融合教育指的是将 3—6 岁的特殊需要儿童与普通儿童融合在同一场景下进行教育，教师要为特殊需要儿童提供支持与辅助，保障特殊需要儿童可以与普通儿童一起学习成长，帮助特殊需要儿童逐渐适应正常的学习模式与生活模式。

一、融合教育导向下幼儿园特殊需要儿童教育研究背景

（一）融合教育的兴起与发展

融合教育起源于 20 世纪七八十年代，美国学者首次提出了融合教育理念并引起了教育界的关注，1994 年联合国在《萨拉曼卡宣言》中正式认定"融合教育"为各国教育发展的方向。我国由于历史原因，融合教育的发展相对较晚，但是同样得到了教育工作者的重视，这也为融合教育在我国的应用奠定了基础。

（二）幼儿园特殊需要儿童受教育权益的关注

特殊需要儿童是指那些因为身体、智力、情感、行为上的障碍或者其他原因，在学习和参与活动时需要额外支持和服务的儿童。随着教育公平理念的普及，社会对于幼儿园特殊需要儿童的教育权利给予了更多的关注，这种关注不仅体现在法律层面上对特殊需要儿童教育权益的保障，还体现在教育实践中对其教育内容、方法、环境的适应性和可接受性的不断探索和优化。正是因为特殊需要儿童需要格外关注，所以在学前融合教育中，教师要深入了解特殊需要儿童的成长需求，灵活调整教育策略，为特殊教育儿童创造良好的学习成长环境。

二、特殊需要儿童特点

（一）特殊需要儿童的分类及特殊教育需求

特殊需要儿童通常根据其障碍的性质被分为多个类别，包括但不限于智力障碍、学习障碍、情感障碍、语言障碍、身体障碍、多重障碍等。这些不同类别的特殊需要儿童在教育上的需求也

各不相同。在学前融合教育中，教师需要针对不同特殊需要儿童的需求灵活提供教育内容，以此确保特殊需要儿童可以融入正常学生群体中。

（二）特殊需要儿童的认知、情感、社交等方面特点

特殊需要儿童在认知发展上会表现出与同龄儿童不同的发展节奏和模式。例如，智力障碍儿童的抽象思维能力和问题解决能力较弱。在情感和社交方面，特殊需要儿童可能存在情感表达和理解的困难，社交技能学习也比较缓慢。此外，特殊需要儿童还存在孤僻、性格易怒等特点，这些问题很容易给融合教育的有效开展带来负面影响。

三、融合教育导向下幼儿园特殊需要儿童教育面临的问题

融合教育尽管对特殊需要儿童的成长有利，可是在实际的落实过程中，教师很容易遇到一些问题，这些问题严重影响了幼儿园教育工作的正常开展。

（一）特殊需要儿童难以适应学习环境

特殊需要儿童的认知、智力、情感等方面存在缺陷，这导致特殊需要儿童很难适应幼儿园学习环境。例如，一旦幼儿园内环境过于嘈杂，那么就可能影响自闭症儿童的注意力。此外部分特殊需要儿童的心理承受能力较差，很容易受到外界影响，表现出躁怒的情绪，这会导致特殊需要儿童在幼儿园环境中格格不入，严重影响了幼儿园课堂的构建。

（二）特殊需要儿童存在社交障碍问题

特殊需要儿童由于语言能力和社交互动能力的限制，在日常沟通交流过程中很难表达出自己的想法和需求，这也导致其他幼儿无法理解特殊需要儿童的想法和意愿，而且特殊需要儿童和普通儿童在沟通交流的过程中难以正常互动，这样便会导致特殊需要儿童难以融入普通儿童集体。

不仅如此，部分普通儿童受到他人影响，还可能对特殊需要儿童产生偏见，排斥与特殊需要儿童共同游戏，这种情况会导致特殊需要儿童在幼儿园内受到冷落，最终影响特殊需要儿童情感发展和自我价值的建立。

（三）特殊需要儿童难以融入集体活动

在以往的幼儿园教育工作中，教师往往是按照普通儿童的学习能力设计集体活动，而特殊需要儿童的理解能力、思维发展远逊于普通儿童，这很容易导致特殊需要儿童难以融入集体活动。例如，存在智力障碍的晨晨，他很难理解集体活动中的知识内容，在正常集体活动中，普通儿童可以快速理解知识性内容并将知识性内容用于生活实践，而晨晨则无法理解活动中的知识，甚至还伴有注意力不集中等问题，因为晨晨与普通儿童的差异，所以会限制晨晨在集体活动中的融入，这给幼儿园融合教育工作造成了阻碍。

（四）特殊需要儿童缺乏自我认知能力

自我认知是指个体对自身能力、倾向和情感的理解和认识。特殊需要儿童由于自身特点，在自我认知能力上往往存在着巨大的障碍。这部分儿童无法掌控自身情绪状况，也很难发现自己的优势，无法明确表达自身需求，这样就会导致特殊需要儿童的语言和行为缺乏明确逻辑，即便教师关注特殊需要儿童，也很难明确了解特殊需要儿童的需要，这会给融合教育工作带来负面影响。

（五）家庭教育难以满足特殊需要儿童

家庭是儿童的生活场所，在家庭中家长可以给予儿童关怀与教育，促进儿童成长。然而对于特殊需要儿童而言，家庭环境的构建往往面临着许多挑战。大部分家长缺乏教育特殊需要儿童的经验和专业知识，在日常教育中面临着巨大的压力。一旦家长采用错误的方式教导特殊需要儿童，便会导致特殊需要儿童产生负面情绪，这给特殊需要儿童的成长带来了阻碍。

四、融合教育导向下幼儿园特殊需要儿童教育的开展策略

尽管幼儿园融合教育在开展的过程中会遇到一些问题，但只要深入分析特殊需要儿童在成长过程中遇到的问题，便可以采取有针对性的策略，实现幼儿园融合教育的优化。

（一）侧重生活教育，适应学习环境

特殊需要儿童在适应幼儿园环境的时候会遇到各种各样的问题，为了帮助特殊需要儿童适应环境，幼儿园教师可以侧重生活教育，从生活教育的角度逐渐改变特殊需要儿童的习惯，这可以有效助力特殊需要儿童适应幼儿园环境。

例如，冬冬是一名智力发育较为迟缓的儿童，冬冬刚入幼儿园时表现出极为不适应的状况，需要妈妈陪同，一离开妈妈便会出现躁怒的情绪，而且冬冬的独立生活能力较差，无法自主完成洗漱、用餐等过程。为了解决这一问题，帮助冬冬适应幼儿园学习环境，我决定首先帮助冬冬掌握简单的生活技能，提升他的独立性，这样他才能逐步适应幼儿园的生活环境。我与冬冬家长沟通，让冬冬独立在幼儿园中待一天。冬冬在没有家长陪伴后，情绪很快出现了不稳定的情况。我尝试与他沟通，提供他感兴趣的玩具转移他的注意力，逐渐让他的情绪稳定下来。紧接着，我开始与冬冬交流，通过游戏的方式带领他完成洗手、归纳书桌、取水、用餐等过程并反复加强冬冬的记忆，最终冬冬掌握了这些简单的生活技能并且减少了对家长的依赖。经过半年的持续努力，冬冬能够自主完成多数日常任务，也逐渐适应了幼儿园生活，脱离了对家长的依赖，家长和教师都为他的进步感到欣慰。

（二）设计团队活动，培养社交能力

特殊需要儿童往往存在社交障碍，无法在交流的过程中清楚表达自己的意愿，而且由于部分特殊需要儿童的异常行为表现较为明显，所以很容易遭到其他幼儿的排斥，这会导致特殊需要儿童难以融入群体当中。因此，在解决该问题的时候，教师便可以设计团队活动，逐渐培养特殊需要儿童的社交能力，逐步引导特殊需要儿童融入普通儿童群体之中，确保特殊需要儿童拥有正常的社交关系。

例如，华华存在语言障碍，他在与他人交流沟通的过程中难以表达自己的想法和意愿，别人想要理解华华的想法就需要通过他的行为进行猜测。而普通儿童虽然智力发育正常，但是由于年龄较小，逻辑思维能力较差，所以很难理解华华的想法，渐渐大家都不和华华互动。为了解决这一问题，我采用了小组合作的策略，将华华分配到一个小组当中，随后组织小组成员共同完成简笔画设计。在小组合作中，我发现他表现出了强烈的合作意愿，但是由于语言表达不够清晰，所以小组其他成员无法接纳他的意见。我主动与小组内其他幼儿沟通，帮助他们正视华华的情况，然后延长绘制简笔画的时间，让其他幼儿可以充分了解华华的意见，最终小组成功完成了绘画。使用团队活动策略三周后，华华可以与伙伴进行沟通交流，小组成员还会经常一起游戏，这说明华华被大家所接纳，他的社交能力得到了有效提升。

（三）运用关怀教育，了解幼儿需求

特殊需要儿童难以有效完成学习任务，如果忽视这种情况，那么便会导致特殊需要儿童与普通儿童的差距越来越大。因此，教师应当采取关怀特殊需要儿童的方式，充分了解其需求，有针对性提供教育内容，逐步构建正确的学习观念。

例如，晨晨存在智力障碍，在幼儿园活动中难以识别数字，反复学习后不仅没有加深他的记忆，还导致他产生厌烦的情绪，出现情绪不稳定的状况。为此，我采用关怀教育的方式，对晨晨给予关怀，深入了解晨晨的需求，然后通过数字认知游戏吸引晨晨的注意力。与此同时，我还会

一对一辅导，一旦发现他的情绪出现异常，便会采取转移注意力的方式缓解这种情况。经过一段时间的密切关注和适应性教学后，晨晨终于理解了数字的内涵，而且他的思维逻辑能力也得到了提升。此外，在关怀教育中，晨晨还主动融入了儿童群体当中，关怀教育对他的成长起到了重要作用。

（四）注重认知教学，提升自我认知

特殊需要儿童的自我认知能力相对较差，这导致特殊需要儿童很难控制自身情绪，长此以往会严重影响特殊需要儿童的身心健康。因此，在解决该问题的时候，幼儿园教师应当注重认知教学，提升幼儿的自我认知能力。

例如，芸芸的自我认知能力较差，在生活中芸芸不仅无法有效控制自己的情绪，还难以感知他人情绪，这导致芸芸的情绪很容易失控。而且芸芸还存在妄想的倾向，经常过高预估自身能力。为了解决芸芸的问题，我开始专注自我认知教学，教学时我设计了许多场景，如购物场景，要求芸芸按照普通人的方式完成购物流程。刚开始芸芸表现得十分不耐烦，但是我反复重复这一过程，引导芸芸表达自己的购物需求，最终帮助她成功完成了购物流程。此外，我还设计了许多游戏比赛，如简单的体育比赛、画画比赛等，通过芸芸能够理解的方式给予评价，持续这一过程，她便逐步对自己有了正确的认知并可以较为清晰地表达自身情绪。两个月过后，芸芸可以简单地向其他幼儿表达自己的不满情绪，而且她的情绪感知能力逐渐提升，知道什么事情可以做，什么事情不可以做，这对芸芸的成长有着很好的帮助。

（五）运用家园共育，共同组织活动

家庭教育是促进特殊需要儿童成长的重要一环，因此幼儿园教师需要通过家园共育的方式组织活动，帮助幼儿家长掌握专业的特殊需要儿童教育知识。

我会在教育过程中定期开展家访工作，然后根据幼儿的实际情况给家长提供专业教育知识。例如针对芸芸的情况，我就会强调自我认知能力教学，让家长在生活中给予芸芸不同情绪引导。在家访工作结束后，我还会和家长一起组织特殊需要儿童参与学习游戏，如晨晨在美术方面具有一定天赋，我就会和家长一起开展美术活动，发挥晨晨的天赋，这有助于提升晨晨的学习能力。

五、结语

在融合教育的理念引领下，幼儿园为特殊需要儿童提供的教育服务旨在全面提高其综合能力，促进特殊需要儿童与普通儿童和谐相处。为实现这一目标，教师须运用科学且合理的策略指导特殊需要儿童的学习活动，并为其创造充满关怀与支持的环境，确保每个儿童都能在接受教育的过程中感受到平等和尊重。

参考文献：

[1] 吴旻烨. 幼儿园推进"普特"融合教育的实践探究 [J]. 华夏教师，2023（17）：15—17.

[2] 谷长芬，朱丽芳. 北京市学前融合教育服务现状的调查研究——以 13 所融合幼儿园为例 [J]. 中国特殊教育，2023（04）：26—31.

[3] 石梦良，陈敏欣. 学前孤独症儿童融合教育影响因素的研究 [J]. 现代特殊教育，2023（06）：69—74.

[4] 吉荟颖. 幼儿园特殊儿童教育的实践研究 [J]. 好家长，2023（09）：86—87.

[5] 钱欢. 特殊儿童幼儿园一日生活的支持策略——以自闭症儿童为例 [J]. 教育界，2023（06）：98—100.

[6] 陆小辉，陈萌. 融合教育环境下学前特殊儿童教育质量提升策略 [J]. 新智慧，2023（04）：32—34.

幼儿绳子游戏活动课程的实践探索

◎杨晨艺

摘　　要　绳子是日常生活中常见的一种材料，也是幼儿非常喜欢的一种玩具，它既贴近幼儿生活，又有一定的挑战性，因此，它非常符合幼儿的"最近发展区"。如何让幼儿在适宜的绳子游戏中获得全方位的发展？这是个值得思考的问题。近年来，洛社中心幼儿园在陶行知教育思想指导下，开展了绳子游戏活动的探索。我们认为，适宜性是一种理念，是幼儿绳子游戏活动如何满足儿童成长需要的主张；适宜性是一种策略，是幼儿绳子游戏活动更有效实施的一种策略；适宜性也是一种标准，是幼儿绳子游戏活动内容与方法如何适应儿童成长的一种标准。于是，我带领幼儿围绕绳子开展了一系列特色游戏的探索，取得了良好的成效。

关 键 词　适宜性；幼儿；绳子游戏

作者简介　杨晨艺，江苏省无锡市洛社中心幼儿园教科研干事，一级教师。

《幼儿园教育指导纲要（试行）》中指出，要开展丰富多彩的户外游戏和体育活动，用幼儿感兴趣的方式发展基本动作。陶行知先生也提出了"生活即教育"的理念。在日常生活中，我们发现幼儿对绳子非常感兴趣，绳子简单安全，又可以一物多玩，它既贴近幼儿生活，又有一定的挑战性，因此，它非常符合幼儿的"最近发展区"。但是，如果教师在组织幼儿绳子游戏活动时仅定位在活动本身的价值，而不考虑这种活动是否适合幼儿的发展水平，那么这种活动就失去了其原有的教育意义，也就是说失去了儿童教育特有的个性与价值。从这个意义上讲，适宜性应该是幼儿绳子游戏活动研究所特别关注的概念。

一、适宜性是一种理念，是幼儿绳子游戏活动如何满足儿童成长需要的主张

适宜性是一种理念，是幼儿绳子游戏活动如何满足儿童成长需要的主张，适宜性幼儿绳子游戏活动是适应并满足儿童成长需要的一种活动。这种活动不是"活动儿童"，而是"儿童活动"。它与一般的幼儿跳绳活动区别在于，它主张教师在组织此类活动时能够具备以下儿童观：

（一）幼儿绳子游戏活动是适合儿童个性化发展的综合性活动

绳子游戏活动与单纯的跳绳活动区别在于：它是一种综合性的活动，既是一种发展幼儿走、跑、跨、跳等基本动作的体育活动，又是一种知识的启迪、艺术的启蒙以及发展幼儿敢于探索、勇于合作的综合性游戏活动。

所以，我们在组织此类活动时，认真纠正了以前单纯跳绳活动的随意性和狭窄性，注重幼儿参与活动的兴趣激发、注重活动情景的设计、注重活动过程的综合性和挑战性。注重幼儿绳子游戏活动的综合性，更能够适宜不同幼儿的"最近发展区"。这种综合性的绳子游戏活动可以通过愉快自由的游戏合作与交流，使不同幼儿的个别问题在不知不觉中得到情绪补偿与

心理健康治疗，让幼儿在适宜的环境中得到健康发展。

（二）幼儿绳子游戏活动是让幼儿高度自主的自我教育活动

适宜性幼儿绳子游戏活动的过程弱化了教师的操控意识，强化了幼儿的主体意识。这种主体意识的保证，取决于绳子游戏活动内容与方法的选择性、多样性与开放性。

1. 选择性

即跳绳游戏活动自由空间的拓展，它包括：改革传统跳绳活动的活动空间；变换传统跳绳活动的固定材料；放大传统跳绳活动的互动范围；改变传统跳绳活动的评价标准。

2. 多样性

绳子游戏活动的内容充实，绳子游戏活动的内容应该从儿童的年龄特点出发，避免成人化的不切实际的要求。例如，小班宜选动作简单、有趣，要求低的游戏内容；中班宜选内容复杂，有多个情节、多种动作、多种科学知识，具有一定综合适应能力的游戏；大班宜选随着游戏的故事内容和情节的变化，使幼儿创造性地应用、合作、相互借鉴、具有开拓性的绳子活动。

（三）幼儿绳子游戏活动是让幼儿在活动中感受快乐的一种活动

游戏是幼儿最基本的活动，幼儿感觉到游戏是最快乐的，因为游戏就是玩，是自由、自主、平等地玩。幼儿绳子游戏活动区别于一般的跳绳活动，它更多地关注幼儿在游戏活动过程中自我欣赏和相互合作的快乐体验，包括绳子游戏活动的快乐气氛；活动过程的快乐互动，以及活动成果的快乐分享。

幼儿绳子游戏活动以快乐作为活动设计的主要目标，提出让快乐成为绳子游戏活动设计的一种理念，让快乐成为幼儿绳子游戏活动的一种习惯，从而让幼儿在活动中感受快乐、体验快乐、获得快乐。

二、适宜性是一种策略，是幼儿绳子游戏活动如何更有效实施的一种策略

在玩绳游戏的指导过程中，教师应根据幼儿的游戏情况采取有效的策略，这样才能促使游戏顺利地进展，其中"适宜性"是一种非常有效的实施策略。

（一）淡化游戏活动外在教育目标

教育目标虽然是整个活动的灵魂和归宿，但是绳子游戏活动不能强调每次活动要达到什么目标，应淡化游戏活动外在的教育目标，教师扮演的是绳子游戏材料的提供者，绳子游戏活动的观察者、指导者和玩伴，在幼儿需要的时候适当地介入，帮助幼儿解决游戏中出现的问题，例如安全问题、幼儿间的纠纷等。

例如，在经过了几次绳子游戏的探索后，幼儿积累了一定的玩绳经验，于是我们增加了一些辅助物来增加游戏的趣味性。经过讨论，幼儿选择了幼儿园体育超市里的爬行垫、沙包、高跷……他们用了多根绳子布置成"铁丝网"，固定在椅子的两端，并在地上铺上爬行垫，模仿解放军叔叔穿越"铁丝网"。整个过程不刻意要求幼儿达到某个目标，而是充分调动幼儿参与活动的兴趣和积极性。

（二）强化游戏活动中幼儿主体参与意识

陶行知先生在《创造宣言》一文中提出培养儿童的创新精神，必须使儿童的心灵得到解放，双手得到解放，嘴巴得到解放，时间得到解放，空间得到解放。在玩绳活动中，教师一改过去单调枯燥的动作训练，而是给幼儿提供了更多自由合作的探索空间，放手让幼儿自主创造情景，把幼儿的主体地位体现在活动中，满足他们自主的需求，让他们成为游戏的主人，体验成功的快乐，真正体现了"自由、自主、创新、愉悦"的游戏精神。同时，在活动开始和中间休息部分，教师组织幼儿进行小小的讨论，既对本次玩绳活

动的情况小结，也为下一步探索绳子的玩法和游戏的创新提供了引领和启发，提升了幼儿的玩绳经验。活动中，幼儿自主设计计划书，他们能探索出许多花样玩绳的方法。而且幼儿还能够自由结伴设计出多种小游戏，在玩了一段时间后，还能试着改变游戏的玩法、增加游戏的难度、增强游戏的竞争性和趣味性，他们所表现出来的积极性非常高。整个过程，幼儿自由地发挥，迸发了创造的火花，在自己感兴趣的游戏活动中自主发展，不仅提高了动作的协调性和灵敏性，而且享受了自主参与的快乐。

（三）重视游戏活动后的交流和分享

"解放儿童的嘴，使之能讲。"这是陶行知先生所主张的创造教育法之一。只有让幼儿自由大胆地发表自己的看法，才能更好地发挥他们的创造力。游戏活动过后的交流和分享，可以帮助幼儿自己解决游戏中出现的问题。所以每次绳子游戏活动结束时，"交流和分享"是必不可少的环节，让幼儿在集体面前分享自己的玩绳方法，既是对幼儿创造力的肯定，也为其他幼儿树立了榜样。例如，教师会这样启发提问："刚才老师发现小朋友玩出了很多花样，谁来表演一下你是怎么玩的？""你的玩法真好！其他小朋友还有什么不一样的玩法？""你在玩绳的时候遇到困难了吗？谁来帮他解决一下？"通过分享和交流，遵循了"儿童教儿童"的理念，相比"教师教儿童"，幼儿更容易接受。

教师在组织绳子游戏活动后，注重幼儿之间的相互交流、相互倾诉、相互提问、相互讨论，能够实现幼儿绳子游戏活动后的共享共进、共享共建、共享共乐。

三、适宜性是一种标准，是幼儿绳子游戏活动内容与方法上如何适应儿童成长的一种标准

绳子游戏的内容和方法丰富多彩，但是只有适合幼儿的内容和方法，才能有利于幼儿的成长，反之，游戏内容过于复杂或者缺乏安全性，对幼儿的生长发育和健康会产生不利。这类游戏的组织，教师要把握一个"度"，也就是把握住它的"适宜性"。

（一）绳子游戏活动的内容应符合不同年龄儿童的要求和特点

依据小、中、大班幼儿的年龄特点，幼儿的绳子游戏内容应循序渐进，由易到难。小班通常由教师创设一定的情景，在教师的带领下玩一些简单的小游戏，如"过小河"——把两条长绳并列摆放，幼儿在两条绳中间走，练习平衡动作；"小青蛙跳田埂"——把一条条短绳排列成一条队伍，让幼儿学小青蛙跳过绳子。中班以花样玩绳为主，教师要引导幼儿自由探索绳的各种玩法，鼓励幼儿把自己的玩法展现在集体面前。集体游戏时，教师和幼儿一起创设游戏的情景，引导幼儿开展一些竞赛性游戏。例如，有的幼儿用绳子布置成了"铁丝网"，在铁丝网下匍匐前进，玩起了"穿越玉米地"的游戏，练习爬行动作；还有的幼儿在高高的滑索上穿梭，就好像"人猿泰山"，锻炼幼儿的手臂力量。依据《指南》要求，大班以跳绳为主，首先必须人人学会单个跳，慢慢过渡到合作跳绳，从班级内同伴合作跳，慢慢过渡到与平行班幼儿合作。其中，"跳长绳比赛"为班级内动作发展水平高的幼儿提供了个性发展的空间，因此幼儿只有在适宜的绳子游戏中才能获得更好的发展。

（二）绳子游戏活动的过程组织应注重激发幼儿的参与兴趣

绳子游戏活动只有引起幼儿的兴趣，激发幼儿的好奇心与探索欲望，才能让他们积极主动地参与到活动中来。在活动过程中，我们特别注重故事吸引、材料吸引、情景吸引和亲子吸引。

（1）故事吸引。让幼儿置身于某个故事情节中，赋予枯燥的跳绳活动以"生命"，激励幼儿

主动付诸行动与努力。

（2）材料吸引。提供各种材料和绳子，发挥幼儿对各种材料和绳子的发散性想象与操作，鼓励幼儿创造性地使用材料。

（3）情景吸引。创设生动形象的故事情境，围绕绳子游戏的主题，吸引幼儿融入游戏中。幼儿是否有兴趣全身心投入，是检验游戏适宜性的最高标准。

（4）亲子吸引。把玩绳游戏延伸到家庭，鼓励家长和孩子合作玩绳，大班可以举行"亲子跳绳大赛"，比赛项目有"一分钟快速单绳""亲子合作跳""亲子跳长绳表演""家长拔河比赛观摩"等，爸爸妈妈的参与让孩子感受到团结协作的力量，拉近了亲子之间的感情。

（三）绳子游戏活动的方式是带有自我挑战的经历

绳子游戏活动的方式不是简单任务型的，是带有挑战性的经历，是一次幼儿深刻情感体验的经历。

特别是大班幼儿，不仅要会自己玩，还要学会跟同伴合作玩，而且是友好地玩，能主动遵守集体规则，感受集体的力量，体验集体的智慧和荣誉感。每次玩绳户外活动之前，我们会带领幼儿自由结伴组成小组，一起讨论"今天我和绳子玩什么"。每组推选一名小组长，由小组长负责组织和记录，并完成一份"玩绳计划书"，幼儿以简笔画的方式设计记录今天想玩的活动内容。幼儿自主设计"玩绳计划书"，对他们来说是挑战。活动中，他们所表现的积极性非常高，他们激烈地讨论、大胆地设想，想出了很多有趣甚至天马行空的玩法。幼儿在自我挑战中，合作能力、想象力和创造力也得到提升。

四、结语

综上所述，适宜性是幼儿园绳子游戏设计与活动过程的重新界定，也是传统幼儿园单纯跳绳活动的改革与创新。它通过对幼儿园现有跳绳活动的游戏化开发与优化，进一步促进了幼儿自觉意识的增强、自主习惯的养成和自我选择能力的提高，从而获得健康的、良好的自我发展与成长。在今后的日子里，洛社中心幼儿园将把陶行知的教诲一如既往地铭记于心，将陶行知教育的理念不断更新，发扬光大！

参考文献：

[1] 钱琼.在游戏精神下，幼儿自信成长——谈幼儿在体育活动中的研究[J].科学大众（科学教育），2018（09）：99.

[2] 陆樱紫.幼儿园游戏活动教学的探索与思考[J].成才之路，2018（01）：73.

浅谈劳动教育在小学道德与法治课程中的内涵与实践

◎董　欢

摘　　要　劳动教育是小学道德与法治课程中的重要组成部分。现代小学道德与法治教师应明晰劳动教育在小学道德与法治课程中的核心内涵，并基于教材编排体系，钻研各年级段课堂教学，同时为学生搭建生活体验的平台，进行多元化劳动场域协同教育，促进学生以劳树德、以劳增智、以劳创新，为党为国培养德智体美劳全面发展的新时代接班人。

关 键 词　小学道德与法治；劳动教育；核心内涵；教学实践

作者简介　董欢，江苏省太仓市科教新城南郊小学副校长，一级教师。

小学《道德与法治》统编教材中编排了许多有关劳动教育的内容，涵盖家庭、学校、社会等不同的生活场域，为唤醒学生劳动需求、发展学生劳动思维、提高学生劳动能力、养成学生劳动习惯提供了范式，有效地促进了青少年劳动素养的提升和劳动精神的养成。由此可见，劳动教育是小学道德与法治课程不可或缺的重要内容。作为立德树人的关键课程，小学道德与法治教学中该如何融合劳动教育，实现"劳动育人"？笔者将从课程中劳动教育的内涵、实践两方面展开探索研究。

一、劳动教育在小学道德与法治课程中的核心内涵

从本质上讲，劳动教育就是劳动价值观的培育与践行，是对学生进行热爱劳动、热爱劳动人民的教育活动。小学道德与法治课程中的劳动教育核心内涵主要体现在价值观念、劳动思维、劳动品质、劳动精神四个维度。

（一）劳动教育是认知观念的激发场

《中共中央　国务院关于全面加强新时代大中小学劳动教育的意见》中明确提出"使学生能够理解和形成马克思主义劳动观，牢固树立劳动最光荣、劳动最崇高、劳动最伟大、劳动最美丽的观念"。可见，正确的劳动认知是实施劳动教育的基础，进行劳动教育的主要目的是让学生形成正确的劳动价值观，这既是党和国家的要求，也是道德与法治课教学的需要。

劳动价值观是人对于劳动价值的主观认识，亦是对劳动价值全部主观评价的抽象结合。当下社会劳动价值观存在片面异化的现象，少数青少年有着好逸恶劳、不劳而获的思想。劳动教育就应以马克思主义为指导，融合学生发展和国家需要，在小学道德与法治教学中结合社会主义核心价值观，使学生在马克思主义价值引领的基础上树立劳动意识，培养尊重劳动、热爱劳动过程的价值态度。

（二）劳动教育是锤炼思维的赋能场

著名教育家苏霍姆林斯基说过，"那些最简单的劳动过程，都应当渗透研究性、试验性的思想"。新时代劳动教育强调身心参与，注重手脑并用。劳动激发的好奇心促进了学生主动学习和

自主探究的内在动力。学生对劳动对象的操作、运用、创造，实际上是在建构新的认知过程，也是人的思维方式得以塑造的过程。有思维参与的劳动，不是简单的体力活动，也不是枯燥的经验重复，而是学生进行方法探究、判断选择、合作交流、开拓创新的高阶思维活动。

在小学道德与法治课堂教学中，需要教师把教学活动引向纵深。比如可采用绘制思维导图的方法，推进逻辑深化的教学走向，也可根据教学情境进行观察、比较、分析、综合、概括、推理等活动，激发和引导学生提高思维水平，培养学生独立思考的能力。

（三）劳动教育是发展品质的实践场

小学道德与法治课程强调劳动教育应回归儿童的生活场域，经常性的劳动实践能形成稳定的品格特征，便于学生养成良好的劳动习惯，塑造基本的劳动品质。教师要积极发挥体验劳动的特殊功能及其育人机制，有意识地抓住各种教育时机，让学生参与到"动手实践、出力流汗、接受锻炼、磨炼意志"的活动中，通过课内切身体验、课外实践操作的学习方式，真正促进学生感受劳动、学习劳动、热爱劳动，做到知与行的统一。

在不断学习的过程中，学生也能慢慢学会辛勤劳动、诚实劳动、创造性劳动，养成吃苦耐劳、持之以恒、有责任、有担当的品质。这些品质在课堂中生成，扩大延伸至学校、家庭、社会中，经过长期积淀，能真正形成一种劳动态度、劳动习惯与人格修养。

（四）劳动教育是塑造精神的文化场

劳动精神是人在劳动过程中表现出来的对他人和社会稳定的心理特征和倾向。习近平总书记在对劳动的论述中揭示了劳动精神的丰富内容，包括劳动价值、对劳动的积极态度以及对劳动各因素的尊重等。在道德与法治教学中，教师不能只关心学生学会了多少劳动技能，而是要引导学生对劳动行为产生情感感悟，要关注学生的劳动情感态度，培养勤俭、奋斗、创新、奉献的劳动精神，弘扬爱岗敬业、甘于奉献的劳模精神和精益求精、追求卓越的工匠精神。

劳动精神的塑造是实现学生全面发展的基础，是学生自我发展、自我完善的重要途径。教师必须深入挖掘道德与法治课程中的劳动精神元素，对课程进行具体化、趣味化和生活化设计，不断引导学生树立对劳动意义和价值的正确认识，从而提升学生劳动情感的认同度、劳动精神的内化度、劳动行为的一贯性。

二、劳动教育在小学道德与法治课程中的教学实践

（一）通读各册教材，了解编排体系的逻辑

阅读全套教材，有助于教师掌握教材的编排体系和结构脉络，正确理解和把握各册教材的内容。通过分析，笔者发现教材中的劳动教育主要涵盖个人、家庭、学校、家乡、社会、国家、世界等不同领域，以散点分布为主。目标、内容在各个学段均有体现，并随着学生年龄的增长、认知水平的提高、生活体验的丰富、学习能力的增强，呈现螺旋上升的形态。一年级从简单的家庭劳动切入，引导学生认识到自己可以学会一些简单的家务活，进而初步理解自己的事情自己做，这是劳动教育的启蒙阶段；二年级引导学生初步认识劳动者的概念，从班级值日导入，训练学生的劳动能力，增强其责任意识；三年级以校园劳动为主，要求学生较为熟练地完成学校劳动，对于校园中的劳动者，要看到他们的劳动成果，给予充分的尊重；四年级要求学生掌握一些日常家务劳动技能，学会调查各行各业的劳动者，明白社会的发展是所有劳动者共同努力的结果；五、六年级则侧重在社会责任及法治背景下树立学生的劳动观念。教师需要深入解读教材，深度挖掘劳动教育元素，精准施教，才能取得事半功倍的

效果。

（二）钻研课堂教学，提升劳动教育的成效

课堂是教育教学的主阵地，教师一定要钻研教材，深入挖掘教材中的劳动教育元素，扎实上好每节道德与法治课。

以统编小学《道德与法治》二年级下册第一单元第4课《试种一粒籽》为例，教师引导学生学习种子的知识，了解农作物生长过程。学生采用多种形式记录农作物的生长过程，发现农作物的生长规律，从而走进农耕实践，提升劳动技能和品质，从亲身体验的种植实践中获得精神成长。本节课从一个谜语开始导入，让学生在谜面的提示下，根据大米生长的标志性特征猜到谜底。接着，学生通过交流课前搜集的粮食种类的资料，学会对粮食进行分类，了解粮食的属种。之后，以视频学习和排序练习形式，让学生对粮食的生产过程有初步的认识，在思想层面意识到生产过程的复杂与不易；通过编写生产儿歌，方便学生记忆，提升学生学习的积极性，使学生感受到生产劳动的乐趣。最后在实践环节，教师精心为学生准备秧苗和秧苗盘，让学生经历真实插秧的动作场景，从感官层面上感受粮食生产的辛苦，领悟劳动的意义价值，初步树立奋斗、勤俭等劳动精神。课后拓展则配合"21天养成好习惯"这一科学实践，让学生在课后用实际行动去巩固和强化所学，以实际行动去践行勤俭节约的传统美德，将劳动教育落到实处。

又如，四年级上册第二单元第6课《我的家庭贡献与责任》，旨在引导学生树立为家庭做贡献、尽责任的意识，知道为家庭做贡献的方法。教学中，教师注重引导学生关心家人，关注家庭事务，积极地开动脑筋、有创意地为家庭做贡献。教师结合教材内容，通过活动化的方式培养学生用具体的家务劳动等行动为家庭做贡献。这样有血有肉、入情入理的教育引导，学生学得深入有趣。

（三）借力多方资源，搭建生活体验的平台

1. 学校：打造校内劳动体验园

在深挖教材中的劳动元素，上好道德与法治课的基础上，学校倾力打造了充满童趣的时蔬园实践基地，该基地被授予"太仓市首批劳动教育基地"称号。园区划分24块种植地供各班种植，为学生实施农耕劳动提供了场地。学生通过"看""问""查""做"了解耕种工具，感受家乡人民智慧；通过课中学节气、课后识节气了解二十四节气，传承农耕文化；通过统筹分配责任田，错班错季耕种，掌握劳动技能。学生分工合作，协作劳动，把一方方小田地打理得井井有条，成为学校一道亮丽的风景线。该项劳动教育体现了社会主义办学方向，课程坚持综合育人理念，强调道德与法治教育和劳动教育相结合，兼顾传统劳动和新型培养。

2. 家庭：构建家务劳动微课堂

道德与法治学科组梳理了统编教材中劳动元素的内容，并尝试从纵、横两个维度，即纵向——儿童劳动教育的学习年段分布，横向——劳动教育所属儿童生活领域，构建劳动教育内容坐标体系，这样教师能更有针对性地指导学生进行劳动教育。学校创设"家务劳动微课堂"，以丰富开放的劳动项目为载体，有目的、有计划地组织学生参加日常生活劳动，培养学生正确的劳动价值观和良好的劳动品质，为学校劳动教育提供了新的思路。学校依托序列化家务清单，丰富日常劳动体验，如分年段、分内容设计清单，设置"小小卫生员""小小整理师""小小美食家"三个劳动岗位共十八项内容，引导学生掌握生活技能，学会生活；依托操作性实践方式，激发劳动生活创意。学校尝试采取"一周一项目，一周勤实践"的策略，促进劳动与道德与法治学科融合，激发学生劳动创意，体验劳动乐趣；依托自主探究学习，提升劳动主体自觉。按照"遵照要求—自主探究—动手实践—成果展示"的学习过

程，学生通过拍摄步骤组图、短视频，撰写心得感悟等方法，展现丰富多彩的探究学习活动。最有特色的是在劳动微课堂中，每期拓展"习语金句"。每天一诵，每周一悟，学生将习近平总书记的劳动箴言内化于心，外化于行。而家长也能结合家庭实际情况，陪伴、指导、督促孩子主动参与家务劳动，并及时给出评价和改进建议。家校合力，双向奔赴，共绘劳动同心圆。

3. 社区：布局社会劳动的实践区

学校借助地域优势，利用好资源，构建区域统筹，加强劳动教育建设，有利于学生形成良好的思想道德品质和健全的人格，树立正确的劳动观。

例如，小学低年级学生在体验超市采购员时，要学会科学搭配、合理消费，通过采购合适的物品锻炼胆量、开阔眼界；中年级学生可尝试参与职业体验活动，做好奶茶店店员、电影院售票员、区域保洁员等，了解不同职业的劳动者给人们生活带来的便利，感受劳动者工作的艰辛，尊重各行各业的劳动者；高年级学生可以通过综合性学习，在劳动知识、技能、价值、态度、情感等要素的交互作用下，理解劳动价值，培育劳动素养，形成持久而坚定的劳动态度。以上均与道德与法治课程中劳动元素的课例目标匹配。

三、结语

学校、家庭、社会的劳动教育一体化，决定着劳动教育的长期性、过程性和发展性。三方协同才能确保劳动教育带给学生的经验的连续性和实效性。小学道德与法治教学和劳动教育的深度融合是小学阶段有效实施劳动教育的重要途径。

在道德与法治课堂中，教师要精准把握劳动教育的核心内涵，深挖劳动教育的课程资源，营建家校社生活体验平台，致力于在学生心中埋下崇尚劳动、尊重劳动的思想种子，促进学生以劳树德、以劳增智、以劳创新，为党为国培养德智体美劳全面发展的新时代接班人。

参考文献：

［1］方峥嵘.小学道德与法治课程中劳动素养教育的内涵与实践［J］.福建教育，2020（21）：45—47，61.

［2］洪良清.在劳动中思考与创造——基于小学《道德与法治》统编教材理解劳动教育内涵［J］.福建教育，2020（21）：48—49.

［3］王喆琼.追寻劳动教育的美好意蕴——小学道德与法治劳动教育教学策略例谈［J］.中小学德育，2020（08）：43—46.

多元互动助推幼儿生活活动与深度学习高效融合

◎陈　芳

摘　要　根据幼儿自身的成长特点和生活能力，通过幼儿在一日生活环节中与环境、伙伴的互动，教师及时发现适合幼儿深度学习的契机，自然融合了多个领域的教育内容，运用相应教育方式激发幼儿自主探究、迁移经验，引发幼儿的深度学习，实现一种有效地支持幼儿生活活动深度学习的指导策略，从而帮助幼儿认识自己、建构完整人格、获得全面发展。

关 键 词　生活活动；深度学习；融合

作者简介　陈芳，江苏省苏州市张家港市北庄幼儿园教师。

生活对于幼儿的学习具有重要的教育意义，教育在改造生活的实践中发挥积极作用。生活教育理论是陶行知提出的重要教育思想，幼儿园是幼儿的生活乐园，大自然是幼儿的游戏天地。幼儿的主要学习方式以生活和游戏为主，这些生活活动蕴含了丰富的教育契机，自然融合了健康、语言、社会、艺术和科学等多个领域的内容。如何落实顺应幼儿身心发展的规律，充分发挥幼儿园生活活动的教育功能，创设与教育相适应的生活环境，为幼儿提供深度学习的机会，提升幼儿自主探索、迁移经验、解决问题的能力，这是值得我们思考的问题。

一、基于"支持幼儿生活活动深度学习"的应然追求

（一）基于对幼儿生活活动的认知

一日生活活动，是幼儿以直接经验为基础的深度学习的机会，教师通过一系列活动有效地支持和满足幼儿活动的需要，幼儿凭借直接感知、动手操作和切身体验等多元方式得到知识经验，实现生活教育的创造性实践过程。生活活动是基于幼儿在园的生活日常环节，满足幼儿基本生活、促进幼儿自主学习的环节，深度学习不仅能够培养幼儿独立自主，还能督促幼儿养成良好习惯和掌握基本生活技能，促进幼儿健全人格发展。生活处处皆教育，积极把握生活各环节，将其作为幼儿园一日活动的重要内容，使生活活动与学习有机融合，促进幼儿真正意义上的成长。

（二）基于对深度学习方式的支持

陶行知的生活教育理论认为，生活是自然界和人类社会的综合，是人类一切实践活动的总称。生活对于幼儿的学习具有重要的教育意义，教育在改造生活的实践中发挥积极作用。在幼儿园一日活动中尤其是生活活动中，幼儿受年龄特点和思维水平影响，更多的是接受教师的指令，进行被动、机械的浅层学习。"深度学习"作为一种新的儿童学习观，融于一日生活活动之中，生活活动既能满足幼儿身心健康发展的客观需要，又能促进幼儿生活自理能力、社会交往能力以及其他能力的发展，还能够培养幼儿独立意

识、养成良好生活习惯和掌握基本生活经验，对幼儿的个性形成有着多方面的深远影响。

（三）基于对教师指导策略的转变

深度学习是幼儿在一日生活活动中，在自身原有经验基础上进行的自主探究、解决问题、发展思维能力的学习过程。幼儿园教师在一日活动中注重区域、集体、户外等活动的开展，而对每日的生活环节缺乏科学合理的设计。着重研究如何支持幼儿一日生活活动的深度学习和教师对生活环节的细致规划、科学设计、优质指导，一方面能够形成多元化、深层次、广角度的指导策略，提高教师进行一日活动的组织能力；另一方面，针对教师队伍年轻态和一日生活随机性的特点，在生活活动中渗透着深度学习的理念，提高教师的教科研水平，完善园本教研内容，让教师成为幼儿活动的最大支持者和帮助者。

二、获得"帮助幼儿生活活动深度学习"的理性认识

（一）"支持幼儿生活活动深度学习"的基本理念

"生活即教育"与人类社会现实中的种种生活是相应的，生活教育就是在生活中受教育，教育在种种生活中进行。每一个幼儿都是好奇好学的，深度学习活动应基于幼儿生活的需要和自身的学习特点进行。其一，观察与发现幼儿的兴趣，生成一日生活活动中深度学习的活动内容和形式；其二，顺应幼儿生长和发展的节奏，关注一日生活活动中幼儿深度学习的活动过程，而不是按照教育演绎的逻辑展开活动。幼儿教育主要不是教授系统的知识和技能，而是以幼儿的生活为基础，以幼儿的成长为核心，创造幼儿深度学习的时机，让幼儿凭借自身的能力获得系统性的新经验。

（二）"支持幼儿生活活动深度学习"的教育内涵

在幼儿园一日活动中尤其是生活活动中，幼儿受年龄特点和思维水平影响，更多的是接受教师的指令，进行被动、机械的浅层学习。我们要以幼儿的生活需要和学习特点为依据，以幼儿园生活活动为背景，探索"深度学习"的设计理念、活动过程和活动意义，从幼儿生活需要出发设计、组织"深度学习"活动。幼儿的学习具有其独特的自我风格，教师应在不断反思、调整活动内容和形式的过程中，促进幼儿在区域游戏、生活体验、学习过程中满足内在需要，获得完整和健康的成长。

（三）"支持幼儿生活活动深度学习"的教师策略

在生活化的游戏学习活动中，幼儿经过长期的生活经验积累，随着自己思维的发展，对许多问题会产生自己的想法，尤其是在自主生活活动中，幼儿更能通过自主探究主动提出自己的看法，尝试去解决发现的问题。由此才能提升教师对幼儿生活活动、幼儿深度学习的认识，并将以"儿童为本"的教育理念落实到教师策略之中。教师应将"支持幼儿深度学习"的教育理念作为一种全新的幼儿观，融入日常管理和教育活动之中，以提升幼儿园一日活动的内涵。教师作为"自然观察者"，通过直观、全面、深入地分析各年龄段幼儿一日生活活动深度学习的内容和形式，观察幼儿的具体表现，分析其对幼儿发展产生的影响，从而进行有目的、有计划的引导。

三、选择"适合幼儿生活活动深度学习"的活动内容

教育家杜威提出"积累生活经验是儿童教育的重要目的""经验与儿童的生活相结合""教育既影响当前的生活，又为将来的生活做准备"等观点，成为我们"生活活动深度学习"的活动设计理论基础。我们根据各年龄段幼儿的生命成长需要、学习特点和生活活动的核心经验，选择相应的内容与幼儿一起开展活动。

（一）选择日常开展的生活活动

幼儿园的一日生活包括来园、餐点、午睡、

盥洗、喝水、散步、离园等多个零碎的环节，贯穿于幼儿一日活动的始终。我们须围绕幼儿主要的一日生活活动环节，提出相应的活动要求，并结合幼儿的不同年龄特点，初步整理各年龄段幼儿一日生活活动的基本要求，例如，来园时幼儿能愉快来园，有礼貌地向他人问好；将自己的衣帽物品等放在固定的地方；用餐前知道要及时洗手，能用七步洗手法正确洗手，保持清洁卫生；愉快、安静地独立用餐，细嚼慢咽不挑食，没有剩饭剩菜，保持用餐桌面和自身衣物的干净整洁；离园时能主动收拾好自己的物品，做离园三件事。教师对应地就要做到来园时热情接待，关注每个幼儿的情绪，主动与幼儿交流；有针对性地指导幼儿的自选活动；吃饭环节通过布置装扮温暖的餐点环境，播放轻音乐营造和谐的氛围，保育老师还应主动关注幼儿的饮水情况；离园时提醒幼儿检查个人物品，保持干净整洁，安全离园。

（二）选择师幼开发的生成内容

生活活动具有随机性，教师的目光应追随幼儿，通过不断观察与关注幼儿在生活中的问题和困惑，捕捉教育契机和亮点，鼓励幼儿大胆提问，根据幼儿的兴趣和需要，使幼儿尝试进行自主深度学习。教师自身要不断地学习和反思，明确生活活动的教育价值。活动初期，教师根据幼儿的原有经验大致设计和策划活动的主要内容，引导全体幼儿积极参与。在行进过程中，教师根据具体活动情况和幼儿在活动中滋生的学习兴趣点，丰富活动内容和细节，满足幼儿深度学习的需要。以生活活动之"班级公约"为例，在设计班级公约时，教师将活动的设计权交给幼儿，通过小组商讨、投票选择的方式，设计班级公约的内容、流程及相关规定等。教师应通过对身边活动资源的充分利用，选择具有张力和弹性空间的活动内容，让幼儿以主导者而不是被安排者的角色进行活动，以便为幼儿获得丰富的经验提供可能性。

（三）选择幼儿需要的个性活动

现代幼儿教育要珍视生活和游戏的独特价值，从生活中发现有意义的教育内容，创设生活化的游戏情境，开展生活化、游戏化的教育，真正做到"生活即教育，游戏即生活"。一方面，观察是教师分析掌握当前幼儿生活活动学习状态的最佳媒介；同时，观察又为教师在幼儿活动中适时扮演"支持者""帮助者"的角色提供了思考的基础。教师通过每天或每周在生活活动中连续性地"观察与注意"幼儿，运用指南目标"分析与识别"幼儿的行为，进而采取策略"支持与回应"幼儿，对活动中的幼儿进行观察，进而不断接近儿童世界，获取较为真实、客观的信息，从而捕捉"生活活动深度学习"的个性化素材，构成活动内容的多样性。

四、关注"拓展幼儿生活活动深度学习"的体验活动

（一）生活坊，引发幼儿"深度学习"的触点

我们要重视游戏和生活的独特教育价值，幼儿的主要学习方式就是生活，就是游戏，幼儿创造的生活情境中蕴藏着无穷尽的生活教育价值，我们通过模拟、还原的方式，为幼儿提供一种特殊体验式的"生活"。在生活坊活动中，幼儿自然而然地玩起了角色扮演。教师辅助幼儿进行游戏计划，结伴组建家庭并分配角色，幼儿为自己设计角色标志。当将角色游戏融入生活坊，这里便有爸爸、妈妈、哥哥、妹妹，还有客人，幼儿在角色扮演中边工作边游戏，同时又不断地学习。置身于有趣的生活角色中，随着各种新情节的演变发生，角色活动更加生动，幼儿活动更加有趣。生活加工坊，为幼儿提供了一个服务自己、动手动脑的生活区域，一个创设情境、交流互动、相互沟通、发挥创造与活力的多元空间。教师支持幼儿的想法，用"深度学习"的理念指导生活坊活动，关注幼儿个体经验的主动建构，

尽可能多地让幼儿按照自己的意愿独立探索、操作，而教师的作用则更多地体现在创设环境、调整内容、提供一些必要的支持上。

（二）生活区，促发幼儿"深度学习"的焦点

生活区为幼儿提供许多常见的材料，幼儿可以选择扣扣子、串珠子、夹豆子、开锁、拧瓶盖、穿带子、编辫子等活动。但是幼儿对于常规材料的专注力往往是短暂的，各班可以展开讨论，让幼儿寻找自己感兴趣的活动。有的班级增加了"小厨房"，有的开设了叠衣站或清扫间等各种受幼儿欢迎的生活场景，每过一段时间，教师会注意观察幼儿学习的进度。叠衣站里，一张叠衣步骤图往往就会引发幼儿的挑战欲望，尝试后渐渐获得成功，便获得小伙伴的围观和越来越多"挑战者"的加入。清扫间提供的是水杯、拖把、湿纸巾、垃圾袋等，每一个幼儿都是好奇好学的，幼儿仔细观察这些工具，尝试清洗锅碗瓢盆、擦桌椅柜子、扫地拖地、收拾餐桌、分类垃圾，以及为生活坊的植物浇水、清洁绿植表面的灰尘等。在准备活动和清扫活动中，一些生活小能手脱颖而出，引来同伴的赞叹，教师借此契机，帮助幼儿"师徒结对"，一起探索与学习新技能。选择多层次多结构的材料，有助于提高幼儿的动手能力和精细动作发展，提高幼儿参与日常活动的主动性，养成学习专注、细致耐心、条理分明的优秀品质。

（三）生活日，激发幼儿"深度学习"的燃点

陶行知先生认为"生活即教育"是一种终身教育，大自然是活教材。教师可以积极开展生活特色活动，多多锻炼幼儿生活自主的意识，发展幼儿的社会交往能力，让幼儿乐享生活，愉悦童年。"生活日"活动获得了幼儿的喜爱和家长的认同。家长向教师反馈，活动前期与幼儿一起填写调查表后，幼儿充满期待，在家主动要求进行生活技能的练习，活动后还沉浸在掌握各项生活技能的喜悦之中，对生活充满了热情，主动做到自己的事情自己做。这样融生活、游戏、教育于一体的亲子活动，充分激发了幼儿动手动脑的欲望，发挥了生活小主人意识。幼儿教育的主要任务不是教授系统的知识和技能，而是以幼儿的日常生活为基础，以幼儿的成长为核心，为幼儿创造多元的"深度学习"的机会，让他们尽量依托自身的力量获得直接的认知与经验。教师针对幼儿感兴趣的内容，深入探讨和挖掘其中的教育价值，高效整合各类教育资源，鼓励幼儿在一日生活活动中进行深度学习，由点及面、由浅入深，调动幼儿的多种感官去体验和实践，激发幼儿成为一个有能力的学习者，主动、积极地投入生活，从而让教育变得接地气，学习变得有深度，生活也变得更精彩。

参考文献：

［1］陶行知.教学做合一讨论集［M］.上海：儿童书局，1934.

［2］陶行知.陶行知全集（第 2 卷）［M］.成都：四川教育出版社，2005.

指向读写融合，优化思维导图建构

——以四年级下册语文第一单元统整教学为例[*]

◎丁忠琴　马丽敏

摘　要　在小学语文阅读与习作教学中，思维导图等图表支架正被广泛使用。本文旨在探究小学语文阅读与习作教学中，指向读写融合的思维导图建构应当适度、适时、适用，以读导写，以写促读，促成学生读写能力成长的良性循环，推进学生读写思维的正向迁移，提升学生的语文学科核心素养。

关 键 词　读写融合；思维导图；读写思维

作者简介　丁忠琴，江苏省泰兴市教师发展中心综合部主任，副高级教师；马丽敏，江苏省泰兴市鼓楼小学教育集团政教处副主任，一级教师。

在指向读写融合的语文教学中，思维导图这一支架有不可替代的优势，能将思维目标明确化、思维路径有形化、思维节点清晰化，有效突破教学难点，建构了知识框架，增强了思维的灵活性、深刻性。

一、语文课堂中，思维导图建构存在的误区

笔者尝试将思维导图运用于小学中年级语文读写结合的教学实践中，发现思维导图的使用还存在以下误区：

（一）囿于导图，语文课过于理性

有些阅读指导的语文课堂，建构思维导图分支多，层级多，耗费时间多，以多次理性分析替代朗读感悟，以繁复的导图结构割断情感体验。甚至思维发散、深入的程度超出学生当前水平，学生只能被动接受。工具与主旨、传授与吸收、学习与思考、感性与理性等矛盾，没有因思维导图的建构有效化解，反而适得其反。

（二）一课多图，语文课读写分离

有些读写结合的语文课堂，一节课建构多个不同主题的思维导图，再进行写作训练。教师以为面面俱到，功到自然成，学生却目不暇接。思维导图的建构没有重点突破写作训练难点，造成高耗低效。

二、指向读写融合，优化思维导图建构

《义务教育语文课程标准（2022年版）》（以下简称"新课标"）提出，学生语文学科核心素养包括文化自信、语言运用、思维能力、审美创造四个方面。其中，语言运用如同树干，依存于文化自信的根脉，为思维的枝叶，审美创造的花果，提供营养通道与有力支撑，使其枝繁果硕。"写"是语言运用最常见的呈现方式。写作的能力应在情境化的语文实践中习得。习得的基础一

---

*　本文为江苏省第十四期教研课题"思维导图在小学语文读写结合教学中的运用研究"（2021JY14-L141）的阶段性研究成果。

是自身的原有经验，二是在阅读文本中获取示范，得出方法。新课标提出"学习任务群"的理念，就是以终为始，以提高语用能力为目的，整合学习内容，语文教学指向读写融合。

笔者认为，在指向读写融合的语文教学中，思维导图这一支架，有不可替代的优势，但应当优化其建构，做到适度、适时、适用，才能避开误区，实现课堂的高效。下文以四年级下册第一单元统整教学为例，谈谈优化思维导图建构的策略。

（一）建构思维导图的适度性

建构思维导图，首先要明确"是什么""为什么"的问题，对思维导图要有明确的定位。笔者以为，思维导图是学习支架的一种，思维工具的一种，不足以承载语文课堂的全部。

刘勰在《文心雕龙》中说："夫缀文者情动而辞发，观文者披文以入情。"美好的情感弥散在文字中，浸润在文字里，语文学习应该是情感体验、激荡、深化、升华的过程。这是一条主线，是语文学习的独特魅力，也是一条纽带，维系阅读与写作。思维导图的作用应该是服务于读写融合，服务于梳理情感得以呈现的文本之妙。

四年级下册第一单元以"乡村生活"为主题，编排了《古诗词三首》《乡下人家》《天窗》《三月桃花水》四篇课文。本单元的语文要素为"抓住关键语句，初步体会课文表达的思想感情"。习作要求为"写喜爱的某个地方，表达出自己的感受"，安排了"我的乐园"这一习作内容。深入探究会发现整个单元的核心概念，首先是一个"和"字，人与乡村生活之间，存在共生的和谐，人的无边想象与狭隘现实与之间，存在包容的和谐，传统诗词里，存在个人理想与家国发展的和谐。"和"之所在，即"乐"之所在。每篇文章都在讲"和"，每位作者又都在描述自己心中的"乐园"。其次是一个"美"字，品味生活的和谐美，感受想象的丰富美，欣赏文字的灵动美，感

悟传统文化的情怀美，并学会用文学语言表达内心丰盈的情感美。落实到本单元，选取什么作为读写融合的契合点？建构思维导图的边界在哪里？新课标关于中年级交流与表达的要求为："观察周围世界，能不拘形式地写下自己的见闻、感受和想象，注意把自己觉得新奇有趣或印象最深、最受感动的内容写清楚。""尝试在习作中运用自己平时积累的语言材料，特别是有新鲜感的词句。"

提取"见闻""感受""想象""写清楚"等关键词，指向写"我的乐园"这个最终目标，紧扣"抓关键词句"这一读写方法，多角度挖掘读写融合点。

1. 直接选用书后习题中的读写融合点

如《语文园地》中"读句子，再选一幅图画照样子写一写"。要求学生运用先分后总的结构、排比的句式，写一幅图。

2. 文本写作特色中发现读写融合点

如《天窗》一文，用排比、比喻写出从天窗景物展开的想象，学习这种写法，创设情境描绘自己的想象。《乡下人家》一文，调动多种感官写所见、所闻、所感，丰富画面。学习这种写法，写写自己眼中的乡村景致，为写"我的乐园"做铺垫。

3. 从文本留白处探寻读写融合点

如《古诗词三首》中多处运用留白手法，给学生想象的空间，通过建构思维导图，想象读了诗句，眼前浮现出的情景。有顺序地写下来，既丰富了阅读体验，又训练了写作能力。

在此基础上，便能明确思维导图建构的中心是紧扣"和"与"美"，目的是写出自己的"乐园"。指向读写融合，笔者统整了这一单元的学习任务。中心突出、目标明确、边界清晰，一课一得，这就是建构思维导图的适度性。

（二）建构思维导图的适时性

建构思维导图，其次要明确"什么时候用"

的问题。是用在课前预学环节，课中合作探究环节，还是课后巩固环节？时机的选择，源自学生情感深化、升华的节点，源自对教学节奏的把握。用在学生不吐不快，急需一个渠道，让言语找到出口时。用在学生思路堵塞，急需一个支架，让思维得到梳理时。

如教学《四时田园杂兴（其二十五）》中"日长篱落无人过，惟有蜻蜓蛱蝶飞"一句，师问：为什么说侧面写出初夏农事正忙的情景呢？学生为之一顿，后联系前两句丰收在望情景的描写，若有所悟，教师适时出示导学单：品味"无人过"三个字，发散思考，"无"中有什么？学生杂乱的思绪有了表达的通道：有声，鸟鸣虫语、田间欢笑；有劳，浇水施肥、种稻种豆；有喜，摘梅子、采杏子；有情，收获的喜悦、丰收的期盼。有了这样的思维导图，诗句留白处的情景，浮现眼前。笔者再提示：可以用上表示顺序的词，如"走过一片果园……""不远处的田野……""来到村口……"等，把想象到的情景写一写。学生不仅言之有物，言之有序，还言之有情，思维导图的适时建构，有效实现读写融合。

（三）建构思维导图的适用性

建构思维导图，还要明确"怎么用"的问题。新课标提出："学习组织有趣味的语文实践活动，在活动中学习语文，学会合作。结合语文学习，观察大自然，观察社会，积极思考，运用书面或口头方式，并可尝试用表格、图像、音频等多种媒介，呈现自己的观察与探究所得。"

思维导图在本单元读写融合、发展思维的有效实践中，在合作学习的交流中，为发现文本、观察自然搭建了支架，为思维碰撞、创新写作提供了窗口。

1. 寻找形象思维密钥，激发情感写

形象思维是作者构思人物形象，画家构思画面的思维过程，这一过程以直观形象为思维符号，饱含着创作者浓厚的情感。诗词就是形象思维的产物。在第一课《清平乐·村居》的教学中，笔者抓住一个关键词"喜"，由浅入深，由表及里，建构思维导图，引导学生寻找形象思维的秘密。

紧扣"喜"字，回顾全诗，作者辛弃疾还高兴地看到了哪些画面，听到了什么声音？学生通过合作学习梳理诗句，得出喜见：溪上青草图、翁媪闲聊图、大儿锄豆图、中儿织笼图、小儿卧剥莲蓬图。喜闻：溪水潺潺、醉里吴音。

透过文字，可以想象更多的画面：低矮的茅屋旁，清溪环绕，草色青青。这乡村环境多么宁静幽美。茅屋前，一对老夫妻喝着酒，亲热地交谈，大儿子挥着锄头锄着豆田里的杂草，二儿子手中竹篾翻飞，鸡笼很快就会织成，小儿子正剥着青绿色的莲蓬。每一幅图，都透着安居乐业的美好。

一个"喜"字，透露着作者怎样的情感？结合生平，发现辛弃疾的一生，不仅擅长诗词，还领军作战，心里总是牵挂着国家的命运、百姓的安危。当他看到这样的画面时，心中更是对宁静美好的乡村景色，安居乐业的百姓生活，充满了欣赏和赞美！

紧扣一个关键字——"喜"，辛弃疾对乡村生活的喜爱赞美之情，就在多彩的画面，悦耳的声音中缓缓流淌，浸润千年。

教师在引导学生反复吟咏诗词后，顺情感之势引导写作：在当代，这样的情景早已不是一家之"喜"，更是万家之"喜"，你能满怀欣喜，详细地写一写，读了"大儿锄豆溪东，中儿正织鸡笼。最喜小儿亡赖，溪头卧剥莲蓬"这句诗后，眼前浮现的情景吗？

2. 探究发散思维角度，多种方法写

《乡下人家》一文按照时间顺序，描绘了一幅幅自然和谐的乡村生活图景。每幅画面都饱蘸怡然欣赏之情，各具特色。如何引导学生发现写作奥妙，并迁移运用呢？

通过合作学习，引导选课文中最感兴趣的一处景致，建构思维导图，去发现作者从哪些角度写景物，用了什么修辞手法。在交流分享中，朗读涵咏美景。接着回顾四年级上册学到的方法，鼓励学生展开发散思维，想一想，还可以写什么景物来丰富画面，从哪些角度来写，还可以选择哪些修辞手法让语言更生动。经历思维的碰撞、融合，新的画面不断生成，完成"写一写自己眼中的乡村景致"这一片段训练，便水到渠成了。

3. 发现联想思维路径，丰富想象写

大作家茅盾在《天窗》一文中，列举儿童丰富的想象。从"无"中看出"有"，从"虚"中看出"实"，从"一"想到"万"，从一个事物创造出更多、更新的事物，便是用联想的方式进行思维。通过建构思维导图，由易到难，从文本中探究联想思维的路径。

首先，引导学生关注三处想象：作者从天窗中看到一道闪电、一朵云、一条黑影，分别想象到了什么？再想象画面，有感情地朗读。

接着，提出高一级的要求，发现想象是如何表达的："你会从那小玻璃上面的一粒星，一朵云，想象到无数闪闪烁烁可爱的星，无数像山似的、马似的、巨人似的奇幻的云彩；你会从……夜的美丽神奇，立刻会在你的想象中展开。"

我们发现：先写从天窗＿＿＿＿到的，再写＿＿＿＿到的，最后用关键词句总结感受。联想，可以从数量、从事物类别、从变化过程、从相似形态、相似情景……展开。

在此基础上，尝试运用发现的联想路径，根据提供的语境，展开想象写一段话。

从窗外枝头的一片新绿，你会想到……
从窗外传来的一声鸟鸣，你会想到……

从窗外飘来的一阵稻香，你会想到……
从奶奶眼角的一道皱纹，你会想到……

（四）与其他图表结合，为习作提供阶梯

四年级下册第一单元统整教学的最终目标是完成习作"我的乐园"。习作提示为："你的乐园是什么样子的？你最喜欢在那儿干什么？这个乐园给你带来了怎样的快乐？把你的乐园介绍给同学吧。"习作要求饱含快乐之情，写出乐园这一景点的美，写清在乐园中的乐事。景中有事、景中有情。

将平时丰富的观察所得形成一篇习作，还需理清习作顺序，明确习作重点，在习作指导课上，教师用思维导图，呈现细化的习作要求。学生可按要求制作自己的思维导图，重组素材，构思习作。

三、结语

读写融合是提高学生阅读与写作水平的有效策略，在读写融合的教学实践中，思维导图的建构，应明确定位，找准学生"最近发展区"，把握时机，与其他教学方法有机结合，适度、适时、适用，才能在促进思维训练的同时，以读导写，以写促读，达成读写能力成长的良性循环，提升学生语文核心素养。

参考文献：

［1］蒙海莎.运用思维导图优化读写结合教学［J］.广西教育，2021（17）：123—125.
［2］刘晨旭.基于思维导图的"以读促写"教学对高中生写作能力的影响［D］.南京：南京师范大学，2020.

"双减"背景下的小学体育教学探究

◎孟庆东

摘　　要　在"双减"政策下，我国中小学体育课的时间显著增多，对基础教育的教育质量提出了更高的要求。在此背景下，应加大对小学体育教学的关注，并制订出一套科学的教学方案，推动我国基础教育不断向前发展。因此，本文对"双减"背景下小学体育教育的优化实施战略进行了探讨。

关 键 词　"双减"；小学体育；优化策略

作者简介　孟庆东，江苏省徐州市后姚小学体育教师，一级教师。

实施"双减"既能有效地降低学生的负担，又能使基础教育课程的教学更好地进行下去，教师要从学生的学习实际出发，从小学生的年龄特征出发，建立健全的体育教育系统，提高体育教学水平，促进学生的综合素质在实际教学中得到提升。

一、生态意义上的"双减"

教育生态学理论关注教育生态主体与其周围环境的联系，突出从整体价值出发，对教育生态主体进行分析，主张教育生态主体的发展应是一种动态的过程，追求发展主体长久的可持续性发展。

在教育生态体系中，师生作为教育生态的重要组成部分，既充当了教育的提供者，又充当了使用者，而"双减"则以学生为主要的生态主体，以减少家庭作业负担、校外培训负担，也就是从"整体性—关联"角度，弥补因校内课业负担过重、校外培训机构随意引进而导致教育生态不平衡，破坏学生的发展品质与校内外教育生态环境之间的关系。在"双减"的大背景下，体育教师也应该从"整体—联系"的视角上来研究"双减"对体育教育的要求，并从"动态—持续"的角度来建构其教育教学的生态路径。

二、"双减"政策下开展小学体育活动的研究

"双减"落地，得到了家长和社会的广泛认同。这一新的教育方针在小学的推行促使各个学校积极改变传统的教学观念和教学方式，注重对学生进行全方位的综合素质的培养，使他们的素质得到全方位的提升。同时，它还可以促进教师在整个教育过程中充分发挥作用，运用较高的专业技能，构建起一套完整的体育教学模型，从而使学校各项设施的使用效率得到提高，促进体育教学的现代化。

同时，新课标对于体育教师的教学方法和学生的学习方法也提出了"教—学—评"一体化的要求，增加了大课间、阳光体育的活动后，增加了学生参加室外运动的机会，促进他们在改善自己的生理功能的同时，减轻精神消极的问题，显著地改善了课堂的效果，使教学活动更加多样化，有利于培养学生积极的心态，促进全面发展。

三、"双减"对小学体育教学的影响

（一）创新课堂教学方式

"双减"的推行使教师在进行体育教学时，既要转变教育观念，又要进行改革，更要遵循党

的二十大提出的教育要求：坚持创新，推动育人方式变革，着力发展学生核心素养。从年龄特征、学习能力、身体素质等方面进行综合考虑，选择多元化、复合型的教学手段，使课堂教学更加简单有效。以下是可以采用的教学方式。

1. 多媒体技术的应用

通过多样化的网络技术引入丰富的教育资源。许多体育运动项目中有很多动作需要一气呵成，瞬间完成，单凭教师的讲解示范达不到教学的预期效果，我们就可以利用多媒体动画、图像、声音等，运用体育活动、体育技能、体育文化等多种形式，为学生创造一个多媒体参与教学的课堂环境。

比如学习跳远这一运动，可以通过运用多种形式的多媒体手段，根据助跑、起跳、腾空、落地四个环节，用图像和动画预先编制好相关的课件和视频，在教学时，对跳远的动作细节进行快放、慢放、暂停等操作，使学生通过仔细观察，掌握技术要领。这种教学方法既能降低课堂上的困难，又能有效地调动学生的学习热情，提高课堂学习效果。

2. 游戏教学

在小学体育课程中，为了提高教学效率，应结合学生的年龄特征，合理安排游戏，增加教学的趣味性，通过游戏培养学生的能力。

例如，在学习足球这一运动的时候，在讲解传球技巧的过程中，为了学生能更好地理解和掌握，教师可以通过游戏化教学来进行。可设计一个"保卫城池"的游戏，将班级学生分为两组，为每组学生划分自己的城池，要求学生按照一定规则在保卫自家"城池"的时候去攻破对方"城池"。整个过程有效激发了学生的好胜心和积极性，使他们在游戏的过程中强化了对技能的掌握，同时也感受到了课堂学习的轻松有趣，真正意义上实现了寓教于乐。[1]

我们还可以把学习内容游戏化，更能调动学生的积极性。例如在教学水平一各种跳跃的内容时，我们可以分小组利用短绳、呼啦圈、泡沫垫等物品摆成小房子的形式进行练习，还可以用轮换场地比赛的形式增加挑战性和趣味性，让学生全员参与，体现主体地位，不仅创新了教学内容，更创新了教学方法，让学生乐在其中！

（二）创设花样课间，展现灿烂风貌

在大课间活动中，教师要对学校的各个活动分区进行科学的划分，确保所有的低年级学生都能积极参加，要使学校的资源得到有效利用。要在课外活动的形式上进行灵活安排，在运动方面有新的创意，注重满足学生的爱好，进行更加有趣的培训。例如，后姚小学统一安排大课间体育活动，以韵律操为蓝本，利用有限的场地，把时尚 32 步、毽子舞、兔子舞、啦啦操相融合，创编属于学校特色的韵律操大课间体育活动，教师和学生全员参与，在欢快、和谐的音乐中体验运动的快乐，让"双减"工作在体育活动上真正落地开花。

（三）丰富课外体育项目，增加体育新的经验

在"双减"方针的指引下，应尽可能拓展教学内容。首先，要积极地突破常规的教学方式，把体育活动融入日常的活动之中，更好地发挥其作用，并使学生养成坚持锻炼的习惯，在体育活动中体验快乐，改善身体素质，保持积极向上的精神状态。其次，在课外实践中要有计划地进行扩展。学生对新的东西比较感兴趣，愿意参加课外活动。所以，学校可通过课外活动、社团活动等机会，广泛开展足球、篮球、健美操等运动项目。鼓励学生积极参与其中，为他们个人发展创造更广阔的空间，帮助他们更好地加强体育能力。最后，采用分级教学法进行课余体育活动。在学习过程中，要充分了解学生兴趣、体育能力和运动习惯的不同，要充分尊重学生的学习愿望，使学生有自主选择的权利，并能与志同道合的同学一起参加课外实践活动，促进他们互相学习。

（四）家庭和学校合作，布置多样化作业

"双减"政策使学生的作业形式更加简洁、趣味化，从而使学生的学习负担降到最低。所以，在制定运动科目的教学时，必须严格落实"双减"的要求，以提高运动教学的有效性和趣味，让学生熟练地掌握体育知识和技能，促使全体同学积极参加课外活动，并且形成比较放松的心态。

1. 实践性作业

"双减"政策提出，教师须进一步减轻学生的课业压力，对这一政策的需求，应引起广大体育专业的教师的高度关注。教师可以把重点放在更加实际的教学内容上，让学生在比较放松的情况下做好功课。例如，教师可以鼓励学生在业余的时候按时做体育锻炼。在这段时间里，学生可以自由地进行跳绳、游泳等各种体育锻炼；可以练习俯卧撑、仰卧起坐等；还可以进行亲子的各种体育活动，全家参与锻炼，并拍摄照片、录像等留存。学生在业余活动中，既可以习得较好的体育技术，又可以养成良好的体育锻炼方式，使自己的身体素质得到进一步的提升。

2. 合作型作业

除了以上几种类型的作业，教师还可以安排一些协作性的作业。例如，在完成广播操部分内容的学习后，教师便可鼓励学生以小组形式开展合作，利用课余时间学习广播操内容，并在小组内进行练习。在协作时，要有清晰的任务划分，确保各小组的成员都能主动参加，以增强他们的协作能力。最后，各班可以派出代表来学习，让学生之间相互学习，从而得到更加熟练的技巧。在此基础上，教师不仅可以帮助学生加强基础知识学习，而且可以提高他们的想象力和创造力，培养他们的协作精神，为以后参与社交活动打下了坚实的基础。

3. 社会型作业

该类型的作业也较为重要。教师所布置的这类作业，最大限度地激发了学生对体育活动的兴趣，让他们能够更好地融入社会，同时增强了他们的参与程度。教师要鼓励学生在业余时间积极参加跆拳道、足球、篮球、网球、羽毛球、乒乓球等运动项目。这种作业方式既可以帮助学生减轻因文化课而造成的学习负担，又可以充分利用自己的运动专长，发展体育运动。另外，教师也可以提倡让学生由父母陪伴，去运动博物馆、鸟巢等场所，增加对运动的认识，提高学生的学科素养。

（五）传统教学观念的变革

传统体育教学已不能适应时代的要求，我们要借着"双减"的东风，认真学习新课标，落实新时代党的教育方针，深入挖掘体育教材教法和学法，优化体育课堂教学，建立综合评价体系，以减轻学生学习压力，减轻学生学习负担，提高学习效果。以促进学生愉快学习，促进学生的健康发展为目标，在实际教学过程中，要转变传统的教育观念，落实新课标"教会、勤练、常赛"的要求，采用"学、练、赛"一体化教学模式。坚持"以人为本"，以学生为主体，注意学生课堂地位的凸显，尽可能地利用有限的课堂时间发挥出无限的价值。

所以，在日常的课堂中，教师必须对每个学生的兴趣爱好、年龄特征、认知能力等有全方位的认识，保证每个学生都能清楚认知自己的需要，并能针对他们的具体状况给予指导和协助。既要强调学生的课堂主体性，又要确保教师的目标与效果。通过这种方式，可以为学生提供一个很好的学习环境，提高他们的学习能力，提高他们对体育的兴趣，提高他们的学习效率。

（六）完善教学评价标准，提高课堂教学效率

1. 教师需要优化教学评价的主体

过去，我国的体育教育实践中，以教师为评价主体，学生仅为评价的对象。在"双减"的大环境下，要实现"教—学—评"一体化，教师就

要把自己和学生放在同一位置上，教学相长，共同进步，让他们积极地参加评估，从而使他们成为真正的学习主体。例如，教师可以鼓励学生进行自我评估和互相评估，激发他们对自己的深刻思考，并能客观地认识到别人的长处。学生会通过自我学习来补充自己的不足，在互相促进的同时，也能达到共同的发展。[2]

2. 教师需要优化教学评价的对象

教师不仅要注重学习成绩，还要注重学习过程中的学习效果。例如，在遇到困境时，学生的心态如何，他们在前进或后退时会做出怎样的回应与改变。在一次跨栏障碍的学习中，一些女学生明显畏首畏尾，出现害怕的心理。我们通过降低栏杆、榜样示范等方法克服学生胆怯心理，让学生对跳前和跳后的变化进行自我评价和相互评价，优化课堂环节。另外，教师在对学生进行评估时也要采取一种"先扬后抑"的方法，首先要对其取得的成果进行肯定，然后再作客观的评价，并对今后进行展望。在教学过程中，教师要善于运用交流方式，保护学生的自尊心，培养学习的积极性，培养学习的内在动机，促使其自我改进，要正确看待评估的意见，把它当作前进的推动力。[3]

例如，在进行"广播体操"的部分教学时，教师可以将教、学、评结合起来，对学生的学习作较为全面的评估。可以首先确定教学活动的目的，通过教师教、学生教、自学、模仿学、合作学、教师评、同学评、自我评价等环节，对学习内容进行细化和分级。之后，可以根据实际情况设定难易不同的作业，或者由学生自行选择自己的作业。[4]学生的作业评估可以通过学生的个人成绩和表现来判断，也可以由学生进行小组间的互相评估，还可仔细地考查学生的动作、姿势，以确保评估的指标符合教育目的。只有如此，才能达到预期的教学目标。

四、结语

在"双减"的大环境下，各类的教学体制都在进行改革。在推动中小学体育教学的改革与创新中，应将学生的性格特征与教学目的相统一，以提高其教学质量，学生的体质逐渐增强，运动技能和知识水平也会随之提升。

参考文献：

[1]薛勇前，武海涛.浅谈新课改下小学体育田径训练的开展措施[J].天天爱科学（教育前沿），2019（06）：61.

[2]张宏魁.小学体育专业化与兴趣化教学实践[J].青少年体育，2019（02）：98—99.

[3]马德浩.具身德育：学校体育落实"立德树人"根本任务的一个理论视角[J].体育学刊，2020，27（04）：1—6.

[4]周海东.基于创新角度下的小学体育教学策略探究[J].学苑教育，2020（07）：20.

初中数学与美术跨学科融合教学设计探索与实践

——以黄金分割为例

◎汤忠芳

摘　要　跨学科教学模式是指以活动为教学载体，把不同学科内容融合在一个问题或主题中，指导学生综合运用知识与技能，训练跨学科思维、创新和处理实际问题的能力，采用协作探究、问题处理等方法解决教学问题的一种教学模式。该模式将学科间的界限模糊化，强调知识的综合性与实际应用。数学之美体现在其理性的逻辑与推理，而艺术之美则表现在感性的形态与变化的色彩之中。

关键词　初中；数学；美术；跨学科教学；教学设计

作者简介　汤忠芳，江苏省常州市金坛区教师发展中心数学教师，高级教师。

在当前教育改革的大背景下，义务教育正迎来一个优质发展的潮流。数学是培育学生综合素质的关键学科之一，其地位与作用愈来愈突出。同时，教育部的有关政策文件，如《关于全面加强和改进新时代学校美育工作的若干意见》，明确指出了加强各学科有机融合的需要，并要求建立全员全过程全方位育人的学校美术新格局。

学科融合理念是教育创新的重要方向之一，所以，我们必须深刻认识学科间的联系，积极联通相关学科内涵，促进跨学科教育的实践。数学与美术两门学科之间存在着内在的关联性。

一、初中数学跨学科教学的困境

（一）缺乏明确的跨学科课程主题与情境

初中数学跨学科教学的主要目的是让学生在不同的学科领域中发现数学的应用与价值，进而培养对数学的兴趣与学科素养。但是，要达到这一目的，就必须有明确的跨学科课程主题与情境，以便调动学生的兴趣与动机，展示数学与其他学科之间的联系与运用，并指导学生进行探索与创造。但是，目前在初中数学课程标准和教材中，很少提供跨学科课程的主题和情境，或者提供的主题和情境过于抽象和单调，无法有效地吸引和启发学生。

（二）跨学科教学与任务设计难度大

跨学科教学与任务设计是跨学科教学的核心环节，必须充分考虑数学与其他学科的知识、技能、方式、价值等方面的整合，以及学生的差异与需要。这对教师的专业素质与创新能力提出了很高的要求，但目前不少教师没有跨学科教学的理论储备与实践经验，无法设计出有效并好玩的跨学科教学活动与任务。

（三）跨学科教学组织实施与管理难度大

跨学科教学实施与管理必须有一个灵活和开放的教学环境，以便支持学生自主、协作、探索、创造等多样化的学习方法。但是，目前的初中数学课堂往往受到课时、课程、考试等约束，无法为跨学科教学提供适当的时间与资源条件。

另外，教师也必须具备较强的课堂组织、指导、管理等能力，以适应跨学科教学中可能出现的复杂与多变的现象。

（四）跨学科教学评估与反思体系不健全

跨学科教学评估与反思是跨学科教学的重要保证，必须有一个全面和多元化的评估体系，以便反映数学和其他学科间的相互作用，不但评估数学知识与技能，还有数理思维、创新、协作精神等方面。但是，目前的初中数学评价主要依赖于笔试成绩，忽略了其他形式和内容的评价，也缺乏对跨学科教学过程与效果的有效反馈与改进。

二、初中数学与美术跨学科融合教学设计探索与实践——以黄金分割为例

（一）黄金分割的发现

"黄金分割"是一种比例关系，给人以美感，在数学、艺术、建筑等领域都有广泛的应用。黄金分割的发现可以追溯到古希腊时代，当时的数学家和哲学家对几何图形与比例关系有着强烈的兴趣。文艺复兴时期，黄金分割经由阿拉伯人传到欧洲，并受到欧洲人的重视，将该数学发现称为"金法"。17世纪，欧洲数学家将其称为各种算法当中最关键的算法。

黄金分割是指事物各部分间一定的数学比例关系，即将整体一分为二，较大部分与较小部分之比等于整体与较大部分之比，其比值为 $1:0.618$ 或 $1.618:1$，即长段为全段的 0.618。0.618 被公认为最具有审美意义的比例数字。

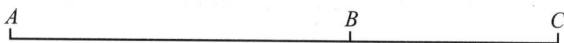

$$A \quad\quad\quad\quad B \quad\quad\quad C$$

图1 黄金分割图示

（二）初中数学与美术跨学科融合教学研究与实践

1. 增强教师跨学科教学意识，培育跨学科思维
（1）黄金分割现象的美学感官价值
审美是人类特有的意识活动，自然规律是审

美活动的主要评价标准。黄金分割的美学意义来自自然界中这种数学模式的合理性。黄金分割是一个普遍存在于自然界与人类文明中的比例关系，它可以给人以和谐、均衡、良好的视觉效果。在美术领域，黄金分割被广泛应用于构图、色彩、形式等方面，以提高艺术的艺术魅力。教师可通过展示这些经典作品，指导学生感受黄金分割的美感，并激发学生对美的追求与创造。

（2）黄金分割本质的数学理性价值
黄金分割首先是数学定律，然后才是美学定律。以黄金矩形为例，人们发现，黄金矩形中蕴含着无数个同样比例的黄金矩形，任意一个黄金矩形都能够再生出新的黄金矩形，能够无限延续下去。黄金分割中的再生性就是其数学本质，反映了数学变中有不变的性质。通过深入研究黄金分割的数学表达，学生能够领悟到数学中的和谐与统一。

（3）黄金分割方法的科学应用价值
黄金分割不仅是一个美的标准，而且是一个有效的工具。教师要深刻认识到黄金分割的科学应用价值，特别是在自然科学和社会科学中的实际应用。通过掌握黄金分割方法在"优选法"中的运用案例，教师可以更好地认识其在实际问题中的重要性。这种认识将有助于教师更灵活地把黄金分割的科学运用融入跨学科融合课程设计中，以提高学生的实际问题解决能力。

2. 确定跨学科课程主题与情境，培育学习兴趣
为培养学生的兴趣，我们创造了"拍摄最美毕业证件照"这一情境，让学生运用平板电脑、几何画板软件，在教师事先做好的探究课件"相框"进行"拍照"，在自主捕捉"视觉美感"的过程中学会用数学的目光观察现实世界。

（1）引入
教师首先展示了一些不同风格的证件照，让学生比较并评价哪些证件照更漂亮，哪些证件照不合适。教师可以指导学生思考，影响证件照美

观的原因有哪些？有没有一些通用的规律或标准可以参考？

（2）探索

教师让学生分组使用平板电脑和几何画板软件，自主拖动"相框"进行"拍照"。教师可以提示学生注意相框的形状、大小、位置等因素，以及相框内人物的姿势、表情、比例等因素。引导学生多尝试不同的组合，寻找自己认为最好的一张证件照，并记录下相框的尺寸与位置。

（3）分享

让每组选出一张最好的证件照，展示给全班同学，并说明自己选用的理由。教师可以指导全班同学进行讨论，寻找各组间的共同点和差异点，以及各组选择的优点与缺点。

（4）总结

通过学生的分享与探讨，让学生回顾自身的探索过程，总结出一些影响证件照美观的规律或标准，以及怎样更好地拍摄最美证件照。

这个跨学科教学设计旨在让学生在探索美的过程中，既可以理解数学的应用与价值，又可以欣赏到审美活动中的数学之美。

3. 设计跨学科教学的任务，解决实际问题

（1）初探黄金分割之美观

教师指导学生回顾前面的探究活动，总结出影响证件照美观的规律或标准，比如相框的形状、大小、位置，以及相框内人物的姿势、表情、比例等。另外，为让学生进一步了解黄金分割在现实中的运用与表现，以上海东方明珠电视塔为例，学生将参与度量图中线段 AB、AC 的长度，并测算这些线段间的黄金分割比值。这一案例通过现实中的建筑展示了数学和美学之间的契合，使学生亲身体会到数学在艺术中的运用，从而训练了学生对黄金分割之美的敏感性。这样的实例设计旨在指导学生在美的探索中了解数学的运用和价值，并通过实际问题训练学生的创造力与思维能力。初中数学与美术跨学科融合课程的

初步探索将有助于学生更全面地认识数学，并在审美活动中体会到数学之美。

（2）深究黄金分割之美好

黄金分割，源于毕达哥拉斯学派（他们在做正五边形和五角星的图形时，发现了黄金分割的比例），但是，毕达哥拉斯并没有直接提出黄金分割的相关概念。直至公元前 4 世纪，数学家欧多克索首先提出了比例概念，黄金分割的概念才初露端倪。这一历史背景将指导学生深入了解黄金分割的发现过程，体味数学发展的历史脉络。学生将被分成四人一组，首先测定五角星各条线段的长度，然后再测定比较线段间的比例关系。通过对熟悉的三角形进行测量与运算，学生将发现 $AC/AB=BC/AC\approx0.618$ 这种近似于黄金分割比例的结果。教师将指导学生用自己的语言给黄金分割下一个定义，最后加以总结。这一研究过程不但让学生亲身体会到黄金分割在几何图形中的实际运用，也使学生理解这一数学原理是怎样以美学方式呈现。

这个过程不但把数学的抽象理论具体化，更把学术研究和实际应用相结合，使学生更好地认识和欣赏黄金分割之美。

（3）创造黄金分割之美妙

创造思维对提高学生的数学学习能力有着重要意义，所以在初中数学课堂中，教师可以深入大自然，利用大自然中的事物指导学生体会数学之美，并建立数学与大自然之间的联系，使学生在未来的数学学习中积极探索与大自然有关的艺术奥秘。

在创造黄金分割之美妙的实践活动中，我们将学生引入自然界，通过深入观察花卉、动物等寻找并体会黄金分割的生动例子。学生可以通过简便的工具对所观测到的线段进行测定，进而掌握这些自然事物中的黄金分割比例。

4. 进行跨学科教学评价与反思，多角度看数学

数学学习是一个动态的、发展的数学理解过

程。跨学科教学的主要目的是让学生从不同的视角看待数学，拓宽数学的应用范围，培养数学思维的综合素质。在实践活动完成后，教师针对学生的学习成果加以评估与反思，以检验效果，改进教学。

在评估过程中，教师不但要重视学生对数学知识与技能的掌握程度，还要考查学生对数学与美术跨学科的理解与体会，以及创造性思维与审美能力。教师可采取各种评价方法，如观察记录、问卷调查、自我评价、同伴评价、作品展示等，以获取更全面的信息反馈。在反思方面，我们将注意教学设计的有效性，思考怎样更好地调动学生兴趣。同时，我们还会考察教师在指导学生创作过程中的角色，以及提供的资源是否足够支持学生的跨学科学习需要。我们还将考虑怎样更好地处理跨学科课程中可能出现的复杂情况，提升课堂管理，并加强数学和美术学科的整合，使两个学科间的联系更为密切。

通过这样的评价与反思，可以不断改进教学方法，提升跨学科教学的有效性和品质，为学生提供更为丰富的学习体验。这样的多角度评价与反思有助于建立更为完善的跨学科教学体系，以促进学生的全面发展。

三、结语

在初中数学与美术跨学科融合的实践中，我们通过黄金分割这一数学美的奇妙概念，引领学生跨越数学与艺术的边界。这不仅是知识的碰撞，更是思维的融合，使理性的数学之美和感性的艺术之美在学生心里交相辉映。通过增强教师跨学科教学意识，培养跨学科思维，我们拓宽了教学的视角，使课程间的联系不再是抽象的概念，而是生动的实践。同时，通过深入研究黄金分割的美学、数学和科学应用，使学生在创造性的思维活动中体会到了数学的深义。在跨学科课程的评估与反思中，可以看到学生不仅是知识的接受者，更是思考者和创作者。多角度的评估体系和深刻的反思过程，使教学不断优化，给学生更丰富、更有趣的学习体验。这次探索和实践并非终点，而是开启了数学与美术跨学科融合之旅的序章。在这个旅途中，我们希望学生可以运用数学的眼光欣赏美学，并利用艺术的方式解读数学的奥妙，让跨学科的种子在学生心里生根发芽，开出属于学生自身的知识之花。

参考文献：

［1］吴文娟.让美充满"数学"味，让数学更"美"味——"黄金比"教学例谈［J］.小学教学设计，2023（32）：54—56.

［2］赵德芳.基于核心素养的初中数学跨学科融合教学实践［J］.上海中学数学，2023（Z2）：47—50，82.

［3］陆贝贝，张维忠.初中数学教科书中跨学科内容比较——以黄金分割为例［J］.中学数学杂志，2022（12）：16—19.

基于教学评一致性的单元评价任务设计
——以初中道德与法治《生命的思考》为例
◎王来美

摘　要 基于教学评一致性的单元评价任务设计对于探索学什么、怎么学、如何学具有十分重要的实践意义。本文以《道德与法治》七年级上册第四单元《生命的思考》为例，探讨基于教学评一致性的单元评价任务设计的具体路径：一是统筹设计单元目标，为单元评价任务提供科学指引；二是分阶段设计评价任务，引领单元学习过程螺旋上升；三是精准设计评价标准，让评价有效引导教与学。

关键词 初中道德与法治；教学评一致性；评价任务

作者简介 王来美，江苏省南京宇通实验学校教师发展中心副主任，高级教师。

评价任务是指为检测学生的学习目标的达成情况而设计的检测项目。教学评一致性要求学习目标、评价任务、教学活动之间保持内在一致性。但在日常教学中，我们经常会发现评价任务的设计游离于学习目标与学习活动之外，导致教、学、评割裂的现象。基于教学评一致性设计单元评价任务以学科核心素养为导向，将学习目标、学习内容、学习过程、学习评价结构化设计，保持思维过程连续性的同时有助于学生持续建构学科大概念，这对于探索学生学什么、怎么学、如何学具有十分重要的实践意义。

本文以《道德与法治》七年级上册第四单元《生命的思考》为例，探讨基于教学评一致性的单元评价任务设计。

一、统筹设计单元目标，为单元评价任务提供科学指引

具体、清晰、可操作的学习目标是实现教学评一致性的前提。单元学习目标的设计需要我们打通学科的教材体系，研读课程标准，跳出教材章节碎片化的知识点，俯瞰单元全貌。

通过小学阶段的学习，学生初步建立起对各类生命现象的基本感知，进入初中阶段，随着教材对生命的学习进一步深化，学生开始从健康安全地活着走向对生命价值和意义的主动思考和主动创造。但是这个年龄段的学生大多缺乏丰富多样的生命体验，对生存的意义缺乏主动思考，对生命的价值感产生困惑，对生命尊严缺乏足够敬畏，迫切需要系统的生命教育。

整体把握学生学情、身心发展特征、课程标准和教材体系后，我们将《生命的思考》这一单元的大概念概括为"生命价值高于一切"。从课程内容标准来看，本单元属于生命健康与安全教育主题。本单元的价值意义指向学生自觉的生命思考，学生通过本单元的学习能够主动审视生命，对生命进行基本的哲学思考。

综合以上分析，我们将本单元的学习目标设定为以下四个方面：（1）研读文本，构建以"生命"为主题的思维导图，说出自己对生命的多重

理解。（2）分析疫情中的生命故事，表达自己对生命的见解，总结对待生命的正确态度，提升生命品质。（3）结合自己的生命成长历程，分享生命的意义与价值，并为提升生命品质做出合理规划。（4）能够准确运用所学分析各种生命情境，准确说出其中蕴含的生命哲理。

二、分阶段设计评价任务，引领单元学习过程螺旋上升

教学目标确定之后，选择教学方式是关键。在单元学习目标的统领之下，我按照以终为始，逆向设计的思路分别设计每个阶段的评价任务：围绕"生命的价值"这一核心概念，遵循单元设计的本质系统性和整体性，从对生命现象的认知、道德生命的践行、生命价值的创造三个维度，按照认知内化、实践生成、素养达成的学习逻辑进行设计，打造情境系列化、问题活动系统化、思维方式递进化的单元评价任务，引导学生从日常养成健康的生活方式出发，最终走向精神生命的自觉。

第一阶段，整体感知。基于学生实际学情，初一的学生对生命既熟悉又陌生，对本单元的把握是碎片化的，这是学的起点也是教的逻辑起点。在设计评价任务时首先引导学生总体阅读教材内容，根据自己的理解，梳理构建思维导图，组内、组间、全班对自己的梳理收获进行交流讨

表1 《生命的思考》评价任务设计

学习进程	评价任务
整体感知	评价任务1：生命观察员——自述我从哪里来 通过查看自己的出生证明、家庭族谱并与家庭长辈交流等来感知生命传递的奇妙。
	评价任务2：构建思维导图，说说生命是什么 阅读教材，了解本单元的结构，每个题目之间的相互关系，用自己喜欢的方式构建思维导图。
	评价任务3：分享影响我生命的人和事 在生命成长过程中，我们会和许许多多的人相遇，他们曾经有怎样的经历，又有哪些生命故事。请选择一个人，将他对生命的热情努力和活出生命精彩的故事记录下来，并说说给自己带来的启示。
探究建构	评价任务1：最美逆行——以生命为本 对于疫情中的逆向而行，班级里有两种不同观点：一种认为生命宝贵，我们要战胜病毒；另一种则认为，既然珍爱生命，为何还要逆向而行。请对上述两种不同观点进行评论。
	评价任务2：日常的选择——以珍视为行 对小明居家学习的表现进行评析，说说我们应该如何珍视生命。
	评价任务3：共同的行动——以绽放为荣 你的样子就是中国的样子，你什么样中国就什么样，我们的生命应该是什么样子才能体现中国的样子，请在你的纸片上写下关键词并解读。
应用迁移	评价任务1：回顾过去——定位生命 结合从外貌、品格、爱好、处事风格以及家风等方面绘制我的生命之树，谈谈你的到来，为你的家族带来了什么。
	评价任务2：以人为镜，珍惜生命 评选班级最美人物，为他写一段颁奖词，说说他的生命成长给我们带来怎样的影响和启示。
	评价任务3：展望未来，规划生命 请为你的生命成长做出生命规划，包括人生目标、行动措施、生命格言等方面。
重构拓展	评价任务1：单元重构：生命该有的样子 回顾本单元的学习，围绕生命主题重构单元思维导图，结合当下时代楷模、人民英雄等榜样，谈谈对自己生命的理解。
	评价任务2：学习榜样——致2035的自己 给2035年的自己写一封信，展望2035年自己会在哪里、以怎样的方式过着怎样的生活，如何创造自己的生命价值。

论，站在整个单元的角度宏观认知生命。从自己的生命到文本中的生命再到身边的生命，学习目标贯穿学习活动，以评价任务为载体，不断拓宽对生命的认知和体验。

第二阶段，探究构建。本阶段的评价任务设计旨在引领学生以真实情境为依托，探究生命的本质，设置三个真实情境，在总议题的统领下，设计系列化评价任务。评价任务1以医护人员为什么来为核心问题，对生命的价值、拒绝冷漠、敬畏生命等多角度思考。评价任务2从同龄人的一天引导学生反思自己日常对待生命的态度和做法，基于学生实际生活经历，将教育价值和教学价值有机结合。评价任务3通过将我们的样子和中国的样子结合，侧重生命的意义与价值，引导学生创造性思考自己生命的责任与价值。从现象到本质、从行为选择到价值引导，实现教学评的有机融合。

第三阶段，应用迁移。本阶段评价任务的设计侧重应用性、综合性和创新性，是对前两个学习阶段获得的知识和能力的运用。本阶段评价任务的设计主要结合学生现实生活，联系热点现象，在新的复杂情境中，探究不同的生命体验带来的认知和行为冲突，重构解决新问题的方法和能力，提升关键能力和高阶思维水平，达成课程核心素养，走向学科创造。因此，本阶段的评价任务设计为：回顾过去，定位生命；以人为镜，珍惜生命；展望未来，规划生命，让学生从不同角度，体会生命在不同情境中的经历以及获得的人生启示。这既是对必备知识的回顾，又可以挖掘知识间、模块间的内在逻辑关系，最终引导学生形成结构清晰、逻辑严谨的体系，在单元目标的引领下实现思维品质和行动践行的进阶，达到教学评一致性。

第四阶段，重构拓展。本阶段是对单元学习的回顾总结和拓展。评价任务的设计围绕"生命"这一核心概念，重构单元体系，小组合作列出单元必会清单，复盘学习过程，小组合作，展示收获和疑问，自创形式互相达标，准确运用所学分析各种生命情境。本阶段评价任务的设计坚持依托知识，但是超越知识的导向，坚持价值认同，体现思想性与人文性，注重行为指导，改善学生的行为，激发其改变个人现状的意愿。思维在各种生命现象的启发下趋于成熟和理性，并在不断丰富的生活阅历中形成自己的世界观、人生观和价值观。

三、精准设计评价标准，让评价任务有效引导教与学

评价的真正价值在于引导学生反思自己，提高学生的元认知水平。基于教学评一致性的评价任务设计让单元学习路径更加清晰，教学方向更加精准。教学评一致性将评价镶嵌到单元学习的过程中，评价标准的科学设计和规范使用，可以引领学生学习的过程，促成积极有效的学习表现。

教师在教学的过程中应给予学生充分的展示交流机会，通过观察、倾听、评价学生的学习表现，收集评价信息，不断推进教与学的活动，促进教学向着学习目标的实现不断发展。每个评价任务多维度设计详细具体的评价标准，实现有统一标准、无标准答案的评价，既评价达成观点的过程，又评价学习设计达到的效果。通过评价标准引领学生转变学习方式，跳出"知识点"局限，学会系统化、整体性思考问题。

参考文献：

[1]翟霄宇.基于标准的历史课堂教学评价问题研究[D].温州：温州大学，2014.

[2]林荣姐.小学科学教学评一致性教学模式的建构[J].生活教育，2022（06）：93—96.

[3]温莹莹.基于"学教评一体化"的评价任务设计[J].中学语文，2023（20）：94—95.

以"文"育"德"

——借用文言文教学，落实德育渗透

◎严　钊　朱育培

摘　　要 文言文承载着中国数千年的璀璨文明，是中国传统文化的重要组成部分，对培养小学生的道德修养与人文素养有着重要的作用。本文以部编版小学语文教材中的文言文为研究对象，从文言文教学的德育元素、德育作用、德育渗透措施优化三个方面，探讨文言文教学中的德育渗透价值。

关 键 词 小学语文；文言文；德育教育

作者简介 严钊，江苏省阜宁县实验小学教师，一级教师；朱育培，江苏省阜宁县实验小学教师，高级教师。

在《义务教育语文课程标准（2022 年版）》的课程理念章节中，第一项就提及立足学生核心素养发展，充分发挥语文课程的育人功能。正所谓"育人先育德"，教师要从语文教学内容中挖掘德育资源，以课文内容为抓手，将德育渗透在日常的教学中，潜移默化，充分发挥语文课程的育人价值。

文言文作为中华优秀传统文化的载体，记载着古人的言行、教育、生活、军事、农事等方方面面的内容，包罗万象，历朝历代的名家经典都以文言的形式流传下来，这是一笔宝贵的德育财富。在文言文教学过程中充分地利用好这些课文，既是对传统文化的一种继承与弘扬，丰盈学生核心内涵素养，增强文化自信，也能强化学生的情感体验，提升其道德修养和人文素养，从而实现德育教育的渗透。

一、重视小学文言文教学中的德育元素

从部编版小学语文教材投入使用后，文言文题材得到了重视，教育部提高了中华优秀传统古诗文的比例。相比于人教版、苏教版等教材，部编版教材古诗文在数量上占了近 30%。从三年级上册到六年级下册，文言文数量增长到 16 篇，其中五年级上册出现了《少年中国说（节选）》《不耻下问》《读书有三到》《读书要有志》4 篇。不光数量上明显增加，在历史跨度上、内容上也丰富了很多，小学文言文涵盖了从先秦时期到民国时期的各类文体，如寓言故事、神话故事、议论、传记、经典典籍的选录等。在各类题材中也凸显了诸如家国情怀、勤学、友爱等德育元素。

如《少年中国说》中，那种少年清澈的爱国之情，"潜龙""乳虎""红日初升"等一系列象征，正是开展爱国主义教育、培育家国情怀的最好契机。相比于白话文，学生刚接触文言文时，对这种文体感到好奇，表现出强烈的求知欲，但文言文句式的特点结构、重点字词的理解、主旨内容的感悟不同于白话文那般直接，教师要有针对性、有目的性地引导，将优秀的德育资源慢慢渗透到教学当中。

二、发挥小学文言文教学中的德育作用

（一）德育现状不容乐观

相较于智育，德育的成效往往并不会通过一道习题、一份试卷，以具体的分数呈现出来。对小学生进行德育教育的渗透，是"润物细无声"的过程，主要是一种潜移默化、柔性的、隐性的过程。但正是因为这种特征，当下很多教师、家长都过分重视智育，轻视德育，忽略了学生的全面发展。

在信息化迅猛发展的时代，互联网提供了广阔的平台，对教育起到了极大的帮助，均衡了教育资源，弥补了教育匮乏地区的窘状。但同样，线上教学对小学生也产生了消极的影响，如挂着网课打游戏、追剧、聊天等，更有甚者还触及网络安全，如涉嫌诈骗、散发不当言论等违法行为。在如今的社会，物欲横行，小资情调泛滥，"摆烂""躺平"等消极言论同样冲击着未成年人，夹杂着很多不正确价值观的网络流行语直接影响着小学生。中国数千年的优秀品质逐步被淡化，历史文化名人逐步被淡忘，文化认同感逐步被弱化。因此，加强小学生对传统文化、革命文化、社会主义先进文化的认同迫在眉睫，对小学生的德育教育已到了刻不容缓的地步。

（二）文言文丰富的内涵价值

部编版小学语文教材中选录的文言文，是专家、学者耗费大量心血，从浩如烟海的经典古籍中精心筛选出来的作品，这些作品极具代表性，是中华文化千年沉淀的璀璨结晶，其丰富的内涵对小学生的德育渗透方面有着深远的影响。

如五年级上册的《不耻下问》《读书有三到》《读书要有志》三篇课文，分别是从中华经典古籍《论语》中摘录有关读书的思考与做法、朱熹分享的读书心得体会、曾国藩的读书感悟。这些恰好符合小学生读书习惯的养成、学习态度的端正等要求。以古人对待读书的态度来教育学生，

不光要仔细看书，认真看书，最关键的是摆正自己的学习目的，端正态度，养成习惯，用古人鲜活的事例对学生的学习、行为加以引导。如《精卫填海》一文，是一则神话故事，其神秘的背景吸引着学生。教师借此引导，带领学生从文中感悟精卫执着的精神、锲而不舍的品质。神话题材的文言文不同于其他文言文，这里面包含着中华民族对美好生活的愿景，对优秀品质的赞扬与讴歌，蕴藏着人间最初最质朴的情感。教师在本篇课文教学过程中，让学生反复朗读"常衔西山之木石，以堙于东海"这一句，发挥想象，通过精卫的精神品质，加深学生对精卫填海这种行为的理解，这是一种象征着中国古代劳动人民的精神品质。这种锲而不舍、执着的精神还表现在很多方面。引申到德育教育，比如神舟十六号成功发射，这项举世瞩目的成就离不开那些航天科技人员，靠的就是他们数十年如一日的坚持努力，攻坚克难的精神。借此可以从小培养学生的浓浓家国情、宏伟报国志，引导他们自觉追求真、善、美，塑造健全人格和高尚情操。因此，教师在指导学生学习文言文时，可以通过字词讲解、朗读指导、深入文章背景、感悟作者思想情感、结合自身经历交流等一系列由浅入深的教学过程，提升学生对文言文内涵的理解，加强小学生对文言文中德育教育道理的汲取与感悟，充分发挥其丰富的内涵价值。教师在强化学生对中华优秀传统文化认同感和自豪感的同时，将德育悄然渗透其中，发挥德育育人的作用。

三、文言文教学促进小学生德育渗透效能优化的措施

（一）聚焦文本研读能力，挖掘德育元素

文言文的德育元素集中在文本内容中，需要教师、学生在认真研读的基础上加以研究分析，方能发挥出德育渗透的最大效能。教师作为课堂的引导者，如何引导学生在学习中理解感悟文言

文中的德育元素？关键在于充分的文本研读。倘若教师都不聚焦文言文文本的研读，而是走马观花地圈几个词、几句话，随便指导学生读一读，那德育渗透便是空中楼阁，虚无缥缈。因此，聚焦文本研读，挖掘德育元素，首先就要强化学生课前的预习环节。在课前布置与学生能力相符的、与德育教学目标贴切的教学内容，让学生反复朗读文本，将学生的学习任务精准前置，充分发挥学生主体地位，让学生自己找答案。

如四年级下册的《铁杵成针》。这篇课文的内容对学生来说不是很难，篇幅也不长，全文仅数十字。学生结合注释，对文章大意都能读懂，但其蕴含的德育哲理却很深刻，尤其对小学生而言，极有教育意义。教师可以设计以下问题：①铁杵成针这件事你相信吗？说一说你的看法。②李白"诗仙"的成就是天赋吗？结合课文说一说自己的感悟。铁杵与针强烈的反差对比，让学生不由自主地进行思考，结合生活实际情况，不难得出铁杵越磨越细的结论。可这种结论是建立在长期坚持、锲而不舍的前提下。铁杵成针需要长期的坚持，那读书学习呢？教师自然的提问会让学生的思路一下子明晰起来：做任何事都是这样，要持之以恒地坚持。在这种对比的分析中，教师结合学生的认知，在潜移默化中帮助学生建立起正确的学习观念，养成珍惜时间的品质，传承传统美德和精神。

（二）借助生活情境，进行德育渗透

文言文的句式结构与现代白话文不同，有很多省略、倒装、后置等特殊句式，虽说在小学不需要过分强调句式的结构，但小学生在刚接触到这些句子时，理解起来还是有不小的难度，那么如何帮助小学生理解呢？教师可以以生活情境，搭建一个古与今的阶梯，帮助学生突破难点，感悟文章大义。

如四年级上册的《王戎不取道旁李》一文中，有"多子折枝"一句，老师如果不引导学生结合生活情境，学生很难理解这一句的意思。而这一句意思不明确，也很难连贯地理解其他小孩去摘李子，王戎却不为所动的原因。教师在课前导入时，可以引导学生从生活场景入手，当果树的果实成熟了，沉甸甸的果实会压低树枝，果实越多，树枝就会被压得越低，当果实超过树枝的承受范围，就会被折断，而这种生活中可能出现的情境真实地出现了，你们猜猜一个七岁的小孩会怎么做？在设置生活情景后，再次走进课文，学生就能理解王戎的智慧。生活处处有学问，王戎的故事告诉我们要养成仔细思考、善于观察、总结的习惯，尤其是碰到很多意见时，千万不能人云亦云，一定要有自己的主见。学生从文言文的学习中收获了知识经验，同时也懂得了要学会独立思考，尤其意见和他人不同时，要敢于坚持己见。

此外，《王戎不取道旁李》这篇课文取自《世说新语》。作为南朝时期著名的志人小说，《世说新语》记录了东汉后期到魏晋时期很多名士的言行趣事。这些人物的事迹本就来源于生活，教师可以借本篇课文，引领学生由课内延展至课外，学习其他人物的趣事，在阅读中不断感悟新的哲理，从更多的方面进行德育渗透。学生在此基础上可以不断深入思考感悟，建立起自己的价值体系，并自觉承担起传承美德的重任，实现优秀文化和道德品格的传递。

（三）设计项目化德育目标，彰显育人效能

教师在文言文教学过程中，对学生的评价同样不能忽视。教师给予学生正确的德育渗透，通过在学习过程中落实项目化德育学习目标，及时进行评价，可以让学生明确自己学习的得与失，及时发现自己不足之处，从而进一步改正。

如五年级上册的《少年中国说（节选）》，这篇文言文相较其他入选的文言文篇幅较长，且作者在这篇文章中运用了大量的修辞手法，比如象征、排比、比喻……即便对照注释，学生在理

解上仍有不小的难度。教师可以提前布置预习任务，让学生了解梁启超的创作背景。学生了解这方面的历史后，自然能够明白全文的情感基调，教师以此为切入口，在对文本有了全面理解的基础上，教师可以圈画"少年强则国强""与天不老""与国无疆"等句子引导学生研读分析，对学生进行爱国主义精神的德育渗透。为了进一步落实爱国主义教育，教师可设计以下由易到难的具体化德育学习任务，由学生、学习小组自主选择。

任务一：英雄事迹我来说（难度一星）

自古英雄出少年，你知道历史上哪些英雄少年的事迹？请给他们写一段自我介绍。由学生互相评价，互相打分。

任务二：英雄档案我来编（难度二星）

在革命战争时期，涌现了很多可歌可泣的英雄，请以学习小组为单位，选取最感动自己的人物和相关事迹，绘制英雄档案，以"绘画＋文字"的方式呈现革命英烈的大无畏精神。由小组间评价，互相打分。

任务三：英雄影片我来演（难度三星）

在充分了解英雄事迹和生平档案的基础上，教师可以加大德育教育学习的难度，让学生根据自己的喜好，选择古代少年英雄、革命年代英雄、社会主义新时代英雄编写剧本。由学生自编自导自演，充分体现学生的主体地位。由教师评价，并阐述评分理由，对每个影片团队进行点评。

这些具体化的德育学习任务是建立在学生充分理解文本的基础上展开的，这些有明显难度分级的任务遵循了分层作业的设计原则，让学生身

临其境，加强德育渗透的效能。教师结合这种项目化德育渗透方式，让学生在学中悟、悟中思、思中感，在潜移默化中提升了家国情怀。项目化的德育学习任务让学生清晰地认识到爱国是一种不可推卸的责任，是一种与生俱来的本能，这份沉甸甸的使命感会牢牢地印在学生的心间。

四、结语

德育的本质是带动学生情感的互动，是发生在内心深处的共鸣。小学文言文中蕴藏着的优秀而璀璨的文化基因是一颗颗良种，教师要深度挖掘文言文中的德育元素，在学生的学习生活中加以正确的引导渗透，将良种播种在学生的心田。正如习近平总书记强调的那样，教师要围绕立德树人根本任务，培根铸魂，明确德育为先的观念，在日常的文言文教学过程中，潜移默化地进行德育教育的渗透，培养出德智体美劳全面发展的社会主义接班人。

参考文献：

[1] 王芳 . 浅谈如何在小学语文课堂教学中渗透德育教育 [J]. 读与写（上、下旬），2015（04）：88.

[2] 王达春 . 在文言文教学中渗透德育教育 [J]. 文学教育（下），2013（04）：86.

[3] 冯雨 . 文言文教学也应重视德育渗透 [J]. 黑龙江教育（中学版），2004（17）：38.

[4] 韩国霞 . 文言文教学中的德育渗透 [J]. 赤峰教育学院学报，2003（03）：117.

[5] 黄逊生，姜守国 . 文言文教学的德育渗透 [J]. 中学语文教学参考，1996（Z2）：27—28.

核心素养视域下"量感"的内涵认识与实践路径 *

◎王 静

摘 要 培养学生"量感"是数学课堂教学的重要目标之一。基于核心素养视域并结合小学数学学科教学基本特点，本文分析对"量感"的内涵认识，考察当前小学数学教学中关于"量感"培养的现状，并结合教学实践提出量感的培养实施路径，实现对学生量感的培养从模糊到清晰、从抽象到具体、从感知到经验。

关 键 词 量感；小学数学；实施路径

作者简介 王静，江苏省泗洪县青阳中心小学副校长，高级教师。

在发展学生核心素养的背景下，数学学科肩负着重要的职责，其中培养学生的量感成为学科教学的重要目标之一，在教学实践中理应得到有效落实。调查发现，虽然很多教师在一定程度上重视培养学生的量感，但学生仍然存在对于量感体验不足，缺乏方法指导等问题。在多方面因素的影响下，小学数学课堂对于培养学生量感的成效亟待提高。

一、教师培养学生量感存在的问题

笔者曾经做过一个关于三年级学生量感培养现状的调查，其中有个问题是："我们学校的教学楼有四层，你能说出大约有多高吗？"很多学生充满兴趣，纷纷说出自己的答案，有的说30米，有的说100米，有的说50米……可见，对三年级学生来说，他们对于"米"这个量有了一定的感知，但对于现实生活情境还缺乏一定的量感，特别对于1米这个长度单位，体验不够深

刻，目测能力更无从谈起。这些说明当前小学生量感较弱，能力培养还比较欠缺。探究其原因，主要有以下几点：

（一）忽略学生主体体验过程的完整性

教师的课堂教学局限于数学知识的传授，只抓所谓单位之间的换算，而忽略了学生体验与感知的过程，学生整体有关"量"的体验不够丰富。有些教师对于"量"的教学提供的生活化素材不够丰富，无法开展多元化的体验，学生不易形成感性认知，量感的建立缺乏直观感受的根基。即使有相对生动的体验活动，但程度不够深刻，学生仅停留于表象，未能内化到生活化应用的程度。

例如，学习"千克"时，教师会让学生拿起1千克物体，用手掂一掂，感受有多重；认识"千米"时，让学生走一走，感受1千米有多远……显然，这是不够的，学生产生的只是简单肤浅的感受，无法真正地建立量感。教师的第二

* 本文系江苏省中小学教学研究室第十四期立项课题"基于积极心理学幸福理论的小学生数学学业水平提升研究"（2021JY14-L331）的阶段性研究成果。

步教学用课件替代学生的体验过程，只呈现出一幅幅1千克、2千克的物品图像……虽然学生动手实践了，用眼睛观察了，但活动后学生的体验没有得到及时总结与升华，还是无法建立量感。

（二）忽略量感培养的系统性

新课标将量感培养提升到一定的高度，教师的意识也得到增强，对于学生建立量感的研究也逐步深入。很多教师都利用相关典型的课例开展研究活动，帮助学生建立量感，学会估测生活中常见的案例。但这些研究往往比较零散，也仅是满足课堂教学的需要，未能将相关的系列度量概念、单位和相关工具等整合，学生量感的发展缺乏整体系统性。

例如，苏教版《数学》二年级上册学习《认识厘米》，三年级下册学习《认识面积单位》，六年级上册学习《认识体积单位》，学生在学习以上计量单位时，教师会让他们找来身边1厘米、1平方厘米、1立方厘米的物体。三个不同年级阶段的学生往往会忽略"手指的宽度大约是1厘米""指甲盖面积大约是1平方厘米""手指头的体积大约是1立方厘米"这样的表述，更没有对不同量感开展辨析活动。

（三）忽略合理量感应用能力的培养

教师在教学中忽略学生合理的量感应用能力培养，主要体现于学生量感应用意识不强，没有重视量感能力的迁移。教师实施教学活动，局限于按照教材教学，重视数学能力而忽略量感的共性，这样势必造成学生缺乏迁移与应用意识，难以将量感知识与生活实际问题相关联。

例如，学习苏教版《数学》五年级上册《公顷的认识》时，对于这一"衍生"量感教学，学生缺乏直接体验的基础，仅仅依靠之前学习过的面积单位很难建立起对公顷量感的认识。

二、量感培养教学例谈

小学生对于量感的生成、发展与迁移是一个渐进的过程，也是学生核心素养落地生根的具体实践。教师要遵循他们的认知发展规律，让学生对量感的形成有一个完整的体验过程。这一过程一般分为四个阶段，即初步体验阶段、逐步抽象阶段、形成经验阶段、实践运用阶段。在教学过程中，教师必须引领学生从经历物体"量"到建构学习"量"的意义，从学生体验物体"量"到增强对"量"的切身感受，形成基本数学经验，最终达到学以致用的目标。

（一）初步体验，生成量感

量感首先是"量"，即物体的大小、轻重、长短等物理属性；其次是"感"，即对物质量的属性的心理感受。因此，量感的形成是由外到内的过程，是对物质某个方面的感受与体验从直观到抽象的过程。在小学数学教学中，让学生建立量感，首先需要从生活中寻找学生探索的起点，帮助缺乏生活经验的学生在活动过程中初步体验。

例如，在引导学生探索苏教版《数学》二年级上册《认识厘米》这一节内容时，首先通过谈话法了解学生的学情。通过教师的教学设计，突出学生的体验过程，让学生利用身边常见物体辅助测量并亲自操作实践，认识到学习长度单位"厘米"的必要性。在教学中，教师要放慢脚步，从观察刻度尺入手，让学生了解刻度尺上面各部分的名称，为接下来学习准确测量做好准备。学生仔细观察，思维逐步清晰并建立了长度量感。生成量感之初，学生的感悟还是比较片面的。教师要为他们提供各种不同的素材，从观察到实践，在讨论与交流中激发他们的各种感官参与活动，让他们的体验更加丰富、多样。

（二）逐步抽象，建立量感

1. 以"单位量感"为基础，增强认知

量感的建立以生活数学为基础，既符合小学生的认知基础，也符合数学知识本身。引导学生寻找生活中常见的物体作为观察对象，并开展对比辨析教学活动，实现将抽象的量感逐渐具体，在学生脑海中关联参照物，既建立了量感，又发展了学生的思维能力。

例如，在上述案例中学生形成了如下认识：大拇指指甲盖面积大约是 1 平方厘米，普通人手掌面积大约为 1 平方分米，教室里地砖面积大约为 1 平方米……当学生利用这些生活中常见的实例建立量感后，他们会利用已经具有的生活化量感估测身边其他物体的面积，这是采用"叠加量感"的方法实现量感的迁移。他们会通过对比认识到班级黑板的面积大约为 3 平方米、班级窗户的面积大约为 2 平方米等，量感的建立变得有章可循，从而实现从具体量感到抽象量感的转化。

2. 利用转化，让量感有章可循

学生的量感需要亲身实践，在体验中逐步发展起来。对于较大计量单位，学生的量感较差，教师不妨利用转化的方法，从实际出发，让学生对量的感知不再茫然，达到有章可循。

例如，学习了《认识厘米》后，我让学生测量文具盒的长度，学生犯了难。有学生说"我的刻度尺太短了，量不出它的长度"，还有学生说"去借一把更长的尺吧"……这时，教师问："就用这把刻度尺能测量文具盒的长度吗？"有学生说："先量到这把刻度尺的最大长度，做个记号，接着再测量，直到测量完整个文具盒，然后将几次测量的结果加起来。"其他学生说："这个是好方法，以后遇到类似的问题，就能迎刃而解了！"这里运用了"累积"法，将比刻度尺长的物体转化为几个甚至更多个刻度尺的长度，让复杂问题得到有效解决，学生在实践中建立起所测物体的量感。

3. 实验验证，判断量感正误

由于课堂教学的局限性，学生获得的量感并不深刻。学生形成的基本量感是否正确，需要教师搭建好实验平台，通过实验验证环节，对学生的量感进行评价。在引导学生参与验证时，可以

首先让学生经历猜测、推理、验证等环节，建立起同类计量单位间的联系，采用计量单位逐渐增强的策略增进对量感的体验。

例如，在教学《吨的认识》时，有个学生在练习中出现这样的错误："一辆货车的载重量为 10 千克。"这样的错误出现，是因为学生对于"千克"有一定的量感，而对于"吨"的量感还没有形成。这时教师可以为他们准备几袋重约10 千克的大米，让每个学生来抱一抱一袋大米、两袋大米、三袋大米、四袋大米……逐渐增加重量，让他们感受到不同的重量，当学生再也抱不动时，便发现我们一个人最重能抱动大约多少千克。以此量感为基础，再播放视频，一个非常强壮的男子抱不动五袋合计 50 千克大米的情境，学生由此可以想象到 100 千克（1 吨）究竟有多重了。通过这样的验证性实验教学环节，充实学生的量感，学生在以后的生活运用中就不会出现这样的错误。

（三）基于生活，培养学生应用量感

学以致用，这是数学学习的最终目标。要让学生基于所学解决生活问题，教师不妨引导学生运用量感，并在实践运用中不断反思，及时矫正，将量感内化为自己数学学习能力。在平时的实践应用中，教师要在数学量感教学中倡导一种实用性理念，将数学知识与生活建立起紧密联系，并通过开展生活化主题探索活动，帮助学生建立量感，并培养学生的创新精神与实践能力，这为将来进一步开展数学探索活动打下坚实的能力基础。

例如，学生经常会问我们学校四层教学楼共多高。教师不妨开展"估测学校教学楼高度"主题探索活动，在对学校教学楼四层的高度做估测时，教师可以先让学生估测一层楼的高度，这一定程度上降低了难度。但此时还得学生想出办法对一层楼高度做估测。这时，学生想到教室门的高度加上门框到楼顶的距离就是一层楼的高度，

只需要测量出门的高度，再看看门框到楼顶的距离就能得出结论。运用类比转化的策略引导学生估测思考，问题的解决显得非常容易了。这就是借助从一到几的类比或由几到一的提炼，通过相互转化把具体与抽象联系起来，也就是将学生量感的培养与数感的形成相互转化，做到既能够让量感体验有据可循，也实现了将数感转化为量感，让量感逐渐明晰起来。

三、结语

《义务教育数学课程标准（2022年版）》将"量感"作为学生核心素养的重要内容提出，可见"量感"这一核心素养在培养学生数学学习能力、综合素养方面的重要意义。教师首先要从教学理念的更新与实践教学的研究入手，遵循小学生的认知发展规律，让学生从量感的萌发到发展与逐步提升在小学低、中、高年级不同阶段均能够得到明显的进步，实现对学生的量感培养从点、线、面到立体，从抽象逐步具体、形象化，让学生将量感内化于脑海中，外化于实践中。

参考文献：

［1］朱国红.小学中低年级数学教学中量感培养的实践与研究［J］.新课程（上），2018（08）：24.

［2］郭元祥.课堂教学改革的基础与方向——兼论深度教学［J］.教育研究与实验，2015（06）：1—6.

［3］高玮.重视活动体验，积淀量感经验——以苏教版小学数学教材为例［J］.试题与研究，2019（28）：151.

［4］高文萍.深度体验：让儿童的量感拔节生长［J］.江苏教育，2020（17）：47—51.

［5］王柳华.关键能力导向下的小学数学"量与计量"教学实践分析［J］.求学，2021（20）：53—54.

［6］杨征.在体积教学中培养学生的量感——以北师版数学教材六年级下册"圆锥的体积"教学为例［J］.辽宁教育，2021（13）：89—92.

［7］赵艳辉，脱中菲.基于"量感"形成的"面积"单元设计与教学［J］.小学数学教师，2016（10）：53—55.

［8］张芹."量感"不应成为数学教学的盲点——以低年级"计量单位"教学为例［J］.江苏教育，2016（09）：31—33，37.

提升学生生物自主学习能力的策略研究

◎周源泉 张 丹

摘 要 以生物学科核心素养为导向培养学生的自主学习能力，既能促进教师的"教"，又能促进学生的"学"。高中生物教会学生如何学习比教会学生学科知识更重要。教师可通过梳理科学史实、强化目标指引、注重概念构建、实施多元评价等方法来激发、培养、发展、提升学生的自主学习能力。

关键词 高中生物；核心素养；自主学习能力；生物课堂

作者简介 周源泉，江苏省常州市武进区洛阳高级中学教师，一级教师；张丹，江苏省常州市武进区洛阳高级中学教师，一级教师。

《普通高中生物学课程标准（2017 年版 2020 年修订）》明确指出：生物学课程要求学生主动地参与学习，在亲历提出问题、获取信息、寻找证据、检验假设、发现规律等过程中习得生物学知识，养成科学的思维习惯，形成积极的科学态度，发展终身学习及创新实践能力。[1] 开展基于生物学科核心素养提升学生自主学习能力的教学研究，让学生从传统的教授接受式学习，到关注知识的内在逻辑联系，聚焦事实和证据，运用科学思维探讨、解释生命现象及规律。

一、调研分析，初探现状

2020 年伊始，我们关注到在高中生物课堂教学中，教师授课方式仍然以"讲学"为主，没有重视学生的主动参与和对知识应用能力的引导培育，学生处于被动地位，更谈不上提升学习的主动性和自主性。

为进一步获得目前洛阳高中学生的自主学习能力水平的情况，我们在前期研究资料的基础上以生物组教师及各年级学生为研究对象，开展问卷调查，对目前教师及学生自主学习的情况进行分析。

调查发现，不管是学习动机还是学习计划，都有相当一部分学生表现出模糊态度，这表明学生自主学习的内因还未有效激发。很多学生的自主学习能力还未被很好地培养，其学习活动很大程度上依赖于教师的教学。从调查数据也可看出，有相当一部分学生对自己"学什么""怎么学""为什么学"并没有清楚的认识。有很多学生在学习动机上缺乏能动性，对学习计划安排缺乏自主意识，在学习中不能独立思考，没有很好的学习环境，导致学习效率不高、效果不佳，从而影响到学生自主学习能力的培养。

在新高考、新教材和新课标的背景下，学生对生物学课程的学习兴趣有所增加，学生自主学习意识有了一定的提高，大部分学生认为学习知识不仅仅用来考试，他们期望能够用所学的生物学知识去解决真正的问题。在生物教学中，教师要致力于尝试使用不同的形式与方法来培养并提高学生的自主学习能力。

二、策略研究，深入实践

在新课改背景下，教师应该如何高效利用课堂教学培养学生自主学习的能力，减轻学生的学习负担，值得深入探讨。

（一）探索教学策略，培养终身学习能力

根据前期文献研究和调查研究结果，基于生物学学科核心素养，本校教师积极参与研讨，在教学过程中根据不同教学内容，采取不同的教学策略进行实践探索。

建构主义以自主学习理论为基础提出情境教学、论证教学、模型教学等教学模式，旨在培养学生的自主学习能力。基于生物学学科核心素养，我们进一步确定了提升自主学习能力的教学策略。如对于利用科学史学习的内容，教师可以采用论证指导式教学策略；对于微观层面知识比较难理解的内容，可采用建构模型教学策略；指向知识应用与社会责任的内容，采用情境教学策略；当学习内容富有探究性时，教师可采用以问题为导向的教学策略；当学习内容比较具有实践性与操作性时，教师可采用 ADI 教学策略等。

总之，高中生物教学要善于运用不同的教学方法与策略对学生的自主学习能力进行全面的培养与提高。通过教学模式的改变，转变学生学习方式的同时也提升了学生的自主学习能力。

（二）梳理科学史实，增强自主学习意识

生物学事实是人们理解或解释生物学相关事件和现象的起点。生命观念就是人们经过实证后的观点。因此，教师在教学中应借助生物科学史实，让学生对学习材料进行自主整合与内化，在此基础上形成对生命世界的整体认识，形成相应的生命观念，提升自主学习能力。

以《DNA 的结构》为例，教师可首先创设情境：第八批在韩中国人民志愿军烈士遗骸回国，如何鉴定烈士的身份，让"无名烈士"变"有名"？教师：DNA 为什么具有这种鉴定烈士身份的功能？这和 DNA 的结构有什么关系？由此激发学生对 DNA 结构的探究兴趣。

当发现 DNA 是遗传物质后，人们想进一步从它的结构中探寻遗传的秘密。1953 年，沃森

和克里克采纳了鲍林研究肽链时用过的构建模型的方法，提出了具有里程碑式意义的 DNA 结构模型。1962 年，凭借 DNA 结构的发现，沃森、克里克和威尔金斯一起荣获了诺贝尔生理学或医学奖。但这一伟大的发现，并不只有 3 个人的贡献，在他们的背后有着无数位科学工作者的付出。

一部科学史就是一部追求真理的探索史，也是一部科学家的奋斗史。除了能从中知道科学规律的发现过程，还能了解科学家为追求真相和真理而经历的艰辛，在潜移默化中让学生认识到自主学习、自我追求、终身学习的重要性。

（三）强化目标指引，培养自主学习能力

目前，本校学生自主学习的途径多是通过课前预习导学案。在教学过程中，需要教师、学生形成学习共同体，以问题为导向，将学习任务具体化，在自主解决问题的过程中，有效培养学生的自主学习能力。

以《细胞膜的结构和功能》这一课为例。教师可将细胞膜成分及结构的探索历程转化为问题探究教学情境，在充满悬念的情境中通过具体的问题来引导高质量的学生思维活动。学生通过自主探究细胞膜研究，领悟到科学探索是永无止境的，科学理论是科学家在继承与不断修正的过程中建立并完善的。在本课教学中，教师应设计富有启发性、逻辑性的问题串，逐步引导学生自主思考，使学生在解决问题的过程中，自主学习能力得到培养，促进学科核心素养的发展。

如果仅仅是让学生自己去看书，而没有目标和任务，这就沦为泛泛的了解，而不是学习。因此在设计自学导学案的时候，应先明确目标，并设置解决问题的情境，学生知道学习后应该达到的层次，也就会真正用心去学，学出效果。

（四）注重概念建构，发展自主学习能力

概念反映具体客观事物的本质特征，是思维的工具与产物。生物大概念的生成并不是一蹴而

就的，而是通过课程目标实现"微概念"的构建，再以此构建单元目标的"重要概念"，最后完成课程目标的"大概念"。[2]

生物学观念的形成是依托生物学概念的构建，教师可通过提供大量具有代表性的生物学事实资料，让学生通过对事实的分析与思考，逐步在头脑中自主构建相关"微概念"知识框架，进而深化理解教学内容的"大概念"，提高解决问题的能力。目前，不少教师在实际教学过程中直接给出相关概念，导致概念模糊化、碎片化，缺乏理性的思考与自主构建。[3]

新课标规定了概念的范围和层次，厘清不同概念的内部逻辑关系，将概念剖析为若干要素，将抽象变为具体，化繁为简，为大概念的学习奠定基石。以逻辑关系分析概念的内涵、外延，是理解概念的有效途径。基于此，以光合作用的概念构建为例，教师可引导学生将"光合作用的原理"的微概念分解为光反应概念、暗反应概念、光反应与暗反应之间物质与能量的联系三个要素，并以这三个要素的逻辑顺序构建概念；从光合作用的物质和能量变化机理来理解概念内涵，且从概念的外部延伸来构建"光合作用的原理"意义。学生通过对教材经典实验的自主探究过程，不断构建概念模型，并进一步修正和完善模型，加强了知识间的联系，深入理解光合作用概念，提升了学生学习的积极性和主动性。

（五）实施多元评价，提升自主学习能力

评价应以学生发展为本，教师不仅要通过评价了解教学过程、调控教学行为，更要关注用评价促进学生的学。以学生为中心，转变评价主体，助力学生自主学习能力的提升。[4]基于自主学习能力的评价体系，对学生的学习进行及时的、过程性的、发展性的综合测评。例如，学习态度使用动态评价法；学习过程使用档案袋评价法；自主学习意识和学习策略可注重课堂观察

法；学习动机、学习计划则使用访谈法；阶段性或终期学习成果可用纸笔测验法；等等。从多个方面评价学生，使其全面发展，增强学习内驱力，变被动为主动，提升自主学习能力。

在全面整合教学过程、教学目标、教学内容后，必然带来教学评价和学习评价相应的变革，根据课程标准中的相关评价标准，研制新的适用本校学生的评价体系。这样能够及时跟踪学生的学习，并且量化指标，及时改进教学措施，得到更优化的教学模式。

三、结语

生物教学应主动适应时代的发展，把学生的"学"放在首位，教师引导学生逐步理解"为什么学""学什么""怎么学"三大核心观念，促使学生学会分析信息、思考、反思自己，学会独立掌握知识的能力。高中生物教学内容的独特性，对学生的自主性要求更高，更是对学生自主学习能力的考验，因此，提升高中学生自主学习能力，坚持学生为主体的教学理念是当前教师教学的重要挑战。

参考文献：

[1] 中华人民共和国教育部.普通高中生物学课程标准（2017年版2020年修订）[M].北京：人民教育出版社，2020.

[2] 杨芊羽.DNA结构揭秘：跨学科探索擦出的火花[J].中国科技财富，2022（11）：74—75.

[3] 刘孔烽.基于深度学习的微概念教学[J].中学生物学，2021，37（12）：33—35.

[4] 刘恩山.中学生物学教学中概念的表述与传递[J].中学生物学，2011，27（01）：3—5.

[5] 向丽均，胡向东.高考评价体系的定位与命题实践[J].教育探索，2022（07）：18—23.

小学语文课堂中的德育渗透策略

◎梁万娟

摘　要　小学语文课堂是培养学生德育素养的重要场所之一，在其中渗透德育教育可以起到潜移默化的作用。本文阐明了小学语文课堂中德育教育渗透的概念和内容，阐述了其在学生个性、价值观等方面的影响，强调其在培养学生道德品质和综合素养方面的作用，并提出小学语文课堂中德育教育渗透的策略。

关　键　词　德育；小学语文；道德品质；综合素养；策略

作者简介　梁万娟，江苏省淮安市盱眙县旧铺中心小学，一级教师。

小学阶段是人生中德育教育的关键时期，而语文课堂又是教育渗透的重要场所之一。在语文课堂中，德育教育渗透的质量和效果对学生的成长具有重要的影响。然而，在实践中，教师普遍存在德育教育渗透不够深入、缺乏专业性等问题，严重阻碍了小学生的健康成长。因此，研究小学语文课本德育教育渗透具有非常重大的现实意义，能够帮助广大教育工作者更好地开展德育教育工作。

一、小学语文课堂中德育教育渗透概述

小学语文课堂中的德育教育渗透，是指在语文教学过程中，教师通过课堂教学和语文阅读引导学生形成正确的价值观和良好的道德品质，培养学生的道德情操和思想道德素质，从而实现立德树人的目标。这种教育渗透是在课程目标、内容、方法等多个方面进行的，贯穿整个教学活动，是一种全方位的教育活动。其基本途径就是通过教师的言传身教、语言表达、课堂引导、文本选择等方式来实现，以达到润物细无声、潜移默化、寓教于乐的目的。它既符合素质教育的要求，又能发挥学生自主探索的能动性，体现以人为本的理念，让每个学生都成为课堂上学习的主体。因此，德育教育渗透也就成了当今教育界普遍关注的热点问题之一。

小学语文课堂中的德育教育渗透具有深入隐蔽、感染力强、可持续性等特点，能够有效地提高学生的道德素质和思想道德水平，对于学生的综合素质发展具有重要作用，值得相关教育工作者重视与研究。[1]

二、小学语文课堂中德育教育渗透的重要性

在小学语文课堂中渗透德育教育具有重要的意义，不仅能提升学生的思想品德修养，而且还有助于促进学生全面和谐发展。因此，在进行语文教育时，教师应充分挖掘教材中蕴含的德育因素，将其融入课堂教学之中，实现对学生良好品格的塑造。

首先，通过小学语文课堂的德育渗透，教师可以引导学生学习正面的思想观念、道德情操和文化价值观。小学生正处于道德品质形成的关键时期，教师要注意加强学生思想品德课教学，让他们能够树立起积极向上的生活态度。同时，教师的言传身教，对学生形成积极的生活态度和良好的道德品质具有非常重要的作用。

其次，小学语文课堂中的德育教育渗透还可以培养学生正确的价值观。小学生处于价值观形

成的关键时期，而通过小学语文课堂的教学，教师可以用引导学生阅读有益的文学作品、讲解典型事例等方式，帮助学生培养学生正确的价值观。

此外，小学语文课堂中德育教育渗透还可以提高学生的思想道德素质。通过语文教学，教师可以引导学生形成批判性思维和价值判断能力，促进人格全面发展，也能在潜移默化中培养学生思想道德素质，让学生具备自我认识和自我完善的能力。[2]

三、小学语文课堂中德育教育渗透存在的问题

（一）语文教材中德育教育的内容有待加强

尽管新课改对德育教育提出了更高的要求，但是小学语文教材中的德育教育内容仍然较少，且形式比较单一，不能满足小学生的实际需求。很多教材只是简单陈述了一些道德准则和故事，对于其中蕴含的深刻道理没有进行详细阐述，缺乏深度和广度，无法真正引导学生树立正确的世界观、人生观和价值观。同时，一些教材内容虽然涉及德育教育，但是难度较大、内容过于抽象，使德育效果大打折扣，难以调动起学生学习的积极性，很难让学生理解和接受。

（二）教师德育教育理念和方法的转变需要时间

传统的教育理念和方法对德育教育的认识和实践较为有限，教师需要时间来理解和接受这些新的要求，并将其与自身实际情况相结合，不断调整自己的教学策略，才能在教学中真正贯彻落实。同时，德育教育的实施需要教师具备相应的能力和素质，如情感管理、人际沟通、教学技巧等。这些能力和素质并非一朝一夕就能够培养和提升的，需要长期的经验积累和反思总结，才能够逐步掌握和运用，从而形成一套相对完善的德育工作体系。

（三）德育教育与语文教学的整合需要进一步加强

在实际教学中，德育教育与语文教学的整合

是一个复杂而长期的过程，它要经历从显性教育向隐性教育转变的阶段，再逐步走向综合素质化的阶段。但是由于应试教育的束缚以及部分学校对语文课程认识上存在误区，很多教师仍然将两者看作是分离的，仅仅在课程中加入德育教育的内容，而没有将其融入语文教学的各个环节。这样做不仅无法真正起到渗透德育教育的效果，还会产生"为了德育而德育"的情况，影响学生的学习兴趣和积极性。[3]

四、小学语文课堂中德育教育渗透的策略

（一）培养学生的情感体悟能力

在语文课堂上，通过朗读课文可以让学生感受到课文的韵律和情感，让学生从听觉上感受到文字背后所蕴含的情感，进而激发学生的共鸣。同时，教师可以引导学生深入分析课文，帮助学生理解作者所表达的情感，并引导学生表达自己的情感，这样的方式可以让学生更加深入地领会课文的情感内涵，从而培养良好的情感体悟能力。另外，通过演讲和作文的方式，可以让学生更加自由地表达自己的情感和思想。在演讲和作文的过程中，学生需要通过语言组织来表达自己的情感和思想，而不是简单地去背诵一些词句或机械地写一篇文章。这样的过程可以让学生更深刻地认识到自己的情感，从而更好地表达。同时，教师可以通过评价学生的表达和思考，引导其更加深入地理解课文中的情感内涵，提升他们对于语言文字运用的感悟能力以及审美情趣，从而有效培养其语文学科核心素养，并提高他们的情感体悟能力。[4]

例如，在部编版小学语文五年级上册的《少年中国说（节选）》中，通过朗读和分析课文，可以帮助学生感受到其中所蕴含的爱国情怀。在教学中，教师可以引导学生朗读课文，并引导学生从中感受到作者对祖国的深情厚爱，让学生感受到自己作为中国人的身份与使命。同时，教师

可以引导学生通过分析文中的词语、句子、篇章结构等来理解作者的情感表达，从而帮助学生深刻地领会其中的情感内涵。

（二）引导学生树立正确的人生观和价值观

在语文教育中，教师可以通过选取具有积极向上的主题或者寓意的文章或诗歌，引导学生树立正确的人生观和价值观。这样的教育方式不仅可以使学生在语文学习中取得更好的成绩，更重要的是可以让学生在道德和价值观上得到提升，培养学生健全的人格和高尚的情操。

以部编版小学语文四年级上册的《黄继光》为例，这篇文章讲述了黄继光为了保卫国家和民族利益而献出生命的英雄事迹，引发了学生强烈的情感共鸣，对学生的思想产生了深远的影响。在课堂上，教师可以通过朗读和解读这篇文章，让学生深入了解黄继光的事迹和他所表现出的爱国主义情感，引导学生认识到保卫国家和民族利益的重要性，从而树立正确的人生观和价值观。

（三）增强学生的社会责任意识

增强学生的社会责任意识是小学语文课堂中德育教育渗透的重要策略之一，它有助于培养学生热爱家乡、热爱祖国的情感，增强学生的社会责任感。因此，在教学中，可以选择合适的教材和教学方法，引导学生从身边的事物中感悟社会责任，激发他们的社会责任意识。

以部编版小学语文一年级下册的《吃水不忘挖井人》为例，在教学开始前，教师可以先讲述一些关于节约用水的知识，让学生了解节约用水的重要性和社会意义。接着，通过朗读故事情节，让学生进入故事中，感受人物的善良、勤劳、贡献和社会责任。故事朗读完毕，教师可以向学生提问，例如："挖井人的行为对谁有好处？""你们身边还有哪些人在为他人做出贡献？"等等。

通过这种方式，可以让学生思考自己身边的人对社会所做出的贡献，以及自己应该如何为社会贡献自己的力量。最后教师可以通过组织小组活动的形式，让学生自己设计一些节约用水的方法，并在家中、学校中尝试，营造出一个"大家都在为社会贡献"的氛围，这样就能使学生在不知不觉中养成节约水资源的好习惯，提高学生的社会责任感，达到良好的教学效果。

（四）培养学生的合作精神和团队意识

在小学语文课堂中，培养学生的合作精神和团队意识是德育教育渗透的重要策略之一。这是因为合作学习不仅能够有效地锻炼小学生的操作能力，而且还有助于提高他们分析和解决问题的能力。教师可以组织学生进行小组活动，在活动中让学生分工合作、协作完成任务，从而培养学生的合作精神和团队意识。

在部编版小学语文二年级下册的《找春天》这篇课文中，教师可以组织学生分成小组，让小组成员相互协作，共同完成一张春天的海报。在这个过程中，教师可以引导学生互相交流、协商，分工明确，各尽其责，促进学生合作精神和团队意识的培养。教师还可以通过游戏等方式来促进学生的合作和团队意识。例如，在课堂上组织学生开展集体游戏，比如"飞行棋"等游戏，让学生一起协作、竞争。另外，教师还可以通过开展志愿服务活动等活动，让学生感受到合作的力量，培养他们的团队精神和责任意识。

（五）引导学生进行情感交流

在小学语文课堂中，引导学生进行情感交流是一项重要的德育教育策略。通过情感交流，可以增强学生的情感认知能力，帮助他们更好地理解他人的情感和需要，并更好地表达自己的情感和需求。

教师可以选择一些适合学生的优秀文学作品，比如部编版小学语文六年级下册的《匆匆》。在课堂上，教师可以让学生通过朗读、模仿、背诵等方式来感受文学作品中的情感，并引导学生分享自己的感受和体验，借此进行情感交流，激发学生的情感共鸣。教师还可以通过情景模拟和角色扮演等方式来引导学生进行情感交流。比如模拟一次失物招领，让学生感受到失物招领者和失主的情感，然后以角色扮演的方式进行情感交流，让学生更好地理解他人的情感和需要。教师还可以通过游戏和讨论等方式来引导学生进行情感交流。例如，在课堂上组织一些团队游戏，比如拓展训练，鼓励学生在游戏中相互协作、理解和支持，以此培养学生的情感交流能力和团队合作精神。[5]

（六）关注学生的心理健康

在小学语文课堂中，关注学生的心理健康是德育教育渗透的重要策略之一，能够有效促进学生的健康成长，提高学生的道德修养和思想品质。教师可以通过以下几个方面来关注学生的心理健康。

教师可以在教学中注重学生的情感体验，尤其是对于一些情感问题，比如学习压力、家庭问题等，应该给予学生及时的关注和帮助，增强学生的安全感和归属感，避免心理问题的滋生。教师可以开展一些心理健康教育活动，如组织学生参加情感体验活动、聆听心理讲座等，帮助学生了解自己的情感问题，并提供相应的解决方法和心理咨询服务。教师还可以通过建立良好的师生关系，加强与学生的沟通交流，发现和解决学生的心理问题，提高学生的心理健康水平。

五、结语

在小学语文课堂中，德育教育渗透的实现需要教师的持续努力和探索。教师需要不断更新自己的德育教育理念和方法，通过多种手段培养学生正确的人生观和价值观，提高学生的社会责任感和团队合作精神，关注学生的心理健康，创造和谐、积极的学习氛围。只有这样，才能真正实现小学语文课堂中德育教育的目标，帮助学生健康成长。

参考文献：

［1］赵毅.德育教育在小学语文课堂中的有效渗透研究［J］.学周刊，2021（21）：29—30.

［2］徐晓飞.小学语文课堂教学中渗透德育教育的策略研究［J］.新课程导学，2021（07）：31—32.

［3］周子云.如何在小学语文课堂教学中渗透德育教育的研究［J］.当代家庭教育，2021（03）：160—161.

［4］张鹰.立德育人，浸润无声——浅析小学语文课堂中的教育渗透［J］.小学生（下旬刊），2019（11）：78.

［5］张海祥.如何在小学语文课堂教学中渗透德育教育［J］.青少年日记（教育教学研究），2019（12）：14—15.

巧借"三链"，优化小学英语单元复习课的教学

◎韩　路

摘　要　单元复习课在小学英语单元整体教学中具有至关重要的地位。本文旨在通过建构主题链，复现知识框架；创设情景链，提高语用能力；搭建任务链，进阶核心素养。通过"三链"并驱，精心优化小学英语单元复习课的教学，以外显的知识传递为引导，融入内隐的育人指导，全面实践英语学科育人核心理念。

关 键 词　小学英语；单元复习课；主题链；情景链；任务链

作者简介　韩路，江苏省宜兴市丁山实验小学英语教研组长，一级教师。

小学英语复习课旨在梳理、巩固、建构、拓展知识框架，弥补理解差距，辅助培养学生的自主学习能力，为持续学习搭建支架，构建并形成基于单元主题的结构化认知和正确的价值观，培养学生深厚的文化意识，拓展思维广度，提升思维深度。可见，复习不是单元零碎知识点的简单重现，不是单元各个板块的简单叠加，不是单元各个语言点的简单讲解和练习，而是在主题的引领下，通过对主题意义主动探究的语言学习活动，最终形成与主题相关的意识。

笔者最近观摩了一节译林版《英语》四年级上册 Unit 5 Our new home 复习课，本文将以此为例，阐述巧借"三链"，即主题链、情景链和任务链，优化小学英语单元复习课的教学策略。

一、建构主题链，复现知识框架

确立整体教学意识是小学英语教学中的关键一环。整体教学的特性在于其具有连续性、递进性和整体性。唯有教师具备整体观，并在实际教学中贯彻这一理念，学生方能领悟到整体观的重要性。整体观有助于学生超越零敲碎打的学习体验，消除"一叶遮目"的局限感，培养学生的有序思维和系统思考的能力，以塑造他们拥有全局观的视角。《义务教育英语课程标准（2022年版）》（以下简称"新课标"）指出：主题、语篇、语言知识、文化知识、语言技能和学习策略为英语课程内容六要素，其中，主题具有联结和统领其他内容要素的作用。主题作为该结构的核心组成部分，承担着组织框架的功能，赋予学习过程更有条理性和连贯性。主题的作用与整体教学的内在逻辑相辅相成，以主题为出发点推动整体复习课有序展开。在这一过程中，通过构建大主题并形成小主题链，不仅能够使各要素之间建立有机联系，为学生提供清晰而紧凑的学习导向，构筑整体性的复习框架，而且使复习活动具备整体性、逻辑性和关联性，从而有助于学生更有系统地理解单元内容，提高语言技能，培养学习策略。

在英语教学活动实践中，教师可基于"人与自我""人与社会""人与自然"三大主题，有序梳理教材中各板块和单元内容的关联，深入挖掘内在逻辑，达成有机结合。通过对教材的整

合，提炼出共性，形成核心大主题，明确主题的核心概念，并基于此构建主题语境。再将核心大主题分解为若干小主题，建立清晰的主题链，以确保复习的焦点和方向有序明确。以译林版《英语》四年级上册 Unit 5 Our new home 为例，该单元主题为 Our new home，属于"人与自我""人与社会"主题范畴，涉及"生活自理""整理归纳"等子主题。核心句型包括："Where's/Where are...? 及 It's/They're...""How many...do you have? 及 ...have...in...""We can put...in/on...""Is it/Are they...? 及 Yes, it is./No, it isn't."。核心词汇涉及家具及房间类，如 clock, fridge, sofa, table, bathroom, bedroom, kitchen, living room, study, dining room。以这些核心句型和词汇为基点，以整套教材观进一步整合译林版《英语》四年级上册 Unit 4 Where's the bird? 的核心句型"Where's...? Guess 及 Is it in/on/under/behind...? Yes/No."和核心词汇 chair, desk。通过分析，由核心词汇提炼出本节单元复习课的专注和涉及的主要内容——家的舒适，解析出"家居"这个小主题。由核心句型传递关于家具摆放的询问，以及家人互相帮助来保持家的整洁的信息，解析出家的温馨和愉悦，进一步解析出"家规"这个小主题。最后通过拓展故事的语言，提炼有关家庭的爱和教育环境的信息，解析出"家风"。通过这个步骤，确保选定的关键词能够精准地反映出复习核心内容的框架。

在构建主题链的过程中，教师有机地将学科知识呈现于学生面前，帮助学生建立清晰而有序的知识框架，引导学生形成对主题的整体认知。这一过程不仅着眼于知识的广度，更注重知识的系统性。充分利用图片、表格等形式，以直观、形象的方式展示知识体系。在知识框架的呈现中，教师应注重主题内核心概念的明确呈现，使学生能够在复习中对知识结构有清晰的认识。

这三个子主题将本节课纵向串联在一起，引导学生通过这个由浅入深的主题链深入体会和理解家的概念和内核，每个学生都会形成自己对家的见解。通过构建主题链，不仅在教学中呈现了学科知识，使学习具有整体性和结构性。

二、创建情景链，提高语用能力

新课标指出，教师需要有意识地为学生创设主动参与和探究主题意义的情境和空间，使学生获得积极的学习体验，成为意义探究的主体和积极主动的知识建构者。以此目标为导向，教师需要创设情境，以建立学习和生活之间的关联，使学生在实践中更好地感知、理解和体悟语言的实际作用和价值。具体而言，情景链的创设是教学中的一项重要策略，其目的在于通过精巧地连接多个真实、有趣情境，构建一个连贯、完整且引人入胜的语言运用场景。这有助于打破知识和真实生活之间的壁垒，使两者相融相通，激发学生的情感投入，唤起学生学习的主动性和积极性，推进学习深度。情景链为学生提供连贯的语言学习与运用空间，有助于学生深刻地理解主题知识，实现语言知识向语言能力的有效转化。

新课标指出，主题为语言学习和课程育人提供语境范畴。在教学设计中，以主题为"靶向"，以学生需要达到的语用能力为"靶心"，精心选择与学生生活贴近、引发兴趣的情境。每个情景注重不同方面的语言元素，帮助学生建立更全面、更灵活的语言运用能力。通过模拟不同情景，学生不仅能够学到语言知识，更能培养在实际生活中恰当运用语言的能力，从而提高整体语用能力。

以《英语》四年级上册 Unit 5 Our new home 为例，根据本节课的大主题"Our new home"及子主题链"家居""家规""家风"，展开情景链设计，激发学生参与的活动积极性和真实表达的愿望，从口头表达进阶到书面表达。

新课标指出，在语境中反复再现词汇，帮助

学生有意识地使用词汇表达意义，避免脱离语境的机械记忆与操练。首先，在"家居"这一小主题中，基于本单元 Story time 板块的情节，构建情境链的起始点。教师巧妙地依托书本 Unit 5 Our new home 的 Story time 中 Su Hai and Su Yang's new home 的情景，在连接学生熟悉的学习场景的同时，为学生提供了一个具体的语境，要求学生以口头描述苏海、苏阳的新家的方式来复习与本课相关的家居词汇。结合劳动技术的"整理与收纳"，引导学生结合个人生活经验发现家居生活的保洁妙招。接着，在"家规"这一小主题中，教师将学生引入现实生活，通过展示教师的新家，即 Your English teacher's new home，以图片和视频的形式呈现，使学生置身于具体的情境中，运用核心句型谈论家中物品的位置。仿照教师最爱房间的 chant，联系自己实际生活，创编自己最爱的房间 chant，然后根据提供的支架写一写描述自己房间的连贯句子，以生动的词汇描写细节，突出个性化、生活化和真实性，形成简练而具体的段落。最终，在"家风"这一小主题中，教师巧妙地运用中国传统故事 Three moves by Mencius' mother 中的 Mencius' home，让学生自由表达对这个故事的理解。由传统故事的引导，使学生在情境中感知家风的深刻内涵，进一步拓展了语言运用的层次。通过这样连贯完整的情景链，学生得以在不同的情境中学习并运用英语，完成了从词—句—篇的完整进阶，提升其语言运用技能，也使他们更深入地理解主题知识。

三、搭建任务链，进阶核心素养

在小学英语教学中，学生核心素养的培养需要通过听、说、读、看、写多层次的语言实践活动来实现。将主题视为语言实践活动的核心，搭建具备意义指向、实际语境、多元智能和合作共建特征的任务链。任务链作为一系列有机连接的教学活动，具备层次性、连贯性、发展性和独特性。构建任务链是小学英语教学中培养学生核心素养的关键手段之一。在设计任务链时，强调任务之间的逻辑关联，有助于学生在解决问题、实践活动和表达能力等方面全面发展。任务链的设计不仅注重任务本身，而且关注学生在过程中培养的核心素养，如主题性思维、逻辑性表达、连贯性写作、系统性整合、团队合作、科学素养和社交技能等。这一过程旨在促使学生在语言实践中形成更为综合深厚的核心素养，实现能力到素养的转化。

仍以《英语》四年级上册 Unit 5 Our new home 为例，为了引导学生展开深度学习，教师提出了"思考'家'的多重意义与创作主题海报"的中心任务。为了达成这一中心任务，设计了 7 个小任务，使其构成任务链，逐步引导学生思考、实践和创造，从而全面培养他们的认知、实践和创造力。

任务 1：联想词汇，阐述对"家"的印象。学生通过联想词汇初步构建"家"的概念，培养对情感和文化元素的敏感性，引导思考家庭在心理层面的意义。

任务 2：回顾苏海和苏阳的家庭环境，提出整理建议。学生通过观察与回顾家庭环境，不仅提升实践能力，同时培养批判性思考，加深对家庭环境的理解。打通学科壁垒，将劳动技术书本知识"整合与归纳"应用到实际情境中，帮助学生提出有针对性的整理建议。让学生体验与家人互动共同打造整洁的环境，可以营造出温馨宜人的家居氛围。

任务 3：探访老师新家，互动猜谜找物品。学生在新家探访中培养观察力和团队协作力，通过互动，加深感受和理解环境与家庭的关系。鼓励学生形成主动归放物品、亲手整理家庭环境的习惯，培养自我管理和家庭责任的意识。

任务 4：猜猜老师最爱的房间，共同演唱歌曲。学生通过音乐表达情感，加深对"家"情感体验，同时，在共同演唱中培养团队协作能力与创造性表达，提升沟通技能。

任务 5：模仿、通过支架创作"My favourite room"歌曲。学生通过音乐创作锻炼创造性思维，模仿与创新相结合，培养独立思考和个性化表达的能力。

任务 6：观看"孟母三迁"视频故事，探讨搬家原因。学生通过历史文化视角，思考家庭变迁的背后原因，深化对"家"的历史认知，培养文化自信，深化对不同文化的理解，促进批判性思维的培养。学生深刻体会环境对一个人学习成长的重要性。

任务 7：思考"家"的多重意义与创作主题海报。学生通过整合对"家"的多重认知，创作主题海报，涉及文学、美术、音乐等多个领域。这一过程将多元认知融入视觉表达，深化对"家"的理解，培养学生的跨学科思维，锻炼创造性思维和自主学习的能力。

该任务链通过渐进的小任务引导学生由简单到复杂、由具体到抽象地思考"家"的概念。从词汇联想到创作主题海报，学生需要积极主动地探索和应用所学的知识，培养信息获取和应用的能力。通过这样的任务链设计，学生在学习中

能够更好地理解主题，在提高语言运用能力的同时，培养了跨学科思维，逐步形成适合个人终身发展和社会发展需要的正确价值观、优良品格和关键能力。

四、结语

通过"三链"引领和交互，小学英语单元复习课的教学得以优化，突出对学生核心素养的培养。主题链的引领使学生有序整理并理解各个知识点，形成整体性认知；情景链的创设激发了学生的兴趣和语言运用能力；任务链的构建帮助学生深入思考和理解主题内涵，形成更为复杂的知识结构，实现认知的提升。这一教学策略能使学生学习得以深入、认知得以升华、思维得以活化、品格得以养成，从而实现了从知识积累到能力提升再到素养发展的渐进升华。

参考文献：

[1] 中华人民共和国教育部 . 义务教育英语课程标准（2022 年版）[M].北京：北京师范大学出版社，2022.

[2] 阮正军，顾静 . 例谈小学英语单元复习课教学设计的有效策略 [J]. 中小学外语教学（小学篇），2021，44（09）：54—60.

注重数学实验　活化学生思维

——《圆的周长》教学设计与评析

◎张其森　曹文娟

摘　要　小学阶段的数学课堂是培养学生思维的重要阵地之一。因此，在数学课堂中，不能只关注学生对于知识和技能的掌握情况，还需要关注其在数学活动中的学习过程、方法和学科情感的建立。数学实验可以培养学生的学习素养，并在此基础上提升学生数学综合学习能力，促进学生数学思维的养成。

关 键 词　小学数学；数学实验；数学思维

作者简介　张其森，江苏省扬州市高邮市教育局副主任，一级教师；曹文娟，江苏省扬州市高邮市第一小学教师，一级教师。

小学数学教学主要围绕学生数学思维的培养展开。只有活化学生的数学思维才能促进他们养成自主学习的习惯，从而提高学习和探究新事物的能力。数学实验可以更好地促使学生积极地探索，锻炼动手操作的能力和解决问题的能力，从而培养学生的数学思维。

一、学情分析

《圆的周长》是苏教版《数学》五年级下册的教学内容，此前学生已经学习了长方形和正方形的周长，也刚刚学习了圆的相关概念。作为五年级的学生，计算能力以及归纳能力等方面都具备探究圆的周长的基础。

二、教学目标

1. 经历猜想、操作、测量、计算、验证、讨论和归纳等数学过程，理解圆周率的含义。

2. 了解圆周率的来源，熟记圆周率的近似值，掌握圆的周长公式并能运用公式解决相关的实际问题。

3. 进一步积累认识图形的数学经验，感受数

学文化，发展数学思考。

4. 进一步体验图形与生活的联系，了解我国古代数学家在圆周率方面的贡献，感受数学的艺术之美。

三、教学重点与难点

教学重点：理解圆周率的意义，掌握圆的周长的计算方法。

教学难点：通过实验、计算，验证圆的周长和直径的比是一个定值，理解圆周率的意义。

四、教学过程

（一）创设情境，激趣导入

师：最近有一项运动比较流行，我们一起来看看。（视频播放滚铁环）如果想用铁丝围成这样一个铁环，得头多长的材料呢？要解决这个问题得知道什么？

生：铁环的周长。

师：铁环是什么形状？

生：圆形。

师：今天这节课我们就来研究圆的周长。（课

件演示铁环的一周即圆的周长）

【设计意图】 一节课的开头一定要有导向性，吸引学生的注意力，让他们对本节课的学习内容产生兴趣。笔者选择用视频播放滚铁环的情境来开启学习，既营造了轻松愉悦的学习氛围，也形象地展示本节课将要研究的对象——圆的周长。

评析： 通过滚铁环视频引出本节课关注的对象——圆的周长。可以有效降低学生理解上的难度，从形象上让学生有较为直接的感知。

（二）明确方法，体会转化

1. 认识圆的周长

师：谁愿意上来指一指圆的周长。（生指，强调从起点出发回到起点）

（总结：围成圆一周的长就是圆的周长）

师：和你的同桌指一指圆的周长。和以前学过的图形周长比，你觉得圆的周长有什么不一样的地方？（强调曲线）

（板书：围成圆一周曲线的长就是圆的周长）

2. 测量圆的周长

师：你有什么办法可以知道这个圆的周长呢？（饼干盒）（预设：测量）怎么测量？和同桌讨论一下。

生上台借助实物展示。（预设1：用线贴紧圆，绕一周，多余部分做上记号，然后把线拉直，用直尺量线的长度）

师：这种方法我们称为绕线法。（板书）这个操作过程有没有需要改进的地方呢？（视频演示操作步骤，学生自行总结需要改进的地方）

（预设2：做好记号，从零刻度线开始向前滚动一周直到记号再次指向直尺）

师：这种方法我们称为滚动法。（板书）对照视频我们来看看这组同学的操作需要改进的地方。（视频演示操作步骤，学生自行总结需要改进的地方）

师：同学们的方法都很巧妙，曲线不便于直接测量，你们先把它转化为直线。这种方法被数

学家称为"化曲为直"。（板书）你们可真厉害，不经意间做了一回小小数学家啊！用你们的方法，我们可以测量铁环的周长了。

【设计意图】 圆的周长是学生在小学阶段第二次接触曲线长度的测量，所以绕线法是多数学生都能想到的方法，有了前面视频的铺垫，滚动法的出现也是水到渠成的事。两种方法的本质都是化曲为直。这种数学思维的渗透需要学生在动手实际操作的过程中自己体会和感悟。

评析： 在教学过程中，学生对于两种量圆的周长方法，是学生在现实生活经验的"原始积累"，是学生朴素思维的呈现。唯有如此，才能把"化曲为直"的转化思维有效且自然而然地衔接到学生的数学思维过程中。

（三）合理猜想，演算推理

1. 实验演示，体会圆的周长与直径的关系

师：生活中的圆有很多，比如游乐场里的摩天轮，你能找到圆吗？能不能用刚才的方法量出圆的周长？

生：很难。

师：生活中有太多的圆我们并不能直接测量出它的周长，要是能和正方形、长方形一样可以计算周长就好了。

正方形的周长和什么有关？（边长）长方形呢？（长和宽）那圆的周长又会和什么有关呢？（生说出自己的猜想）

师：开始我们的研究。来看看这三个车轮，你能介绍一下相关的信息吗？（预设：第一辆车车轮直径55.88厘米，第二辆车车轮直径60.96厘米，第三辆车车轮直径66.04厘米）你觉得哪种车轮周长最大？（预设：第三辆车车轮）是这样吗？我不信，验证一下。（动画演示车轮滚动一周）

师：确实是第三辆车车轮的周长最大。比较这三个车轮的直径和周长，你有什么发现？（预设1：圆的周长和直径有关；预设2：直径越大，

周长越大）

2. 观察对比，猜想圆的周长和直径的关系

师：既然圆的直径越大，周长就越大，那么圆的周长和直径之间到底有什么关系呢？

师：在正方形内画一个最大的圆，好像跑道，内圈是圆形，外圈是正方形。感觉一下圆的周长和正方形的周长有什么关系？（预设：圆的周长＜正方形的周长）是不是呢？我们等会儿验证。

师：正方形的周长是圆直径的几倍？为什么？（预设：4倍）因为正方形的边长和圆的直径相等。圆的周长＜直径的4倍。

师：在圆内再画一个正六边形，六边形的顶点都在圆上。

正六边形的周长是圆半径的几倍呢？（预设：6倍）因为每个小三角形都是等边三角形，圆心角是60度，半径相等。所以正六边形的边长等于半径，正六边形有6条边，所以周长就是半径的6倍。

师：是直径的几倍呢？（预设：3倍）因为直径是半径的2倍，所以6倍的半径就等于3倍的直径。正六边形的周长和圆的周长有什么关系？（预设：正六边形的周长＜圆的周长）为什么呢？直径的3倍＜圆的周长。

（总结：直径的3倍＜圆的周长＜直径的4倍）

【设计意图】要研究圆的周长得先明确圆的周长到底和什么量有关，即量化圆的周长和直径之间的关系，还需要通过推理演绎猜想得到。圆的周长和正方形的周长（直径的4倍）之间的大小关系虽然直观但很难严谨说明，只能让学生先感受。比较难理解的是正六边形的周长是直径的3倍的关系。设计时，笔者在图形的呈现先后顺序上做了一些变化，没有直接呈现六边形，而是先出现一个顶点在圆心的等边三角形，很直观地理解圆的半径和正六边形边长之间的关系，再用旋转的方法得到一个正六边形，从而确定正六边形的周长是圆的直径的3倍。

评析：由于圆在正方形的内部，学生判断出圆的周长小于正方形的周长属于感性探索、感官判断，但受知识的限制，学生还不能从深层次上认知其中的原因，这是小学数学课堂的"短板"。如何处理好"短板"也对教师提出了高层次的要求。正六边形的周长小于圆的周长可以通过"两点之间直线最短"这个数学公理解决，此为理性论证。综上可见，感性探索与理性论证相互交融，正确处理感性判断在小学数学课堂中的作用，是极具现实意义的，需要引起广大教育工作者的重视。

（四）合作实验，操作验证

1. 实验验证

师：通过观察推理我们猜想圆的周长在直径的3倍到4倍之间，数学学习可是很严谨的事，我们需要验证这个猜想是否正确。你们有什么办法可以验证我们的猜想吗？（预设：选择几个圆，量出圆的周长和它的直径，计算周长是直径的几倍。板书：周长÷直径＝？）只要结果在3到4之间，我们的猜想就是正确的。

师：下面请小组合作，实践探究周长和直径的倍数关系。先看清实验要求：

合作探究：

（1）组员做好分工，确定两名测量员、一名记录员、一名计算员。

（2）两名测量员合作测量圆的周长，记录员记录，计算员算出周长除以直径的商（结果保留两位小数），填入表格。

（3）汇报测量计算结果，交流你们的发现。（组织汇报结果，师负责记录）

师：小组内计算出周长除以直径的商是三点几的请举手。（生大部分举手）说明我们刚才的结论是成立的。谁来总结圆的周长和直径之间有什么倍数关系？

（总结：一个圆的周长总是直径的3倍多一些）

2. 认识圆周率

师：实际上，数学家很早就研究了圆的周长

与直径的关系。他们通过大量的实验发现，任何一个圆的周长除以它的直径的商都是一个固定的数，我们把它叫作圆周率。（擦掉3—4，板书圆周率）既然圆周率是一个固定的数，为什么我们得到的结果不完全相同呢？（预设：测量有误差）圆周率的研究经历了漫长的过程，我们来听一听圆周率的发展史吧。（音频介绍圆周率演变历史）

师：这么复杂的数字可怎么写呢？数学家想了一个巧妙的方法，用一个简单的希腊字母 π 来表示圆周率。π 是一个无限不循环小数，计算时我们通常取它的近似值 3.14。

3. 推导并应用公式

师：通过研究，我们发现圆的周长是直径的 π 倍，现在你会计算圆的周长吗？（预设：圆的周长＝圆周率×直径）用字母 C 表示周长，与直径 d 关系是什么？C 等于什么呢？（预设：$C = \pi \times d$）在书写时通常写成 πd。（板书 $C = \pi \times d = \pi d$）

师：如果知道半径的话，应该用什么公式呢？（预设：圆的周长＝圆周率×半径×2）

师：C 与半径 r 的公式又是什么？（预设：$C = \pi \times r \times 2$，在书写时通常写成 $2\pi r$，板书 $C = \pi \times r \times 2 = 2\pi r$）

【设计意图】数学实验应该是全体小组成员共同参与的数学活动。由于同样的圆可能测得的周长数据并不相同，需要引导学生分析产生误差的原因，客观理性地看待数据。在这种情况下，历史的引入就显得尤为重要：既可以明确圆周率的固定数值，同时也让学生感受数学家在数学实验过程中严谨的治学态度，更体会到字母 π 的简便。

评析：对于圆周率的认知是本节课的重点也是难点。通过人们对于圆周率的认识过程，很好地开阔了学生的数学眼界，即用历史的眼光看数学。

（五）回顾反思，应用提升

师：回顾本节课，我们有哪些收获呢？

1. 用化曲为直的方法把圆的周长变直。

2. 猜想圆的周长是直径的 3—4 倍，再通过实验验证圆的周长是直径的 3 倍多一点。

3. 认识圆周率。圆周率是一个无限不循环小数，用字母 π 表示。

4. 借助圆周率和直径或半径，我们就能计算出圆的周长。

评析：通过回顾总结，让学生掌握推理归纳的一般过程方法，使学生更好地将知识内化，发现知识之间的内在联系，从而实现知识的自然生长。

五、结语

整节课以"圆的周长"为研究对象，以数学实验、推理归纳等为主要学习方式，注重对数学思维方法的渗透和对数学精神的追求，帮助学生建构数学模型，切实体会数学的魅力。整个过程，学生始终是主体，他们确定方案、推理归纳、测量验证，不仅掌握了数学知识，更是在自探自得的过程中体会到学数学的快乐。

参考文献：

[1] 阳志长，田方舒，贺文静.在获得研究对象的过程中发展数学核心素养 [J].中小学数学（高中版），2020（Z1）：41—45.

[2] 马霖霞，徐蔚.故事与数学的碰撞 感性与理性的融合——小学数学"微故事"教学的实践与思考 [J].小学教学设计，2020（26）：42—45.

[3] 韩海峰.数学史与数学教学整合的研究 [J].开封教育学院学报，2014，34（12）：92—93.

[4] 冷蓉晖.指向数学思维培养的小学数学实验教学范式建构——以"大树有多高"教学为例 [J].小学教学研究，2019（30）：82—84.

核心素养背景下学习情境设计的多元思维策略[*]

◎董自展

摘　要　在新课程教学标准改革背景下，在高中语文教学过程中，教师应当在结合核心素养培养的基础上，灵活运用多元思维，从设计人文之境、思辨之境、溯源之境、归因之境和探究之境等方面，选择有效策略进行情境教学，使语文教学能够得到更加满意的效果。

关 键 词　高中语文教学；语文学科核心素养；学习情境；多元思维

作者简介　董自展，江苏省海头高级中学副校长，高级教师。

　　"新高考"对学生核心素养的要求使语文学科上升到十分重要的地位。《普通高中语文课程标准（2017 年版 2020 年修订）》（以下简称"新课标"）也要求："语文课程应引导学生在真实的语言运用情境中，通过自主的语言实践活动，积累言语经验，把握祖国语言文字的特点和运用规律。"[1] 本文以《普通高中语文教科书　语文（必修下）》第一单元为例，从多元思维的角度探究学习情境设置策略。

一、紧扣同类文本主题设置人文之境

　　以《子路、曾皙、冉有、公西华侍坐》《齐桓晋文之事》《庖丁解牛》为例，三篇文章主要涉及"理想的社会是什么样的？人应该以怎样的姿态生存于世？"这两个问题，因此不妨围绕"社会理想与生存姿态"来设置情境，通过阅读与研讨来理解古人对这一永恒话题的思考。

　　在教学过程中，既要重视理解具体的观点，也要注意把握观点之间的关系和文章的思路；既要注意理解各篇文章的观点，也要作横向对比，注意不同学派观点之间的大差异与同一学派观点之间的小区别；既要忠实、扎实地理解文本，也

要注意站在当代立场反思古人的思想，并与现实相联系，以提高学生对社会理想与生存姿态的认识水平。

二、抓取异质文本对比设置思辨之境

　　在语文教学中重视情境，主要是为了让学生的情感与学习内容产生共鸣。新课标下的情境创设不同于以往教学中的"导入"，不只是教学处理中的一个环节，而且是为了激发学生的学习兴趣，营造一种真实的学习环境。所谓"真实"，是将学习内容、学习方式与自我成长、社会发展进行紧密的关联[2]。为此，我们可以从本单元所属任务群的角度，围绕"阅读诸子的多种方式"来设置学习情境，既关注上文所说的理解、对比与反思，也可围绕儒道诸子思想的不同特质及《论语》《孟子》《庄子》的不同说理风格等，展开更具整体性的对比。

　　《论语》的风格是语言简练、含义深远、雍容和顺。其中许多形象化的语言，往往包含着深远的社会和道德含义。例如，孔子说："岁寒，然后知松柏之后凋也。"这既是对松柏的礼赞，又是对坚强人格的称颂，形象与哲理交融在一

---

*　本文系江苏省教育科学"十三五"规划课题"基于学科核心素养的语文高考命题研究"（K-a/2018/07）系列成果之一。

起。《孟子》散文的特点是气势充沛、感情强烈、笔端锋芒显露。例如，记述孟子与齐宣王的对话，孟子对齐宣王所问"齐桓晋文之事"避而不言，却引齐王谈论王道。在对话中，孟子经常连连发问，步步紧逼。他的雄辩锋芒，有时竟使得"王顾左右而言他"。《孟子》的文章还善用比喻，他在谈及不能和不为的区别时说："挟泰山以超北海，语人曰：我不能。是诚不能也。为长者折枝，语人曰：我不能。是不为也，非不能也。"他所用的比喻常常是多样的，有时整段用，有时全篇用。就像"鱼，我所欲也"，就是层层深入，运用曲折的比喻揭出所论主旨。在先秦思想中，庄子的思想具有一种虚无主义色彩。在先秦散文中，《庄子》是最具风格特点的，大量地采用虚构的寓言故事，来说明思想论点，这是《庄子》的一大特色。《庄子》寓言丰富，并且很多出自作者自创，这些寓言也不是简单的比喻，而是有着奇幻斑斓的色彩。像写河伯看到"秋水将至，百川灌河"的景象，便"欣然自喜，以天下之美为尽在己"。当他来到北海，看到大海的浩瀚天际，这才感到天外有天，自己的沾沾自喜是可笑的。接着通过与河伯的对话，又道出宇宙之大，大海在其中也显得渺小等道理，既是寓言，又有壮阔的景物描写，充满浪漫主义色彩。还有，写诸侯间的战争时说：有两个国家，一个建在蜗牛的左角，一个建在蜗牛的右角，"时相与争地而战，伏尸数万，逐北旬有五日而后返"，像这样的奇幻的想象，在《庄子》中还有很多。

当然，师生还可以借鉴前人阅读诸子著作的方法，尝试在典籍内部互相参证，利用前人的注释作多元化、发散性的思考，或对前人的解读进行辨析。

三、结合古今思想碰撞设置溯源之境

当我们把知识看作由概念、范畴、事实所构成的静态、客观和绝对的真理时，教学的任务便是传授知识，学生的学习便是记忆和掌握；当把知识看成情境性的、价值性的，并不断被反驳和证伪的相对真理时，教学必将关注学生的好奇心、求知欲、批判意识和探究精神。[3] 从现实的语境出发，围绕"古典的回声"设置学习情境，以及学生探寻梳理儒道思想在当代社会思想、语言体系中的影响，由当代的认识出发，回溯经典的本意，发掘先秦诸子思想的深刻性，体会其充沛的生命力和无穷的魅力。

儒学是中国封建社会中占统治地位的思想学派，也是中国传统文化中最具有影响力的思想学派。儒家思想对当今社会的影响是传承发扬传统文化和发展现代思想的一个重要纽带，在伦理道德、思想文化上对现代社会的发展和道德建设具有深刻的启发作用。儒家的思想以"仁"为核心，是今天"以人为本"的重要根源；儒家思想主张忠孝，有助于维护中华民族的团结，增强向心力与凝聚力；儒家思想主张修德，是社会道德建设的基础；儒家礼乐思想有助于提高民族的人文素质、精神素质；儒家的诚信思想，对建设和完善社会主义市场经济规范具有重大意义；儒家传统思想发展至今，之所以影响深远，关键在于它能根据统治者和社会的需要而不断得到改造，体现出与时俱进的时代精神。儒家思想精髓不在于其治国理论学说，在于它的社会伦理思想。

"天人合一"思想是道家思想在对待人与自然的相互关系问题上的基本出发点[4]。它强调"道法自然""自然之道不可违"，而现代生态学理论中有一条"在没有人类行为强烈干预的情况下，自然界通常都能够以它的最佳状态存在着，发挥出最大的能量和最高的效率，保持着最合理的发展速度和最长久的持续性"[5]。因而人应当爱护自然，保持与大自然协调相处的和谐关系，人的活动必然影响到环境，也必将通过环境反作用于我们自己，所以我们必须顺应大自然的客观规律办事，才能做到"天长地久"。"天地所以能长且久者，以其不自生，故能长生。"道家思想中"清静无为""返璞归真""顺应自然""贵柔"等主张对中医养生保健有很大影响和促进。它所提倡的形神兼养，正好符合现代医学上对健康的定义，即身心健康。"无为"的思想为我们提供了一种新的管理模式——"软性管理"，这对企业的长期发展是十分有利的。另一方面，道家提倡"为而不争""少私寡利"等思想，对这些思想的领会，有利于对市场经济下各种个人主义、拜金主义弊病的防治。这对于当前市场经济下的道德建设有借鉴意义。

四、采取短文长读方法设置归因之境

教学《烛之武退秦师》和《鸿门宴》这两篇史传，教师可以围绕"历史的'长短'与'表里'"设置整体性的学习情境，引导学生立足较长的时段理解"退秦师"这一具体的历史事件，寻找历史的真相，从楚汉相争全过程的角度思考鸿门宴对历史发展有何作用，思索历史事件发展的内在动因。

教师还可以与学生一起开掘烛之武精彩辞别后的精细谋划，思考刘邦、张良应对项羽的策略为何能获得成功，寻绎历史人物行为的内在逻辑。这种具有较强思辨性的学习可以让学生接触到大处着眼、小处入手的读史方法，初步养成透过现象寻求本质的阅读习惯。

五、针对文本个性特点设置探究之境

可以将两篇史传文"分而治之"，分别设置情境，设计学习任务。教学《烛之武退秦师》，在把握历史事件、欣赏人物形象的基础上，可以适当选取相关资料，或围绕"历史叙事中的观念"，探究"礼"的观念及其实质，或从烛之武这个人出发，思考"士人的精神"，感受春秋时期"士"的风范和历史作用。

教学《鸿门宴》，除了寻找戏剧化的历史事件背后的本质外，还可以聚焦"合逻辑的'新'读历史"，如利用《史记》的互见法和《史记》《汉书》记鸿门宴的异同，来反观《项羽本纪》的记载，对项伯等基本被定性的人物作新的思考，合理推测史书内容背后的"可能事实"，质疑史书记载中的一些不合常理甚至矛盾的地方，等等。这样的学习方式能让学生从了解历史事件和历史人物出发，感受阅读史书的深层次乐趣。

六、结语

文中所说的一些学习情境和学习任务，有的比较开放、丰富，有的比较集中、扎实，本身并没有高下之别，教师可根据具体情况灵活选用，自主完善。这些学习任务基本上涵盖了一般性理解、对比性理解、深入思考、多元思考、批判性思考等思辨性阅读常用的思维方式，有助于提高语文学习的思维含量，提升学生的思维品质。

参考文献：

［1］中华人民共和国教育部.普通高中语文课程标准（实验）［M］.北京：人民教育出版社，2003.

［2］陆志平.普通高中语文学习任务群教学指南［M］.北京：现代教育出版社，2018.

［3］黄伟.课堂教学活动化：特征、意义及偏误矫正［J］.天津师范大学学报（基础教育版），2008（01）：48—52.

［4］于耀.从道教天人合一看生态环境保护思想［J］.重庆工学院学报（社会科学版），2007（10）：94—95.

［5］姜暐.《道德经》体现的生态美学思想及其启示［J］.黑龙江教育学院学报，2008（06）：12—14.

小学数学教学中单元整体教学课堂的改善策略

◎张　洁

摘　要 当前五塘小学的数学教学中，单元整体教学课堂的实践存在一些问题。为改善现状，本文立足学校和教师两个层面，提出改善思路，并从明确教学目标、优化教学步骤、优化教学活动、完善教学评价四个方面阐述了小学数学教学中单元整体教学的改善建议，期望能提高单元整体教学的效果，推动小学数学教学质量的提升。

关键词 小学数学；单元整体教学；教学策略

作者简介 张洁，江苏省南京市五塘小学教师，一级教师。

2021 年 7 月，我国"双减"政策正式出台，"双减"政策以国民对优质教育的需求及教育改革发展的规律为依据，要求教师把控好"以生为本"的教学观，实事求是地为学生减压减负，有效培养学生的综合能力。小学数学教育强调基于标准的教学与评价，基于课程标准的教学，首先要教师明确课程目标，然后探索通过怎样的途径来评价学生。为了以学为中心来进行教学设计，那就需要基于学情，从"以人为本"出发，对教学内容及过程进行科学合理的安排，从单元的视角对教学内容进行整体思考与设计。

一、学校数学教学中单元整体教学课堂的现状

通过调查发现，五塘小学占半数以上的学生对数学单元整体教学课堂比较感兴趣，他们在数学学科学习方面比较有自己的想法，能清晰地认识自己学习的目标，不是为了考试而学习。但是也有学生表示不喜欢数学单元整体教学课堂，主要原因有：教学进程太快、知识讲解不清晰、课堂缺乏趣味性、学生自主参与不足等。

此外，大部分学生对数学单元整体教学课堂的期待主要是能参与到课堂活动中、系统学习并理解知识点，而并非核心素质与教学改革所倡导

的用数学知识点来解决现实中存在的数学问题。这说明学生在意的问题比较实际，在于学会知识，而学习数学技能、解决实际问题的意识还需要教师引导。

根据访谈结果，数学教师都表示自己了解数学学科核心素养和数学单元整体教学课堂内涵，也在教学中实验了数学单元整体教学课堂模式。他们认为有必要开展数学单元整体教学课堂，但也指出了目前教学的应用成效并不突出。在实际教学中，教师都是偶尔使用数学单元整体教学模式进行复习。

对于影响数学单元整体教学课堂应用的因素，教师认为这类教学需要耗费超过单课时的时间、精力来设计，大多数教师表示在数学单元整体教学尝试之初就遇到过问题，比如学生配合度不高，自己没有完成的头绪，整体把控课堂的难度比较大，缺乏比较好的设计流程和操作步骤，现在的教学模式也比较单一，学生很难为教师提供反馈意见或者建议。教师通过教学尝试，发现编制单元目标对于数学单元整体教学课堂的设计影响最大，它会直接影响到学生对本单元数学知识框架的认知和掌握。但是教师设计的单元目标并不一定能被学生理解和认可，所以学生对数学

单元整体教学单元目标的践行与教师的期待还是有一定的差别的。

综上所述，教师对数学单元整体教学课堂是认可的，也在教学过程中对数学单元整体教学模式有所尝试，但是应用的比率并不高，更多时候还是选择单时教学模式。教师能认识到数学单元整体教学课堂设计和应用要始终围绕学生的需求，但是并不容易精准捕捉学生需求，导致教师的教学设计与学生兴趣、需求之间还存在一定的差距。

二、小学数学教学中单元整体教学的改善思路

根据学校数学单元整体教学的需求、现状及不足，建议从两个方面强化改善。

（一）从学校支撑层面落实

学校要在数学单元整体教学推行需求、教师在教学设计和应用方面的不足基础上，搜索可供教师借鉴和学习的案例资源，组织教师集体学习和研究；邀请本区域兄弟学校就数学单元整体教学创新和实践的问题，共同研究、分享经验，可强化线上和线下的双重教学研究，以线下实践推进线上理论研究；教师可将数学单元整体教学视为校本位教学研究对象，各年级数学教师可定期组织经验交流会、问题共研会，共同推进数学单元整体教学的教、研、学。

（二）从教师教学实际着眼

教师需要结合具体的教学实际开展单元整体教学。比如围绕本班、本年级具体学情，结合课本内容按照整体分析—方案设计—评价反思和改进的思路，将数学单元整体教学按照教学目标、教学步骤、教学活动、教学评价四步骤进行改进。在具体操作中要把控四个关键节点：

1. 学情分析

这需要教师在日常教学中增进对学生的观察、沟通的频率和有效性，以便教师及时了解学生参与数学单元整体教学活动的需求。

2. 整体分析大单元

重点分析大单元教学目标、教学要素、教学内容，重点突出大单元与课时教学的差异性，系统梳理学习单元知识点的需求。苏教版小学数学教材在单元编排方面体现了数学知识之间的关联性，但是并没有兼顾不同学段学生的心理发展特征和认知水平，实效性和生活性不足。所以教师要考虑如何基于学生需求，研究要以怎样的方式设计课程才能解决学生遇到的实际问题。教师可按照学生基础、教学内容、数学核心素质与教学改革要求、新课标和"双减"政策要求等选定单元内容。所以，教师要读懂相关政策、文件对数学单元整体教学的要求，厘清数学单元整体教学与单课时教学的关联与区别，等等。

3. 设计课时方案、把控教学要点、划分课型、分解内容，按需设计单元教学方案

"大单元"并不是苏教版教材中的自然单元，而是一个可按照多种方式组织、系统编排的教学中心。这个单元可以以重要概念或者思想方法渗透为主，也可以以核心知识、综合素养、基本能力作为单元核心。数学单元整体教学强调的是整体性，所以课时设计、课时方案等也要将每个教学流程、教学活动放在一个整体系统中设计、规划，在保证每个课时独立的同时，也要注意将知识点和方法进行衔接来引导学生建立起单元知识系统。

4. 反思、评价和下一步改进

教师在按照教学目标实施数学单元整体教学后，要观察学生课堂表现，从教学表现、教学评价、教学目标实施三个维度进行统一的、深刻的、全面的反思、总结，发现存在的问题，提出改善思路。

三、改善建议

（一）明确教学目标

按照"双减"政策、核心素养与教学改革的

要求，小学数学教学的单元整体教学设计要始终围绕学科发展需求、学生系统学习的需求、社会发展需求，在设计大单元教学目标时，以循序渐进、渗透教改的方式，重点突出数学知识相互之间的关联性、系统性、整体性，体现出教学目标的顺序性，以免在目标设计中，出现简单叠加单课时教学目标的情况。

以苏教版《分数的初步认识（二）》为例，这个单元相比《分数的初步认识（一）》认识一个图形或者物体的几分之几、几分之一更为复杂，学生容易对该单元的内容出现疑惑或者不习惯的情况。

针对此种状况，教师在优化单元整合教学目标时，可将教学目标分层，层层递进地引导学生。如：（1）了解"一些物体"而不是"一个物体"的几分之一；（2）认识"一些物体"的几分之几内涵、分析"一些物体"与"一个物体"的几分之几的区别；（3）引导学生在具体情境中分析和认识分数，能借助简单的分数描述生活现象；（4）学生能使用生活经验认识和分析分数，可以使用自己的语言描述分数；（5）学生能体会到生活中分数的应用价值，能积极参与数学实践，能获得和他人一起探索并解决现实问题的体验。

（二）优化教学步骤

在围绕学情分析和设计数学单元整体教学时，教师要充分兼顾课时教学方案设计与学生学习的适配性。学法、教法、教学目标、课型、活动设计、教学流程、教具安排等的课时教学方案设计，要始终以学生的学习需求为依据，站在学生的立场来设计教学流程，来衔接数学单元整体教学和具体知识，以帮助学生在数学单元整体教学中自主学习和探究，自行建构知识体系。

比如，《分数的初步认识（二）》可按照7课时设计，其中"认识几分之一"和"认识几分之几"分别占2课时、3课时。由于在《分数的初步认识（一）》的教学时，教师已经详细讲过

整体和部分之间的关系，那么在《分数的初步认识（二）》的教学中，教师要侧重离散量模型与部分之间关系的讲解，重点放在使用分数表示一个整体平均分、区分分数和个数方面。考虑到三年级属于低年级向高年级过渡的学段，学生在学习中更偏重直观，因此，教师可使用相关情境、离散型模型等的演示来帮助学生认识"一些物体"的几分之几、几分之一的内涵与"一个物体"的几分之几、几分之一的区别、关联性等。对于学生在意的趣味性、生活性、参与感，教师可在教学情境、教学工具设计时，多参照学生的生活场景、经验、趣味点。为了更为精准地了解学生对《分数的初步认识（二）》各知识点的掌握情况，教师可为学生设计相应的前测内容，分析学生偏重使用符号语言、图形语言还是数学表达方式，并梳理学生在学习《分数的初步认识（一）》时存在的错误，以此完善《分数的初步认识（二）》的教学内容和确定教学侧重点。

（三）优化教学活动

教师在单元整合教学活动设计中，可依据学生的需求将教学目标分阶段、分步骤实施。比如，在《分数的初步认识（二）》的教学中，设计要兼顾《分数的初步认识（一）》，其学习效果会影响到《分数的初步认识（二）》。由此，第一阶段要设计温故知新互动活动，可以以互相问答、角色扮演探究、情境创设等方式展开，如"猴王分桃子""爸爸分甘蔗"之类。在学习和探索新知中，教师可提供画一画、讲一讲、分一分、折一折、试一试、涂一涂、练一练、切一切等方式鼓励学生亲自尝试"一个物体"和"一些物体"的区别，"一个物体"几分之一、几分之几和"一些物体"几分之一、几分之几的区别，并观察学生在尝试实验、体会分析中存在的问题。离散量模型、线型模型均可作为教师引导学生探究"一个物体"和"一些物体"关联与区别的依据。教学活动可结合实践情况与学情变化灵

活应用离散量模型、线型模型。

（四）完善教学评价

　　围绕学情实际情况来设计的数学单元整体教学评价方式，很容易被教师和学生忽视。评价作为真实反映数学单元整体教学目标与现状适配性、偏离度的重要工具，可弥补学生层面未能及时反馈的信息。因此，教师在数学单元整体教学实施之前，要设计好教学评价标准与方式，以便在教学实施的过程中可以多维度评价学生的学习效果，在总结评价结果、教学流程、教学目标、教学内容的基础上，修改、调整、完善数学单元整体教学。以《分数的初步认识（二）》教学为例，此单元的教学评价可按需评价学习单完成情况，目标检测情况、各个学生小组参与和实践情况。每一项都需要考查学生在《分数的初步认识（二）》教学中知识技能、问题解决、数学思考、情感态度情况，以及是否与教学目标契合等。

四、结语

　　我们通常要求学生在学习中不能只见树木，不见森林。因此，在日常教学中，我们要让学生学会全局思考，举一反三。这就是要培养学生的整体观念。当前，在新课改的背景下，在信息技术发展和学生需求不断变化的背景下，课堂不能只是一课一课地教学了，学生不能做教师的跟屁虫，而是要做思想的自主者。在教学中，教师一定要有全局和整体观念，让学生看见整个单元的森林，最终实现核心素养的发展。

参考文献：

［1］马云鹏.基于结构化主题的单元整体教学——以小学数学学科为例［J］.教育研究，2023，44（02）：68—78.

［2］谷翠翠.小学数学主题单元教学的实践［J］.人民教育，2021（17）：79.

［3］侯学萍，陈琳.小学数学单元教学的整体设计［J］.教学与管理，2018（29）：43—45.

［4］高子林.基于学力提升的小学数学单元整体教学［J］.教学与管理，2018（26）：42—44.

基于真实情境的小学语文口语交际教学实践研究

◎王　敏

摘　　要　小学语文口语交际教学不仅是语言能力培养的重要环节，也是促进学生综合素质发展的有效途径。传统的口语教学往往局限于课堂内的书本知识传授，缺乏真实情境的引入和实践性的体验，导致学生的语言表达能力和交际技能难以得到有效提升。本文以部编版小学语文六年级上册第七单元口语交际"聊聊书法"为研究对象，旨在探讨基于真实情境的小学语文口语交际教学实践，并分析其对学生口语交际能力和综合素质发展的影响。

关 键 词　小学语文；口语交际；真实情境；教学实践

作者简介　王敏，江苏省苏州市工业园区星洋学校教师，一级教师。

随着社会的发展和教育观念的更新，越来越多的教育者和家长开始意识到口语交际在语文学习中的重要性。通过口语交流，学生能够更加直观地感知语言的生动性和实用性，提高语言的运用能力。真实情境是有效促进口语交际的重要因素，将语言学习融入真实的情境，可以增加学生对语言运用的兴趣和积极性，提高学习效果。

一、小学语文口语交际教学的基本要求

小学语文口语交际教学的基本要求涉及多个方面，包括教学目标、教学内容、教学方法和评价方式等。在实际教学中，对应的教学内容应贴近学生的生活实际，选取与他们日常生活密切相关的话题，重点教授学生实用性强的口语表达方式，使学生能够在实际生活中灵活运用所学语言。

对于教师而言，利用真实情境或模拟情境引入教学内容，激发学生的学习兴趣和参与度，提高语言学习的效果，设计具有实践性和任务性的口语交际活动，如角色扮演、小组讨论、情景模拟等，让学生在实际交流中学习语言，培养实际运用能力。教师在评价的过程中，围绕口语交际的教学要求，需要结合听说读写等多种语言技能，进行综合评价，全面了解学生的语言交际能力和表达水平，并通过实际情境中的表现和任务完成情况进行评价，注重学生的实际应用能力和沟通效果。

二、基于真实情境的小学语文口语交际教学的重要性

真实情境下的语言交际更贴近学生的日常生活和社会实践，能够帮助他们更好地理解和掌握语言的实际运用技巧。通过参与真实情境中的交际活动，学生能够积累丰富的语言经验，提升语言的实际运用能力。在素质教育的背景下，基于真实情境的小学语文口语交际教学是一种有效的教学方法，有助于提升学生的语言实际运用能力、增强语境感知和理解、激发学习兴趣和参与

度、培养实践能力和自信心，同时促进跨学科整合，对学生的综合发展具有积极意义。

首先，创设真实情境的教学活动能够激发学生的学习兴趣和参与度。与传统的教学形式相比，真实情境下的教学更具有生动性和趣味性，能够吸引学生的注意力，提高学习效果。其次，通过在真实情境中的语言交际实践，学生能够培养实践能力和自信心，在实际情境中运用所学语言，解决实际问题，增强自信心和自我表达能力。最后，真实情境下的语文口语交际教学可以与其他学科相结合，促进跨学科整合和综合素养的培养。例如，可以结合社会学科、艺术学科等，创设多样化的情境，拓宽学生的视野和知识面。

三、基于真实情境的小学语文口语交际教学实践策略

（一）情境创设

在小学语文口语交际教学中，情境创设的核心在于通过精心设计的情境，学生可以更好地投入语言交流的实践，从而提升他们的口语表达能力和语言运用能力。

情境创设需要具有一定的情感色彩和情节张力。通过情境的情感渲染和情节设置，可以激发学生的情感投入和参与度，增强语言交流的真实感和趣味性。例如，在游戏情境中可以设计一场有趣的小组竞赛，让学生在竞争中进行语言交流和合作，增强他们的语言表达和沟通能力。此外，情境创设还需要注意语言环境的营造。教师可以通过布置合适的教室布置、配备相关道具或多媒体资源等方式，营造出符合情境需求的语言环境，帮助学生更好地融入情境，提升语言交流的效果和体验。

（二）任务驱动教学

在小学语文口语交际教学中，任务驱动教学是一种有效的实践策略。通过设计具有任务性质的口语交际活动，可以激发学生的学习兴趣和参与度，促进他们在实践中运用所学语言，达到更好的教学效果。具体而言，任务驱动教学强调学生在完成任务的过程中运用语言，任务性质的活动可以是小组合作或个人完成的，如小组讨论、情景模拟、问题解决等。通过任务驱动，学生不仅能够练习语言表达，还能培养解决问题的能力和团队合作意识。

一方面，任务设置应该具有一定的现实性和实用性，让学生在完成任务的同时，体验到语言运用的实际效果和意义。例如，设计一个购物任务，让学生在模拟的购物情境中使用适当的语言进行交流和表达，锻炼他们的实践能力。另一方面，通过设立具有挑战性和吸引力的任务目标，可以激发学生的学习兴趣，提高他们的学习投入度和积极性，从而促进口语交际能力的提升。

（三）真实情境引入

学生在真实情境中学习语言，更容易将所学知识转化为实际应用能力。例如，通过模拟实际购物过程进行口语交流，学生不仅能够练习语言表达，还能体验到语言在日常生活中的实际应用场景，提高语言交际的实效性。此外，真实情境引入还可以培养学生的跨学科综合能力。在引入真实情境的过程中，可以融入其他学科的知识和技能，促进跨学科整合和综合素养的培养。例如，结合社会学科内容进行家庭生活情境的语言交流活动，既锻炼语言表达能力，又增强对社会生活的认知和理解。

（四）实践性评价

在小学语文口语交际教学中，实践性评价是一种重要的评价策略。通过实践性评价，可以全面了解学生在真实情境下的口语交际能力和表达水平，及时发现问题并提供有效的指导和反馈，促进学生的进步和提高。与传统的笔试或口试相比，实践性评价更加贴近学生的实际语言运用情境，可以观察学生的语言表达、交流技巧、合作

能力等方面的综合表现，更加全面地评价学生的口语交际能力。

一方面，实践性评价可以通过多种方式进行，如观察记录、任务完成情况评价、对话实录评价等。教师可以通过观察学生在情境中的行为表现、语言表达和解决问题的能力，及时发现学生的优势和不足，并给予针对性的指导和反馈，帮助他们改进和提高。另一方面，通过实践性评价，学生可以体验到语言学习的实际效果和意义，增强对学习的主动性和积极性，从而更加努力地投入口语交际教学，提升自身的语言能力。

四、基于真实情境的小学语文口语交际教学设计案例

（一）教学目标

以部编版小学语文六年级上册第七单元口语交际"聊聊书法"为例，制定如下教学目标：（1）理解中国传统文化。让学生了解书法作为中国传统文化的重要组成部分，认识书法在中国文化中的历史地位和艺术价值，引导学生通过观察和体验书法作品，感受书法艺术所蕴含的文化内涵和审美情感，培养对传统文化的尊重和热爱。（2）发展语言表达能力。需要充分提高学生的口头表达能力，使其能够用适当的语言表达对书法作品的感受、评价和看法，并培养学生用生动、准确的语言描述事物的能力，提高他们的语言表达自信心和流畅度。（3）促进团队合作和交流。通过小组合作和讨论，培养学生的团队合作意识和合作能力，使他们学会倾听、分享和接受他人观点，在此基础上鼓励学生积极参与口语交流活动，建立良好的沟通氛围，提高他们的人际交往能力和社交技巧。（4）提升审美情感和艺术修养。教师需要引导学生欣赏、感受和理解书法作品所传达的审美情感，培养其对美的敏感度和审美能力，并充分激发学生对艺术的热情和兴趣，引导他们发展艺术修养和创造力，提升对文化艺术的

理解和欣赏水平。

（二）教学资源获取

第一，教师需要在网上搜索书法作品的图片，利用中国国家图书馆数字资源库、故宫博物院数字资源等，可以找到各种风格和时期的书法作品。第二，教师获取与教学相关的视频资源，通过视频软件和短视频平台等，搜索有关书法艺术的视频资料，可以观看书法大师的讲解和演示，了解书法的基本知识和技法。第三，教师应该准备毛笔、墨水、宣纸等书法用具。

（三）活动过程

1. 情境引入（约 10 分钟）

在教室中布置书法作品展示区，展示不同风格的书法作品，并播放与书法相关的视频资料，引起学生对书法艺术的兴趣。教师简要介绍书法的历史、种类和特点，激发学生对书法的好奇心和探索欲望。

2. 小组讨论（约 15 分钟）

将学生分成小组，每个小组选择一幅展示的书法作品进行欣赏和讨论，学生可以自由发表对作品的感受、理解和评价，探讨书法艺术的美学意义和文化内涵。

3. 口语交流展示（约 20 分钟）

每个小组选择一名代表，在教室中展示自己小组讨论的成果，分享对书法艺术的认识和理解，学生用口头表达的方式描述书法作品的特点、风格和表现力，展示自己的语言表达能力和艺术欣赏水平。

4. 书法体验（约 15 分钟）

为学生提供毛笔和墨水，让他们在纸上体验书法的基本技法，如写简单的汉字或书写简单的书法作品，学生通过实际体验感受书法艺术的魅力，增强对书法的理解和认识。

5. 团队分享和总结（约 10 分钟）

每个小组挑选一名学生展示自己的书法作品，并分享自己的书法体验和感受，教师对学生

的表现进行总结和评价，鼓励学生互相学习、交流，促进团队分享和共同进步。活动结束后，教师对学生的表现给予肯定和鼓励，提出一些反馈意见和建议，鼓励学生继续关注和学习书法艺术，培养对传统文化的热爱和理解。

（四）教学评价

在基于真实情境的小学语文口语交际教学设计中，针对"聊聊书法"口语交际教学设计的教学评价应该从多个角度进行。

其一，需要进行口头表达评价，观察学生在口语交流展示环节的表现，评价他们对书法作品的描述是否准确、生动，是否能够用适当的语言表达对书法艺术的理解和欣赏，评价学生在小组讨论和团队分享中的表现，包括是否能积极参与讨论、与他人合作、分享自己的见解等。

其二，需要进行书法作品展示评价，对学生在书法体验环节制作的书法作品进行评价，看是否能够体现基本的书法技法和审美意识，鼓励学生展示个性化的书法作品，并评价其创意和表现力。

其三，需要构建团队合作评价体系，重点评价学生在小组合作和团队分享中的团队合作意识和协作能力，看是否能够有效地分工合作、倾听他人意见、共同完成任务，分析学生在互相交流中是否能够尊重他人的观点、善于沟通、团结合作。

其四，构建问答互动评价标准，具体可以设计一些问题或情景，让学生进行问答互动，评价学生的应答能力和思维反应速度，重点关注学生对文化传统的认知程度，评价是否能够表达对中华传统文化和书法艺术的尊崇和认知。

五、结语

综上所述，在教学中创设真实的生活情境和交流场景，可以激发学生的学习兴趣和积极性，增强他们的参与度和学习体验，从而促进口语交

际能力的提升，通过设计具体的任务和活动，如小组讨论、口语交流展示、书法体验等，可以让学生在实践中学习，提高语言表达能力、团队合作意识和文化认知水平。在教学实践中，真实情境引入是一种有效的教学策略。通过引入真实的书法艺术作品、展览、视频资料等，让学生身临其境地感受书法艺术的魅力和文化内涵，加深对中国传统文化的认知和尊崇。

此外，在教学评价中，教师通过观察记录、口头表达评价、书法作品展示评价等方式，可以全面了解学生在口语交际中的表现和进步情况，为教学提供有效的反馈和指导，促进学生的持续成长和发展。基于真实情境的小学语文口语交际教学实践，旨在培养学生的语言表达能力、团队合作意识和文化认知水平。教学策略的合理运用和实践性评价的有效实施可以有效提升教学效果，为学生的全面发展和成长提供良好的教育环境和支持。

参考文献：

[1]陈燕华.基于情境的口语交际教学策略研究[D].无锡：江南大学，2009.

[2]施莹莹.小学语文口语交际情景教学的有效设计研究[J].语文天地，2014（27）：17.

[3]熊社昕.让创设的情境更真实——"请你支持我"（六上）口语交际教学构想[J].小学语文教学，2022（28）：66.

[4]李杨武.部编版小学语文三年级上册"口语交际"教学实践策略探究[J].考试周刊，2022（41）：10—13.

[5]魏章平.小学语文的口语交际教学[J].科学咨询（教育科研），2017（10）：41—42.

[6]王便芩.小学语文口语交际课的情境创设[J].魅力中国，2018（22）：113.

儿童发展视域下的信息技术与小学数学融合教学探究[*]

◎卢彩霞

摘　要 《义务教育数学课程标准（2022 年版）》明确指出，小学数学课程目标"以学生发展为本"。在儿童发展视域下，教师应充分认知学科融合教学所具备的提高综合思维能力、提供综合问题解决机会、增进知识联系和迁移、培养综合素养等独有优势，在知识可视化、教学趣味化、资源丰富化和学习个性化等需求下，在教学中充分融合信息技术与小学数学，采取激发学生兴趣，打造"趣味课堂"；丰富教学形式，打造"智慧课堂"；加强错题纠正，打造"效率课堂"；巧用虚拟场景，打造"实践课堂"的教学策略，为实现主体性、多样性、科学性的小学数学课堂添砖加瓦。

关 键 词 儿童发展；信息技术；小学数学；融合教学

作者简介 卢彩霞，江苏省南通市实验小学教师，一级教师。

儿童发展视域是指从儿童的角度出发，关注和研究儿童在生理、心理、社会和情感等方面的全面发展。其核心理念是将儿童置于教育和发展的中心，以儿童的需求、兴趣和能力为导向，为他们提供适宜的学习环境和支持。儿童在成长过程中，各个智力领域的发展相互影响。学科融合教学有助于学生将不同学科的知识、概念和技能进行有效整合和应用，形成综合思维的能力；有助于学生学会从多个学科的视角分析和解决问题，培养批判性思维、系统性思维和创新思维等综合能力；有助于学生将所学的知识迁移到新的情境中，提高学习的灵活性和适应性。

学科融合教学注重培养学生的综合素养，包括批判性思维、创造力、合作能力、信息素养等。这些素养是儿童成长中终身学习和社会交往

的重要基础。《义务教育数学课程标准（2022 年版）》明确指出，小学数学课程目标"以学生发展为本"。因此，基于儿童发展视角，在小学数学教学中应为学生提供适宜的学习环境和支持，为学生发展保驾护航。

一、小学数学融合信息技术的教学需求

（一）知识可视化需求

知识可视化是指通过使用图像、图表、模拟和动画等方式将抽象的数学概念转化为直观的形式，帮助学生更好地理解和记忆数学知识。在小学数学教学中，通过信息技术将抽象的数学概念转化为直观的图像、模拟或动画，可以帮助儿童更加自然和直观地理解、记忆和应用数学知识。同时，这种可视化教学方法也能够激发兴趣，提

* 本文系南通市教育科学"十四五"规划课题"基于儿童发展的小学学科融合教育教学研究"（GH2021305）的阶段性研究成果。

高参与度，为深入掌握数学知识提供了有力的支持。

（二）教学趣味化需求

教学趣味化是指通过设计有趣的互动活动和游戏化学习，激发学生的学习兴趣和积极参与度。在小学数学教学中，通过信息技术可以设计有趣的互动活动、采用游戏化教学方法，从而促进他们对数学知识的兴趣和学习热情，提高学习效果。

（三）资源丰富化需求

资源丰富化是指利用信息技术提供的丰富网络资源来辅助教学，使学生能够接触到更多的数学学习材料、视频教程、在线讲座等。为学生提供更加丰富、具有广泛视野和多样性的数学学习资源，以及更加便捷和自主的学习方式，满足他们个性化的学习需求，并促进其认知、情感和社交等全面发展。

（四）学习个性化需求

学习个性化是指根据每个学生的学习能力、兴趣和学习风格，通过信息技术为其提供个性化的学习资源和支持。利用信息技术和在线平台，可以根据儿童的学习水平、兴趣和个性特点，为他们提供量身定制的、个性化的数学学习支持和教育服务，使他们在学习过程中更加得心应手，更加自信和成功。

二、信息技术与小学数学融合的教学原则

（一）主体性原则

主体性原则强调以学生为中心，鼓励学生主动参与、合作探究，选择适宜的学习内容和工具，并提供展示和反思的机会，旨在培养学生的主体意识、创造力、探究精神和自主学习能力，促进数学知识的深入理解与实际应用，提升学习效果和质量。

（二）多样性原则

多样化的信息技术应用策略，可以让学生充分参与和体验，提高数学教学效果。因此，教师

应该根据不同的教学内容灵活运用信息技术进行融合，如在小学数学课堂中采取课前预习、教学演示、互动讨论、实践探究等多种形式，让学生充分参与和体验，提高教学效果。

（三）科学性原则

将信息技术融入小学教学中虽然已经取得了相当可观的成果，但很多时候融合的质量与信息技术的使用未必能科学地挂钩。如果教师为了融合而融合，使得信息技术在数学课堂中喧宾夺主，或是采取了与教学内容不相匹配的信息资源，将难以取得预期的教学效果。因此，在教学中还需要遵循科学性原则，合理安排融合的资源、融合的比例、融合的阶段等。

三、信息技术与小学数学融合的教学方法

（一）数学软件和应用

利用数学软件、应用程序或在线教育平台等，让学生通过电脑、平板电脑或智能手机等设备进行数学学习。这些软件和应用通常提供交互式的学习界面，可以为学生提供动态、直观的数学学习体验，帮助他们更好地理解和掌握数学知识。

（二）数字化教辅资料

使用数字化的教辅资料，如电子课本、电子教案、课件等，以及相关的多媒体资源，结合教学内容进行展示、演示和讲解。这些资料可以丰富教学内容，增加学生对数学概念的理解和记忆。

（三）互动式教学

结合信息技术工具，如电子白板、学习管理系统等，在课堂上进行实时互动教学。教师可以设计在线互动小测验、讨论和游戏等活动，提供个性化的学习支持，并及时获取学生的反馈和成绩数据，以便更好地指导和评估学生的学习。

四、信息技术与小学数学融合的教学策略

（一）激发学生兴趣，打造"趣味课堂"

数学是逻辑和抽象的艺术，一些数学定理和

公式对于小学阶段的学生来说理解较为困难，学生很容易因此丧失兴趣，如果能够借助信息技术在教学过程中增加趣味性和游戏性元素，既与教材内容紧密联系，又与学生的兴趣爱好相结合，激发学生的学习兴趣和动力，无疑是能够提高学习效果的。因此，教师应重视激发学生的兴趣，对信息技术进行深度挖掘，并将其与数学知识点紧密联系起来，确保在教学中能够起到"吸睛"的作用，将学生的注意力牢牢吸住。采用动态视频教学、使用游戏化编程等方式，让数学题变成学生游戏道路中的一个个"小怪"和"Boss"，能让学生兴致勃勃，充满挑战的动力。

比如，在苏教版数学二年级下册《角的初步认识》的学习中，为了让学生更快速地了解各种不同角度的角的区别，并对接下来角的学习和探索充满兴趣，教师在导入环节可以设置一个闯关小游戏。学生操纵的角色想要逃出天井，就需要画出各种符合要求角度的角来帮助角色攀登，学生可以用鼠标操作来拖动组成角的两条线，此时他们就会在实际操作中体会到"角的大小与边的长短无关""角的大小与角的两条边张开的程度有关"等知识点，对"角"的相关知识有了切身的体验和初步的认知，为接下来导入知识环节、继续探索角的其他信息打好基础。

（二）丰富教学形式，打造"智慧课堂"

现代科技的发展提供了多种多样的教学工具和资源，可以丰富数学教学的形式，创造生动的学习环境。利用多媒体等现代科技工具进行数学教学，可以提供更丰富的视觉和听觉刺激，激发学生的想象力和创造力，增加他们对数学问题的探索和解决能力。信息化的课堂不但具备更鲜明的特色、打破了传统课堂的桎梏，同时有助于教师在学生面前更直观地展现抽象的知识和记忆点，帮助学生在教学重难点上获得更有效的推动力，在教学上实现更有优势的突破。

如，在小学数学概念的学习方面，由于是抽象概念，一向是学生学习掌握的难点所在，以苏教版小学数学三年级上册《认识周长》为例，对于"封闭图形一周的长度，是它的周长"，很多学生难以理解，或只能对示范图形进行片面的理解，一旦图形从长方形变成正方形，或是从正方形变成三角形，他们就对周长概念茫然了。此时用传统教学手段，很难让学生快速、准确地理解"周长"概念，但如果应用信息技术，在课件中灵活地通过动画形态来展示"周长"从一个长方形展开后变成一条直线的状态，以及从一条直线逐渐折叠形成一个正方形的过程，就能够让学生非常直观而鲜明地了解到什么是图形的周长，为何会将图形的各条边长加在一起来计算周长。可以说，多媒体教学设备、信息教学软件的应用，能够成为教师在课堂中执教的利器，帮助学生更快速、精准地理解教学重点和难点，给予学生更鲜明的记忆和更深刻的印象。

（三）加强错题纠正，打造"效率课堂"

小学数学教育肩负着为学生奠定基本的数学知识、发展智能、提高技能和提高学习兴趣的责任，每个学生在数学道路上的进度都会有所不同，教师必须尊重个体差异，区分不同学生之间的教学计划，才能更好地发挥出学生自身的主体性和主观能动性，让数学学习变得更加高效、更加科学。这种教学方式不仅能够提高学生的学习动力和参与度，培养他们的创造力和想象力，还能促进综合能力的发展，增强记忆与理解能力，提升学生的学习体验。它是一种更有趣、互动性更强的学习方式，使学生更愿意主动参与到数学学习中，从而取得更好的学习效果。

在发达的信息技术支持下，大量的各类配套教学软件、灵活而富有智能的 AI 学习系统成为数学教师实现因材施教的好"助手"。如：通过软件发布线上作业，教师可以根据学生的兴趣和需求进行个性化的设置，满足不同学生的学习风格和节奏；学生可以在不同场景中进行探索和实践，增加数学知识的实用性；在学生提交作业后，系统可以进行自动批改，并对错题进行标示、分析和示范，让学生能够得到即时反馈，教师也能够第一时间掌握学生的学习情况，适时进行一对一的点拨与帮助。

（四）巧用虚拟场景，打造"实践课堂"

信息技术的应用是十分灵活且多元化的，它不仅能够帮助教师进行知识点的直接呈现，还能够用来打造优质、愉悦的教学情境，让学生能够开展身临其境的知识体验与教学。教师可以通过信息技术的巧妙运用，让课堂独具魅力，为学生开创出一个与教学内容高度结合的教学场景；可以同步打造教学情境，开发学生的数学思维、活跃学生的学习兴趣，有助于将数学教学内容以更加生活化、情境化的方式呈现在学生眼前，能够很自然地导出情境问题，引发学生的探究兴趣和学习欲望。

如，教学三年级下册《长方形和正方形面积的计算》时，我们可以在课堂开始前用多媒体展示一个拼图小游戏，将正方形、长方形等多种不同面积的图形摆放到一个大方框中。一开始所有的图形严丝合缝，但换一种摆法后，所有的图形都摆进去了，中间还空出了一个正方形的面积。如此一来学生自然而然地会感到好奇，想要探究为什么会空出一个正方形的面积，此时教师就可以适时地导入有关图形面积的相应概念，引发学生对面积计算的好奇，主动跟随教师进入下一个教学环节中。

五、结语

现代儿童成长在数字化时代，他们习惯于利用信息技术进行学习和娱乐。因此，将信息技术融入小学数学教学，符合儿童对新鲜、多样化学习方式的需求。通过利用信息技术创造具有趣味性和游戏性的学习环境，可以为每个学生提供个性化的学习体验。通过智能化的软件和应用程序，可以根据学生的学习情况和特点，提供相应的数学学习内容和资源，帮助他们更好地掌握数学知识。可见，信息技术与小学数学融合教学是适应儿童发展需求的必然趋势。在教学实践中，教师应该根据儿童的特点和需求，合理选择教学内容，灵活运用信息技术工具，提供个性化的学习体验，并注意学习与游戏的平衡，以促进儿童的数学学习兴趣和发展。

参考文献：

［1］董莉.小学数学教学与信息技术紧密融合之初探［J］.新教育，2023（S2）：181—182.

［2］张素英.小学数学与信息技术的融合策略［J］.中小学电教（教学），2023（08）：79—81.

［3］游佳.教育信息化2.0下信息技术与小学数学深度融合的探索——以"摸球游戏"为例［J］.教育界，2023（22）：122—124.

［4］施涛，林卫云.巧用信息技术点燃小学生数学热情［J］.读写算，2023（22）：37—39.

［5］郑国兴.基于信息技术下小学数学教学的思考［J］.学苑教育，2023（21）：84—86.

［6］雷玉龙.探究信息技术与小学数学课堂的深度融合［J］.当代家庭教育，2023（12）：90—92.

［7］杨秋华.关于小学数学教育与信息技术的整合探析［C］//华教创新（北京）文化传媒有限公司，中国环球文化出版社.2023教育理论与管理第二届"高效课堂和有效教学模式研究论坛"论文集（二）.北京：华教创新（北京）文化传媒有限公司，2023：378—380.

［8］段志贵，张雯.小学数学创意课程建构研究［J］.中小学课堂教学研究，2021（04）：10—13，24.

关于化学微课支持学生自主学习的思考与实践

◎缪陈亚

摘　要 互联网背景下，化学微课作为一种重要的共享学习资源，打破了学习者学习的时空局限，丰富了学习内容，拓宽了学习路径。在化学教学中，运用微课开展学习，有助于充分发挥微课的导学支撑作用，有利于更好地满足不同层次学生自主学习的需求，引导学生积极思考，启迪学生的学科思维，促进对化学知识的深度理解，建构更为具体和系统的化学知识体系，进而发展学生的学科核心素养。

关 键 词 微课；化学教学；自主学习；学科思维

作者简介 缪陈亚，江苏省南京市南化第二中学教师，高级教师。

《国务院关于积极推进"互联网＋"行动的指导意见》明确提出，鼓励学校利用数字教育资源及教育服务平台，逐步探索网络化教育新模式，扩大优质教育资源覆盖面，在促进教育公平的同时，实现教育的优质均衡。在国家积极推进"互联网＋"行动的背景下，在化学教学中如何有效地开发和利用线上教育资源，进而促进学生实现线上线下自主学习的高度融合等问题值得我们思考和探讨。在教学实践的过程中，化学微课已成为被教师和学生高度认可的重要的智慧教育资源。

一、对化学微课支持学生自主学习的理解和认识

笔者通过对学生进行问卷调查，初步了解到所教班级学生对于化学学习中使用微课进行自主学习的理解和认识。此次问卷调查涉及使用微课的实验班级和同层次对照班级的 87 名学生。通过数据的统计分析，初步形成如下调查结果：

（一）形式多样化，有利于激发学生自主学习的热情

例证一：与之前的学习模式相比，利用微课进行自主学习，你的学习兴趣变得更高吗？

结果显示：有 54.02% 的调查对象表示非常赞同，部分学生认为化学微课能让学习变得更加主动，能让不同层次的学生都学有所获，学习的获得感和成就感较强，学生的学习热情和学习兴趣也会随之逐步提高；有 44.83% 的调查对象表示比较赞同；只有 1.15% 的调查对象表示比较不赞同；没有调查对象表示非常不赞同。

例证二：你认为通过微课学习与通过传统方式学习最大的区别在哪里？

结果显示：有 48.28% 的调查对象表示化学微课能寓教于乐，充分体现化学学科的探究性和趣味性；有 9.20% 的调查对象表示化学微课对教学难点的突破处理比较巧妙，对知识的讲解较为深入精辟；有 20.69% 的调查对象表示化学微课呈现的教学内容重点突出，对知识的讲解更有针对性；21.83% 的调查对象表示化学微课有效学习的时长较短，有利于学生集中学习精力，学起来感觉不太疲惫，充分保障了学习的效果。

（二）学习过程可以反复，有利于学生加深理解

例证：微课有针对性地解决了你在学习该部分知识过程中遇到的疑惑和难点吗？

结果显示：有 55.17% 的调查对象表示非常

赞同；有43.68%的调查对象表示比较赞同；仅有1.15%的调查对象表示比较不赞同；没有调查对象表示非常不赞同。

（三）有利于学生初步构建化学知识体系，提升综合应用能力

例证：微课能够帮助你构建知识体系，提高化学学习的效率吗？

结果显示：有57.47%的调查对象表示非常赞同；有41.38%的调查对象表示比较赞同；仅有1.15%的调查对象表示比较不赞同；没有调查对象表示非常不赞同。

从学业水平的调研结果来看：使用微课进行自主学习的实验班级学生的化学学业水平要高于同层次对照班级的学生。可见，在排除其他因素的情况下，有效地运用微课支持学生自主学习，可以充分体现学生学习的主体地位，提高学生的学习效率，推动学生学科质量的提升。

二、化学微课在初中化学学习中的价值体现

新课标理念下，优质的化学微课应该具备基于教材学习内容、教学设计思路清晰、突出教学重难点、符合学生认知习惯和认知规律、注重学习过程中师生的积极互动等特征。

从学生的视角来看，化学微课是一种个性化的学习资源，突出了学生在学习中的主体地位。在化学学习的不同时段，微课对学生的自主学习都有导趣、导思、导行的"三导"作用，即可以进一步激发学习内驱，提高学生学习兴趣；发展学生的化学思维，引导学生积极思考；提升学生的认知水平，注重建构知识体系。

课前，学生可以根据自主学习任务单，通过观看教师分享的微课进行自主学习，可以初步掌握在学生认知能力和认知水平范围内能理解的学习内容，有利于学生初步感知新旧知识的联系，调动学生的学习积极性和主体意识，同时也能帮助学生明确学习目标，把握课堂重点，理解课堂

难点。课中或课后，对于某些学生还未理解的问题或者是需要深度理解的化学内容，学生也可以通过再次观看微课进行自主再学习进而加深理解，必要时可以反复观看，有助于突破教学的重难点。

从教师的视角来看，化学微课是一种重要的共享学习资源，会让教师的学习和研究打破时空的局限，拓宽和丰富学习者的学习路径，有利于教师基于网络进行听课评课、开展跨区域网络教研，给教师创造更多的业务学习机会，提升教师的教研能力和课堂教学水平，促进教师的专业成长。同时化学微课是课堂教学中的灵活素材，是教师备课资料的重要来源，扩大了优质教育资源的覆盖面，有利于实现教育的优质均衡。

三、化学微课支撑学生自主先学的教学实践

人本主义教学观认为："我们面对的学生是一个个活生生的人，他们都有思想、有感情、有独立的人格，是具有主观能动性的个体。每个学生都蕴藏着独立学习的巨大潜能。"因此，在教学过程中，教师要以生为本，创设多样化的自主学习机会，逐步培养学生独立学习、自主学习的学习能力和学习习惯，充分挖掘学生个体积极发展的内在潜能，努力让每个生命呈现出不一样的精彩。

（一）课前运用微课支持学生预习

教师根据教学目标，按照教学重难点制作成系列化、专题性的微课供学生在课前自主学习，实现自主学习、个性化学习。同时，教师辅助相关的微课学习要求、学科课件和在线练习让学生能够更好地学习、理解微课内容，并及时进行自我评价。学生对不太理解或存在困惑的知识点做好记录，以便在课堂上通过师生合作探究、教师精讲点拨，让学生消除疑惑并获得知识内化，大大提高课堂教学的针对性和课堂教学的效率。

（二）课中运用微课创设教学情境，开展合作学习

真实、生动、直观且富有启迪性的学习情

境，能够激发学生的化学学习兴趣，引发学生的思考，帮助学生建构大概念和核心概念，促进学生核心素养的发展。在教学中，教师根据教学目标、教学内容等充分利用真实素材创设教学情境，引发学生思考，激发学习兴趣，同时让学生深刻感受到化学与生活的密切关系，提升学生的学科素养。

教师根据学生课前自主学习后所提出的问题及教学中的重难点问题，做成化学微课，在课堂教学中组织学生观看，必要时暂停或回看。学生通过小组合作，自主探究、交流分享，教师适时指导释疑，充分体现了课堂学习中学生的主体地位，促进了学生深度参与学习的过程，有助于学生化学观念的形成和科学思维的培养，实现了由"被动接受"到"自觉体验"的转化。

（三）课后运用微课反思评价学习

评价是教学系统不可或缺的重要组成部分，主要功能是诊断学习效果、改进教学，促进课程目标的落实。

课后，学生可以通过化学微课完成相应的评价任务，并结合评价量表实施自我评价。同时，学生也可以通过再次观看化学微课，对学习中的疑难问题进行巩固学习、加深理解、及时反思。学生前后经历了"自主学习—合作学习—评价反馈—再次自主学习"的过程，加强了师生、生生及生本之间的交流，促进了学生的个性化学习，增强了学生合作学习的意识，促进了学习效率的提高。

新课程背景下，学生化学学科核心素养的发展是一个自我建构、不断提升的过程，因此，在教学中，教师应注重运用启发式、探究式、建构式、线上线下混合式等多样化的教学方式，促进学生自主学习和深度学习，发展科学思维能力。结合教学内容的特点和学生的实际，尽可能设计多样化的学科探究，通过实验设计、证据与推理、模型与解释等，发展学生的高阶思维能力；积极开发和设计真实情境下的问题解决活动，引

导学生通过小组合作、实验探究、讨论交流等多样化方式解决问题；注重开展项目式学习活动和跨学科实践活动，引导学生在"做中学""用中学""创中学"，促进学生核心素养的发展。

四、结语

作为一名新时代的化学教师，我们需要与时俱进，通过理论学习和教学实践不断更新以生为本的教学理念，逐步完善和丰富课堂学习方式。同时，在当前实施"双减"的背景下，如何更为合理有效地运用微课支撑学生自主学习，充分发挥化学微课对课堂教学的辅助和支持作用；如何减少外部因素对学生利用微课进行自主学习的影响和干扰，提高学生微课学习的专注度，进一步提高学生利用微课进行自主学习的能力，是值得每一位化学教师在今后的化学教学中进一步思考和探讨的话题。

参考文献：

［1］中华人民共和国教育部.义务教育化学课程标准（2022 年版）［M］.北京：北京师范大学出版社，2022.

［2］北京市仁爱教育研究所.义务教育教科书教师教学用书 化学 九年级 上册［M］.北京：北京教育出版社，2012.

［3］朱纷.初中化学学业评价与质量分析的研究［M］.南京：江苏美术出版社，2012.

［4］余宏亮.微课程导论［M］.北京：人民教育出版社，2019.

［5］张军.初中化学微课现状、问题与思考——四川省首届微课大赛初中化学作品述评［J］.化学教学，2015（01）：40—42.

［6］王玲."互联网＋"背景下基于微课程的自主学习教学模式研究与实践［J］.陕西教育（高教），2019（08）：47—48.

教育信息化背景下，乡村孩子课外阅读现状及优化策略

◎吴中明

摘　要　信息技术对人们的生活和工作都有着重要影响，随着教育信息化的推行，越来越多的教师在教学中使用信息技术辅助教学。当前，乡村学校在国家的大力扶持下，教育条件得到了改善，但仍存在教师的信息化教育水平有所欠缺、学生的信息化学习效果不够理想的现状。阅读是语文学科的教学重点，课外阅读的重要性不亚于课内阅读，乡村孩子的课外阅读效果不佳，这就影响了教育信息化的推进。在此背景下，乡村教师应着力于乡村孩子课外阅读的现状调查，并探讨相关的优化策略。

关 键 词　教育信息化；乡村孩子；课外阅读；现状；优化策略

作者简介　吴中明，江苏省淮安市韩桥中心小学教师，高级教师。

新课程改革提出应该实行教育信息化。所谓教育信息化就是教师尽可能使用各种信息技术、互联网技术、多媒体技术等进行课程教学。乡村学校和城市学校最大的不同就是教育条件有限，教育资金不足，甚至一些偏远山区的学校并没有覆盖网络，缺乏信息化的教学条件，这就影响了乡村孩子的课内学习和课外阅读效果。教育信息化背景下，乡村教师应全面分析孩子的课外阅读现状，提出对应的优化策略。

一、教育信息化背景下，乡村孩子课外阅读的现状

教育信息化的时代背景下，乡村孩子的课外阅读受到了多方面影响，这些影响让乡村孩子的课外阅读效果不尽如人意。

（一）人文环境的限制

乡村地区经济相对落后，文化资源匮乏，图书馆、书店等文化设施稀缺，这就导致了乡村孩子接触和获取优质图书的机会较少。相比之下，城市孩子可以更容易地接触到各类书籍和丰富的文化资源，因此乡村孩子在课外阅读方面存在许多劣势。其次，学校引导的缺乏是乡村孩子课外阅读现状不佳的重要因素。在教育信息化背景下，虽然乡村学校逐渐引入了电子图书和在线课程资源，但是很多乡村学校仍然存在教育资源不足的问题。由于缺乏相应的教育引导，乡村学生可能不知道如何选择合适的书籍，如何有效地利用电子类的课外阅读资源。

（二）家庭环境的影响

许多乡村家庭普遍存在文化程度较低的情况，家长对孩子阅读兴趣和阅读习惯的培养存在认知上的欠缺。还有一些乡村家庭可能由于经济困难，家长的陪伴时间也相对较少，都会对乡村孩子造成一定的课外阅读障碍。最后，学生自制力的弱化也是乡村孩子课外阅读效果不佳的重要因素。随着科技的进步，乡村孩子也面临来自互联网、手机游戏等因素的干扰，使其在课外阅读时容易受到影响，不能专注于阅读。与此同时，

乡村孩子在缺乏各方指导的情形下，缺乏课外阅读的自主意识和自我约束能力，这就使得他们难以坚持长时间的阅读，限制了学生在课外阅读中的发展和积累。

二、教育信息化背景下，乡村孩子课外阅读的优化策略

教育信息化背景下，乡村学校的教师要想优化孩子的课外阅读，应该积极营造良好的信息教学环境，开发信息化阅读资源，设置课外阅读任务，录制微课辅助阅读，并合理使用思维导图助读。如此方能拓宽课外阅读渠道，传授学生科学的课外阅读方法，从而激发学生的课外阅读兴趣，促使学生积极参与课外阅读活动，培养其良好的课外阅读习惯。

（一）营造良好信息环境，培养学生课外习惯

针对乡村孩子的课外阅读现状，教师应该积极运用现有信息技术，创建良好的信息化教学环境，从不同角度对学生的课外阅读兴趣进行激发，全面优化学生的课外阅读行为，使其在探索书籍的驱动之下积极进行课外阅读，形成良好的阅读习惯。

例如，教师在教学《卖火柴的小女孩》一课时，为了加深学生对课文的理解，可以对《安徒生童话》进行简单讲解，让学生利用课外时间进行经典童话的阅读。然后教师可以选择一些流传较广的童话，如《丑小鸭》，在课堂上利用信息技术对该动画片进行播放。学生观看动画，感受安徒生童话的魅力，以原文为结合点，对文字和动画两种形式的异同进行分析，在同一素材不同形式的比较下深刻掌握文字和动画的两种展现形式。学生在实际对比中发现，单纯的文字提供了更多的想象空间，而经视频化处理的书本上的文字，内容会更加生动形象。教师需要根据学生的课外阅读情况，利用信息技术创建良好的教学环境，营造信息化的课外阅读氛围，促使学生在课

外阅读积极性的驱使下顺利完成整本书阅读，形成良好的课外阅读习惯。

（二）开发阅读资源，助力学生阅读活动

在乡村地区教育设施、图书资源缺乏的情况下，乡村学校教师应积极使用多媒体技术，挖掘开发线上线下平台上的各种阅读资源，为学生的课外阅读提供辅助。

例如，在教学《猴王出世》一课时，可以利用信息设施对四大名著之一的《西游记》进行讲解。尽管在这之前许多学生已经听说过《西游记》，甚至观看过电视剧，但电视上呈现出来的和书本上呈现出来的内容，无论意境内涵还是思想情感都会有所不同。因此，教师可以在课堂上利用信息技术呈现出《西游记》原著中精彩的篇章，以具体的文章素材作为示范，再根据电视剧《西游记》的相关片段，制作相关的教学课件，并在课堂上播放。学生以动态角度对视频课件进行观看，对课文的主要内容进行了解，在快速阅读中对自己的不懂之处进行标记。教师以课件形式呈现原著内容后，以具体素材为围绕点，梳理整篇文章的框架，讲解其中的生字词、古今异义词，在概括段落的过程中对涉及的历史典故等进行介绍，解决学生不懂的问题。学生借助信息资源开阔自己的视野，掌握具体的课外阅读方法，提升课外阅读质量，也为之后的课外阅读奠定基础。

（三）运用技术优势，增强学生理解能力

推进乡村孩子的课外阅读活动，教师要避免信息技术运用的盲目性、依赖性，应根据阅读教学基本特点，充分展现信息技术与传统阅读教学的优势作用，让学生深入理解阅读内容，体会作者的创作情况，开阔阅读视野，提高阅读效率。

例如，教师指导学生开展《蝴蝶女王和屎壳郎》阅读活动时，可借助信息技术，为学生精心制作教学课件，将其上传到班级微信群里，便于学生在课后随时观看，观察蝴蝶与屎壳郎的不同

特点，培养学生的对比观念。教师在平台上向学生提出问题，如："蝴蝶女王拒绝昆虫男士的原因是什么？""蝴蝶女王有哪些性格特点？""屎壳郎有哪些品质？""读完你有哪些感受？"引发学生对文章的深入思考，并讨论相关问题，提高学生的阅读深度。

同时，思维导图是一种重要的图形工具，是能系统化信息的基础媒介，也是课程改革下衍生的产物，有利于教育信息化背景下学生开展课外阅读。思维导图的作用非常多，能概括课外阅读的内容精髓，能使学生的思维直观化、条理化和系统化。学生可以利用思维导图完成对阅读思路的梳理，也可以实现思维严谨性的训练。只是在乡村教育中，教师鲜少使用思维导图指引学生进行课外阅读。之所以如此，一是教师缺乏思维导图的应用意识，二是教师未曾掌握思维导图的使用方法。鉴于思维导图的诸多优势，乡村教师还是应该在学生的课外阅读中积极使用思维导图，借助思维导图引导学生，让学生优化课外阅读。

例如，《将相和》这篇课文节选自《史记》，教师教学该课文后，就可以指导学生利用课外时间阅读《史记》这部史学著作。由于《史记》涉及众多人物和历史事件，哪怕是成年人也很难全面理解。所以在推荐过程中，教师可以利用思维导图给学生提供帮助，从《史记》中抽取相对精彩的篇章，如《破釜沉舟》，凭借思维导图对相关的脉络进行梳理。《破釜沉舟》是《史记·项羽本纪》中的精彩故事，教师通过"人物""事件""表现"几个关键词，对思维导图进行构建，再用"评价""感受"两个关键词完善思维导图。这样做的目的，是让学生在课外阅读中对文本情节快速梳理，以科学的方法吃透文本，发散阅读思维，掌握思维导图的使用方法，增强思想感受能力和语言表达能力。

（四）设置阅读任务，激发学生阅读兴趣

教育信息化背景下，课堂是教师教学的主要阵地，微信也可以成为一种重要的信息教育渠道。教师可以积极利用微信这一平台，对各种阅读信息资源进行推送，对各种课外阅读任务进行布置，学生通过对课外阅读材料的随时获取，为自身的课外阅读提供基础保障，从而实现线上线下教育的交会、课堂教学和课外阅读的连接。

以教学《草船借箭》一课为例，教师先绘声绘色讲解课程内容，课后再通过微信指导学生对《三国演义》这一名著进行课外阅读。这样，学生对三国故事有了初步了解，并通过侧面了解了诸葛亮的神机妙算以及三国人物的精彩。接着，教师利用微信平台完成在线教育课堂的打造，建立课外阅读公众号，推送更多的阅读资料。学生需要关注公众号，并通过公众号获取具体的课外阅读资源，了解三国时代背景后完成"阅读《三国志》《三国演义》等书籍，发掘三国故事里更多更厉害人物"的课外阅读任务。学生一边进行课外阅读，一边对曹操、刘备、周瑜、孙权、诸葛亮等人物形象进行分析，了解了真实的历史人物形象。凭借微信这一公众平台，学生得到更多课外阅读资料，从而深化阅读印象，提升阅读能力。

对于课外阅读，教师要根据现有条件，从学生的认知规律、认知特点入手，明确阅读教学目标、阅读主题、阅读时长、阅读方式等，指导学生根据自身的阅读喜好，设定属于自己的阅读目标，使学生在不知不觉中形成良好的阅读习惯，提高阅读驱动力。教师可借助信息技术组织学生参与"好书推荐"的活动，指导学生进行阅读分享，激发学生的阅读自主性，使学生的阅读能力持续提升。

例如，教师以"风景"作为阅读主题，通过为学生播放风景视频、图片，牢牢吸引学生学习的目光，并把教学课件上传至学习群中，让学生领略各地美丽景色。通过运用此种课外阅读教学方式，能够增强学生的阅读体验感，品味作者笔

下的文字之美，并学习作者的写作方法，提高学生的写作能力与审美水平。

（五）录制微课辅助阅读，拓宽学生课外阅读渠道

教育信息化背景下，有许多基于信息技术、多媒体技术的教学产物，如微课、慕课、翻转课堂等。乡村学校因为教育条件的限制，许多教师仍然习惯应用传统的教学方式，一黑板、一粉笔、一本书就可以讲解相关知识，这种方式确实有其优势，但也有明显的劣势。越是如此，乡村教师越是需要利用起各种信息技术，一旦明确需要学生课外阅读的内容，便可将文字、图片、视频和语音等资源进行整合，制作成对应的微课推送给学生，辅助学生进行课外阅读。

例如，在教学《红楼春趣》一课时，经过课堂上的讲解后，学生已经初步熟悉红楼故事，只是乡村孩子可以利用的图书资源极少，很难更加全面地了解红楼故事。此时，教师定下主题，先简单介绍书名的由来，在限制时间内阐释知识点；再加大难度，在十分钟内介绍《红楼梦》的不同版本及其演变。之后制作一系列的微课视频，利用微信的推送功能向学生推送这些视频。这样一方面降低课外阅读的难度，使学生轻松掌握相关知识；另一方面凭借微课拓宽学生视野，发散思维，实现寓教于乐。

三、结语

为了优化乡村孩子的课外阅读教学，教师还应该利用信息技术搭建在线教育平台，开展各类课外阅读比赛活动，如朗诵比赛、课外阅读经验分享活动，利用丰富的比赛活动加强学生的线上学习实践。教师还要定期进行班级阅读评比活动，以此督导学生的课外阅读，如每周在班级评选"读书之星"，在条件允许的情况下可以给予"读书之星"一些奖励，如其喜爱的书籍等，以此不断激励学生，培养其竞争意识，使其在良好的竞争氛围中提升阅读成效，提高阅读水平。

参考文献：

[1] 徐晨. 改善乡村孩子课外阅读状况的策略研究 [J]. 中学生作文指导，2019（19）：78.

[2] 田川，朱炯骁，徐德明. 把课外阅读"当回事儿"，乡村学校怎么做？[J]. 家长（上旬刊），2022（06）：4.

[3] 刘群，孙晶. y 乡村儿童课外阅读的现状与有效指导方法 [J]. 魅力中国，2020（29）：459—460.

[4] 黄明禄. 浅谈乡村小学留守儿童课外阅读辅导 [J]. 读与写，2021，18（30）：95.

[5] 陈新葵，曾乐媛. 乡村小学生课外阅读行为研究——以广东云浮地区为例 [J]. 图书馆研究，2022，52（01）：1—8.

[6] 杨雪琴. 农村留守儿童课外阅读的现状与对策——以固始县为例 [J]. 河南教育（基教版），2021（04）：53—54.

[7] 俞敏洪. 保障贫困地区儿童课外阅读，消除城乡阅读鸿沟 [J]. 语言战略研究，2019，04（02）：5—6.

[8] 韩小云. 农村小学留守儿童有效课外阅读的研究 [J]. 小学生作文辅导（上旬），2019（05）：11.

核心素养导向下的中职项目化作业设计

◎栾桂芬

摘　　要　"双减"的根本目的是摆脱大量无效、低效、机械重复的作业，通过面向核心素养要求，设计高质量的作业来提升学生的素质、能力，从而提高教学质量。这与"推动现代职业教育高质量发展"的要求不谋而合。中职可以学习"双减"的理念和要求，围绕立德树人根本任务和职业教育对学科核心素养培养的要求，把人才培养的质量作为职业教育的"生命线"。本文将从"双减"政策与中职教育的联系、给中职教育的启示、中职作业的现状、核心素养导向下的项目化作业设计及评价五个方面展开论述，以期探索在"双减"背景下如何设计与实施体现核心素养导向的中职项目化作业。

关 键 词　双减；核心素养；项目化；作业设计

作者简介　栾桂芬，江苏省泰州机电高等职业技术学校，正高级讲师。

在当前教育背景下，核心素养的培养已经成为中职教育的重要目标之一。作业作为教育教学的重要一环，占据学生大量课余时间的学习任务，对学业质量、教学改革、家校关系、学生素养发展等至关重要。因此，教师如何设计与实施体现核心素养导向的作业，是落实"双减"政策的关键所在。

一、"双减"与中职教育的联系

"双减"政策的出台，是对当前教育生态的一次深刻调整。中职教育作为职业教育的重要组成部分，其目标是培养具备职业素养和职业技能的人才。当下的职业教育中，学生往往面临过重的学业负担，而"双减"政策的实施有助于减轻学生的学业负担，让他们有更多的时间和精力去关注自己的兴趣爱好和职业技能的提升。"双减"能否有效落实、学生负担和家长的焦虑能否切实减轻，从最根本、更长远的意义上取决于职业教育的质量和社会认可度能否实质性地提升。而职业教育的质量体现在就业质量上，当职业教育确

实能够带来较好的就业前景时，家长自然更有意愿主动选择职业教育作为其子女的教育路径。从这个意义上来讲，"双减"政策也促进了中职教育的内涵式发展，推动学校更加注重培养学生的核心素养和综合能力，提高教育教学质量。

二、"双减"给中职教育的启示

"双减"背后蕴含着教育观念的变革以及中小学育人方式的改革。就目前的中职教育大形势而言，中职学生的学业负担相比初中和普通高中的学生要轻许多。而中职学生中考失利，有"思想负担"——总觉得自己不如考上普通高中的同学。同时他们还存在"学业困难"负担——学科知识薄弱以及学习能力不足。那就要增强中职学生的自信，促进他们的学习内驱力，提高他们的自主学习能力。

2021年10月人力资源社会保障部发布的《关于职业院校毕业生参加事业单位公开招聘有关问题的通知》提出，"事业单位公开招聘要树立正确的选人用人理念，破除唯名校、唯学历的

用人导向，建立以品德和能力为导向、以岗位需求为目标的人才使用机制……切实维护、保障职业院校毕业生参加事业单位公开招聘的合法权益和平等竞争机会"。随着国家职教改革方案等政策的出台，建立起涵盖中职、高职和职业本科等在内的多层次的职业教育体系，其内部升学路径基本打通。上述政策的变化将有利于职业院校毕业生就业质量的提升，如果人才培养质量也能够相应提升，职业教育的社会地位和认可度将逐渐提高，家庭选择职业教育的意愿慢慢变强，"双减"政策才能得到切实有效的实施。

"双减"的根本目的是摆脱大量无效、低效、机械重复的作业，通过面向核心素养要求、高质量的作业设计来提升学生的素质、能力，从而提高教学质量。这与"推动现代职业教育高质量发展"的要求不谋而合。中职可以学习"双减"的理念和要求，围绕立德树人根本任务以及对学科核心素养培养的要求，结合行业发展和企业需求，把人才培养质量作为教育的"生命线"，注重学生的主体性和实践性，设计面向职业岗位的、提高学生专业技能的、对学生未来发展有促进作用的项目化作业，提升教学品位和层次。

三、中职作业的现状

目前，中职作业存在以下问题：

（一）作业流于形式

一些教师认为职业学校的学生学习积极性本来就不高，留作业也是形同虚设，于是把精力放在了课前备课以及课堂教学设计上，只注重课堂教学，而忽视了课后作业。课后作业流于形式，或者干脆不留作业，或者留作业只是为了让学生课后有事情做，这些现象反映中职教师忽视了作业设计对提高教学质量和提升学生核心素养的关键作用。

（二）作业与行业脱轨

作业的内容往往局限于课本知识的简单重复

和记忆，缺乏与实际生活和工作情境的联系。这种单一的作业形式与专业技能、核心素养、职业岗位需求脱节，不仅难以激发学生的学习兴趣，也无法有效提升学生的核心素养和职业技能。

（三）作业针对性不强

作业布置一刀切，没有针对学生个体特征进行作业设计，导致有的学生可能因为作业难度过高而感到压力和挫败，觉得"吃不了"；有的学生因为作业难度过低而感到无聊和缺乏挑战，觉得"吃不饱"。

（四）作业评价手段单一

作业的评价往往只关注学生的答案是否正确，作业评语多为"阅""好"等，而忽视了学生在完成作业过程中的表现。这种片面的评价方式无法全面反映学生的核心素养水平，对学生起不到鼓励作用，也无法为学生提供有效的反馈和指导，致使学生完成作业的积极性不高。

四、核心素养导向下项目化作业设计

中职教育围绕立德树人，培养高技术技能型人才，强调学用结合，突出实用性和针对性，培养学生分析问题、解决问题的能力。中职学生对枯燥的理论学习不感兴趣，但动手能力很强，并且愿意动手。因此，中职的作业设计就是要让学生动起来，通过真实的项目任务、工作环境，开发跨学科的项目化作业，满足学生学习生活、专业实践、就业创业的需要。促进学生学习方式的转变，从而提升专业技能水平，培养学生的创新精神、工匠精神等，促进其核心素养的养成。而核心素养导向下的中职作业设计，旨在通过项目化的作业形式，让学生在实践中提升核心素养。这种作业设计方式能够激发学生的学习兴趣，培养学生的实践能力，提升学生的综合素质。同时，通过综合性的作业评价，能够更全面地反映学生的核心素养水平，为教育教学提供有效的反馈和指导。

核心素养导向下的项目化作业设计要坚持素养导向、系统设计、贴近工作实际，强调趣味性和个性化，突出针对性和实用性，注重实践性、创新性和综合性，强调学用结合，学生毕业后能迅速融入职业岗位。

（一）作业设计力求实现从"以学科为中心"到"以学生为中心"

作业形式强调趣味性，并且与所学专业挂钩，使学生从"不学"到"想学"，从"不做"作业到"愿做"作业。比如，学生在信息技术课程中学习了 PPT 动画设计之后，针对不同专业的学生可以布置如下作业：针对商务英语专业的学生，以英语动画为主题，要求插入图片、文本，自己全英文录制配音，制作 PPT 动画。针对汽车维修专业的学生，要求搜集某品牌汽车相关资料，以该品牌新品宣传为主题，通过插入图片、声音、视频，制作 PPT 动画。

以上类型的作业设计做到"趣、新、活、奇"，通过多渠道把知识训练和思维训练寓于趣味作业中，让生动有趣的作业内容取代了重复、呆板的机械练习，激发了学生完成作业的兴趣。同时结合学生生活实际、专业岗位，实现了信息技术学科与语文、英语、汽修等学科的融合。

（二）作业设计力求实现从"一刀切"到"个性化"

作业设计注重层次性，消除"吃不了"和"吃不饱"现象，使学生从"愿做"作业到"能做"作业。由于学生智力水平、学习能力发展不均衡，可以设计层次化作业，为不同水平的学生提供对应难度水平的作业，建立多层次、弹性的作业结构，让学生可以根据自己的学习能力、兴趣自由选择作业，创造一个轻松、愉悦的作业氛围，使每个学生在完成不同难易程度、不同题量的作业时各有收获，同时享受完成作业的喜悦。这不仅重视了学生的主体需要和情感的体验，更能激起学生的学习热情。

还可以设计团队合作项目作业，如要求学生以小组的形式参观调研学校现代技术中心大楼，了解并记录各个楼层、各个功能区域的用户需求、信息点数的分布情况和布线的路由，根据大楼的布线情况，针对不同区域的功能需求，小组成员协作完成编制信息点数统计表。

上述作业设计是一种小组合作型的开放式作业，面向生活，与行业接轨。在共同完成项目任务的过程中，小组内部需要按照个人能力分工合作，经历调查研究、计算比较、分析概括的作业过程。加强团队的合作意识，遇到意见有分歧时学会体谅他人，学会分享和尊重，这有助于提高学生的沟通能力和语言表达能力，培养他们踏实肯干的敬业精神、工匠精神及精益求精的品德，遵守职场规则的责任心和职业道德，有利于核心素养的提升。

（三）作业设计力求实现从"知识技能获得"到"核心素养发展"

作业内容强调实践性、职业性，使学生从"静态被动"到"动态合作"。使学生从"能做"作业到"爱做"作业。比如，要求学生考察家里的房间布局和网络布线情况，设计平面施工图。再如，经常会遇到网络卡顿的问题，针对这个现象，要求学生制作网络跳线，使用有线联网，尝试解决网络卡顿问题。

以上项目案例引导学生走向生活，亲身体验工作过程。在实践中培养学生实践能力、自主学习能力、创新能力、工匠精神和综合运用知识的能力，提升学生项目实施的层次和水平，促进学习方式的转变，提升专业技能水平，促进核心素养的发展。

（四）作业设计力求实现从"小任务"到"大项目"，追求创新性和整体设计

根据不同的课程要求，作业设计可以是一个个微小的项目任务，也可以是大项目、大单元。如某老师在布置 Access 数据库这门课程的作业时，围绕"学生管理系统"这个主题进行大单元设计。要求学生首先进行用户需求分析，画出思维导图，然后按照中小型数据库应用系统开发的一般过程，实现数据库和数据表的创建，数据的添加、修改、删除、查询等操作、数据库的安全以及数据共享几个方面。学生围绕具有挑战性的项目作业，由浅入深层层递进，全身心积极参与、体验成功，在做中学，最后完成一个完整的"学生管理系统"项目。

这种以思维导图的方式创新地设计作业，不仅使学生更加有效地完成作业，而且培养了学生的发散思维。通过大项目化的作业培养了学生的自主学习能力，形成了积极的、内在的学习动机和社会情感，促进其核心素养的养成。从课程目标的角度培养了学生的实践能力和综合运用知识的能力，提升学生项目实施的层次和水平，培养学生的创新能力。

五、作业评价

作业评价力求实现从"单一的纸笔测试"到"关注学习过程的综合性评价"，将作业过程性评价与终结性评价相结合。过程性评价不仅要关注学生知识熟练程度与专业技能掌握的水平，更要关注学生的学习方法、合作精神、价值观的形成和发展。终结性评价则强调方案的可行性、产品的性价比、施工的安全性、作品的创新性等。作业评价采用智能化、多元化的手段，邀请行业企业共同参与。科学制定评价标准，动态调整评价权重。逐步完善作业设计、作业实施、作业评价体系，提升作业品质和作业评价的实效。

项目化作业不仅具有培养学生相关核心素养的功能，也具有评价学生核心素养水平的价值。教师可以通过项目化作业的表现，评价学生核心素养发展水平，从而改进教学并给予跟进指导。

六、结语

相比于日常抄写背诵类作业，体现核心素养要求的跨学科、大单元、综合实践类项目化作业，更能让学生从"静态被动"到"动态合作"、从"不做"到"愿做"，从"能做"到"爱做"作业。随着中职教育改革的不断深入，核心素养导向下的中职项目化作业设计将成为教育教学的重要趋势。通过不断优化作业设计，更好地培养学生的核心素养，为他们的未来发展奠定坚实基础。

参考文献：

[1] 王月芬. 核心素养导向的作业改革势在必行 [J]. 华夏教师教育，2022（06）：2.

[2] 卢亚莉. 论中职学生课后作业布置技巧——以食品生物工艺专业课程为例 [J]. 课程教育研究（学法教法研究），2019（19）：116—117.

[3] 王生锋. 中职生特色作业设计 [J]. 课程教育研究，2019（32）：238.

农村初中学生学习自我效能感调查研究

◎王　岩　刘庆明

摘　要 本文通过一般自我效能感和学习自我效能感调查量表来了解当今农村初中学生的学习动机和自我效能感的真实情况，尝试初步探究影响学生学习自我效能感的因素，探讨一般自我效能感和学业自我效能感的关系，并在此基础上提出合理的教学建议。

关键词 农村初中学生；学习自我效能感；调查研究

作者简介 王岩，江苏省宿迁市宿城区龙河初级中学书记、校长，一级教师；刘庆明，江苏省宿迁市宿城区中扬初级中学教师，一级教师。

自我效能感是指人们针对实现特定领域行为目标所需能力的信心或信念。随着社会的发展，自我效能感理论在不同的领域得到了广泛的应用。在教育领域，人们提出了学习自我效能感这一概念，是指人们对实现某一学习行为目标所需能力的信心或信念。

学习自我效能感作为影响学生学习动机和学业成就的重要因素之一，与学生的学习行为和学习态度之间有着密切的联系，所以当下对农村初中学生进行学习自我效能感水平的调查显得尤为必要。

一、学习自我效能感的作用和研究现状

自我效能感影响个体的行为选择。在遇到问题或者面对选择的时候，人们总是倾向于承担并执行那些他们认为自己可以完成的事情，而回避那些他们认为超过其能力范围的任务和情境。在学习方面，学习自我效能感较高的学生则会主动积极地完成学习任务，不断地尝试探索，从而不断地进步和成长；而学习自我效能感较低的学生则容易浅尝辄止，轻言放弃，对学习抱有无所谓的态度，甚至会出现厌学、辍学现象。在一定程度上来说，学生的学习自我效能感直接影响着学生在校的学习动机和学业成就。

基于此，笔者选择了一所农村中学中不同年级不同班级的学生开展了问卷调查。希望通过此次调查可以加深对一般自我效能感和学习自我效能感的理解，并为以后的农村初中教学和师生互动提供一些有益的指导和借鉴。

二、调查研究的方法及发现

（一）研究方法

本次问卷调查了 S 市某农村中学三个年级六个班，其中七年级两个班为平行班，八年级和九年级各有一个平行班和实验班。此次调查采用无记名方式，学生根据本人实际情况如实自愿填写。共发放问卷 290 份，实际收回有效问卷 244 份，其中七年级发放 100 份，收回有效问卷 84 份；八年级发放 100 份，收回有效问卷 83 份；九年级发放 90 份，收回有效问卷 77 份。

本次所使用的自我效能感量表是由施瓦泽（Schwarzer）等人编制，其中文版本由王才康等人于 2001 年翻译修订。本量表只有一个维度，共计 10 个题目，采用 1—4 分等级量表计分方法，题目的得分之和就是被试人员的一般自我效能感的分数。总得分越高说明被试人

员的自我效能感越强，反之则说明被试人员的自我效能感越弱。得分 10 分及以下，说明被试人员的自我效能感很低，甚至有点自卑；得分在 10—20 分之间，说明被试人员的自我效能感偏低，有时会信心不足；总分在 20—30 分之间，说明被试人员的自我效能感较高；得分在 30—40 分，则表明被试人员的自我效能感非常高。经过分析，该表具有良好的信度和效度。其内部一致性系数 Cronbach's α=0.87，重测信度 r=0.83（$p<0.001$），折半信度为 r=0.82（n=401，$p<0.001$）。

本次调查研究还同时使用了学习自我效能感量表，也称"学业自我效能感量表"，该量表由华中师范大学梁宇颂教授和周宗奎教授编制。量表主要包含两个维度：一是学习能力自我效能感，二是学习行为自我效能感。其中学习能力自我效能感是指学生个体对自己是否有能力完成学业，取得良好成绩和避免学业失败的估计，是对自己学习能力的整体估计；学习行为自我效能感是指学生对自己的学习行为能否达到学习目标的估计和评价，是对自己行为结果的估计。每个维度共 11 道题，从 1 到 5 分别代表对该项描述的认可程度。1 表示完全不符合，5 代表完全符合。两个维度的信度系数分别为 0.52 和 0.75，量表总的信度系数约为 0.82，具有较高的信度。

（二）研究发现

1. 不同年级学生自我效能感的差异

总体来看，三个年级学生的一般自我效能感和学习自我效能感得分有共同之处，同时也存在一些差异。共同之处就是，农村初中学生的一般自我效能感和学习自我效能得分整体偏低。就一般自我效能感而言，总分 40 分，而农村学生自我效能感的平均得分只有 22.4。从中可以看出，不同年级的学生在自我效能感上存在一定的差异。随着年级的增长，学生的自我效能感整体呈下降趋势。所以从总体上来看，一般自我效能感与学习自我效能感是一种正相关的关系。当然这并不意味着学习自我效能感就等于一般自我效能感。

原因分析：农村初中学生的学习自我效能感得分整体偏低与他们的一般自我效能感偏低存在着直接的关系，这一方面是因为许多农村学生对学习重要性的认识尚存不足，另一方面也说明了对农村学生学习动机的培养仍有待加强。从年级来看，由于七年级的学生学习科目较少，学习内容与八、九年级相比还比较简单，学习压力较小；而高年级的学生尤其是九年级的学生通过初中两年多的学习，开始更清楚地认识到自己的不足，在自我确信方面相比七年级学生有所减弱，在自我预期方面有所降低。另一方面，面临中考压力，有些学生会选择自我逃避，从而造成九年级学生的学习自我效能感相对偏低，从而更容易出现厌学、逃学等现象。

2. 不同类型班级学生自我效能感的差异

是不是成绩好的班级的学生的学习自我效能感就更强，而成绩相对落后的班级的学生的学习自我效能感就弱了呢？带着这样的疑问，我们调查了相同年级不同类型的班级，调查结果和我们之前预想的有所不同。结果显示，实验班学生的一般自我效能感和学习自我效能感并不比平行班学生高，甚至相反，比如九年级一个平行班的一般自我效能感和学习自我效能感得分甚至要比同年级的实验班的得分更高。如九年级实验班的一般自我效能感平均得分为 21.24，而九年级平行班的一般自我效能感平均得分为 22.36。九年级实验班的学习自我效能感平均得分为 63.73，而九年级平行班的学习自我效能感平均得分为 64.03。由此可见，学习自我效能感得分高低与学生的成绩并不是正相关的关系。

原因分析：学习成绩的好坏并不是影响学生学习自我效能感的唯一因素。学习自我效能感并不等于个人的能力和表现。首先，个体对自己目前或者未来的学习期望不同，个人学习自我效能感的强弱也会有所不同，并且个人的一般自我效能感和学习自我效能感还受到周围环境和身边的朋友或者竞争对手的影响。有时一个个体对自我的认识和期望不是取决于自我能力的高低，也不是和群体之中最优秀的或者最落后的相比，而是和周围的最熟悉的那些个体相比，并且受到在这个群体中的位置和人际关系的影响。其次，个人成败的经验或者替代性的经验也会影响个体的学习自我效能感。比如，对于倾向于选择学习简单任务的学生而言，偶尔的失败不会降低其学习自我效能感，反而会增强其再次尝试，下次很有可能会成功的信念。此外，不同的性格特征，比如场独立型或者场依赖型，易受外界干扰的程度不同，也会影响个体对学习自我效能感的判断。

3. 不同个体学习自我效能感的差异

调查发现，不同的学生在一般自我效能感和学习自我效能感得分方面存在着较大差异。由此可见，在学习自我效能感这一维度上，不同的学生存在较大差异。此外我们还发现，男生和女生在自我效能感方面也存在一定的差异。虽然男生和女生都有部分学生得分很高，也有部分男生和女生得分较低；但整体上来看，男生自我效能感稍微高于女生。有的实验班学生的自我效能感得分反而低于平行班的一个重要原因，就是初中的实验班中女生的数量更多。整体上来说，男生和女生在学习自我效能感方面的差异并不明显。此外，我们还发现，虽然总体来看，一般自我效能感和学业自我效能感呈正相关的关系，但是就个体而言，也存在一些特殊情况，比如一般自我效能感高的学生的学业自我效能感却未必高。反之，也存在一些学生的一般自我效能感偏低而学业自我效能却较高的现象。

原因分析：每个学生都是一个独立的个体，有的学生比较活泼自信，有的学生内向自卑，这些不同特征的学生的自我效能感是不一样的。所以一般自我效能感存在个体差异也是正常现象，

这次调查的结果也可以印证这一结论。另外，个人的自我效能感具有一定的个人主观性，不同的个体面临相同的环境也会有不同的感受，对曾经失败的任务进行不同的成败归因也会影响到学生的自我效能感。而男生和女生之间之所以也存在一些差异，主要在于男生具有相对较强的自信心，而女生通常较为敏感脆弱，因此自我效能感比男生稍低。此外，对于存在的一些特殊情况，例如有的学生一般自我效能感较高而学业自我效率偏低，主要是有些学生平时做事积极性较高，但对于学习的兴趣却不够浓厚。反之也存在一些学生比较喜欢或者擅长学习，却不善于做一些其他的事情。这些在现实生活中也是较为常见的现象，从某种意义上来说，这些特殊的情况也是一种正常现象。

三、教学建议

通过此次调查，我们对学生的一般自我效能感和学习自我效能感有了更进一步的认识，也发现了不同年级、不同班级和不同个体之间学习自我效能感的一些不同。给我们的教学也带来了一些启迪。基于调查结果，我们提出如下教学建议。

一是针对每个年级学生的学习自我效能感不同的现象，不同的年级可以采取一些不同的措施。基础年级的学习自我效能感较强，教师可以帮助学生建立自我确信和自我预期，更多地积累成功的经验，让学生更多地体验成功，在潜移默化中帮助学生把学习自我效能感维持在较高水平。对于高年级学生而言，教师要更加注意提"高"抬"低"，使学习自我效能感较强的学生继续保持坚定目标，并不断地为了目标而奋斗。对于高年级的学习自我效能感较低的学生，可以适当地增加一些趣味性的内容和活动，提高他们的参与感和学习获得感。

二是不同类型班级的学习自我效能感在总得分上的差异性并不显著，成绩落后班级的学生的

学习自我效能感并不一定低于成绩较为优秀班级的学生。因此，即使是成绩暂时落后的班级，教师也可以利用学生的学习自我效能感并不低这一点，鼓励学生积极努力，制定可以实现的目标，想方设法将学生的学习自我效能感转化为学生的学习动力。成绩优秀的班级可以制定班级内部的赶超计划，让每一个学生制定合理的目标，激发学生的潜力，提高自信，向着更高的目标迈进。

三是学生的自我效能感存在个体差异，对那些一般自我效能感和学业自我效能感都较强的学生，可以根据最近发展区理论，让他们不断地"跳一跳"，即使跌倒也没关系，不断吸取经验教训，不断地向着目标前进。对于那些一般自我效能感和学业自我效能感都较低的学生，可以从较简单的任务开始，把大目标分解成多个小目标，让他们体验更多的成功；适当地多鼓励、少批评，还要适时对学生学习心理进行一定的引导，让学生逐渐喜欢学习，有针对性地增强他们的学习自我效能感，进而促进全班同学学习自我效能感的提高，从而促进学生学习成绩的提高。

四是对于一些"特殊"的学生，可以因材施教。比如，对于那些一般自我效能感较强而学业自我效能感较低的学生，可以从表扬学生其他方面的成功着手，让学生逐渐建立起对学习方面的自信，帮助学生将较高的一般自我效能感转化为较高的学业自我效能感，从而帮助学生在学习方面取得进步；而对于那些一般自我效能感偏低而学业自我效能感较高的学生，可以鼓励他们适当地多参加一些课外活动和集体活动，以促进他们的全面发展。

四、结语

通过本次调查研究，从一个切面对学生的一般自我效能感和学习自我效能感有了更深入的认识，对本校学生的心理状态有了更深入的了解，对学生学习自我效能感方面的个性和共性特征有了初步的掌握，为以后的教学实践改进提供了科学依据。当然，本次调查研究还存在一些不足之处，比如：由于条件和时间所限，本次选取的样本数不够多；对于学习自我效能感的动态发展机制，还有待进一步的研究和分析。

参考文献：

[1] 曹虹，李霞.初中生人际关系与自我效能、学业成绩的相关研究 [J].中小学心理健康教育，2018（29）：10—14.

[2] 于红军.青少年自我效能感与心理防御方式的关系分析 [J].出国与就业（就业版），2012（01）：49—50.

[3] 王天雪.大学生自我效能感理论探析 [J].世纪桥，2010（19）：129—130.

[4] 孔祥军，杨昭宁，李惠萍.大学生一般自我效能感、防御方式及其关系研究 [J].中国健康心理学杂志，2006（01）：111—112.

[5] 张鼎昆，方俐洛，凌文辁.自我效能感的理论及研究现状 [J].心理学动态，1999（01）：39—43，11.

[6] 边玉芳.学习自我效能感量表的编制与应用 [D].上海：华东师范大学，2003.

[7] 李韦鹃.大专生考试焦虑、学业效能感及人格特征相关研究 [D].济宁：曲阜师范大学，2011.

[8] 刘瞳.初中生考试焦虑、学业自我效能感与学业成绩的关系 [J].才智，2012（06）：288—289.